DICIONÁRIO RACIAL
TERMOS AFRO-BRASILEIROS E AFINS (VOLUME 1)

Editora Appris Ltda.
1.ª Edição - Copyright© 2024 dos autores
Direitos de Edição Reservados à Editora Appris Ltda.

Nenhuma parte desta obra poderá ser utilizada indevidamente, sem estar de acordo com a Lei n° 9.610/98. Se incorreções forem encontradas, serão de exclusiva responsabilidade de seus organizadores. Foi realizado o Depósito Legal na Fundação Biblioteca Nacional, de acordo com as Leis nos 10.994, de 14/12/2004, e 12.192, de 14/01/2010.

Catalogação na Fonte
Elaborado por: Josefina A. S. Guedes
Bibliotecária CRB 9/870

D546d 2024	Dicionário racial termos afro-brasileiros e afins (volume 1) / Manuel Alves de Sousa Junior (org.) – 1 ed. – Curitiba : Appris, 2024. 276 p. ; 23 cm. – (Ciências sociais).
	Inclui referências. ISBN 978-65-250-5446-9
	1. Relações raciais – Dicionários. 2. Cultura afro-brasileira. I. Sousa Junior, Manuel Alves de. II. Título. III. Série.
	CDD – 305.896

Livro de acordo com a normalização técnica da ABNT

Appris
editora

Editora e Livraria Appris Ltda.
Av. Manoel Ribas, 2265 – Mercês
Curitiba/PR – CEP: 80810-002
Tel. (41) 3156 - 4731
www.editoraappris.com.br

Printed in Brazil
Impresso no Brasil

Manuel Alves de Sousa Junior
(org.)

DICIONÁRIO RACIAL
TERMOS AFRO-BRASILEIROS E AFINS (VOLUME 1)

FICHA TÉCNICA

EDITORIAL	Augusto Coelho
	Sara C. de Andrade Coelho
COMITÊ EDITORIAL	Marli Caetano
	Andréa Barbosa Gouveia - UFPR
	Edmeire C. Pereira - UFPR
	Iraneide da Silva - UFC
	Jacques de Lima Ferreira - UP
SUPERVISOR DA PRODUÇÃO	Renata Cristina Lopes Miccelli
PRODUÇÃO EDITORIAL	William Rodrigues
REVISÃO	Isabela do Vale
DIAGRAMAÇÃO	Jhonny Alves dos Reis
CAPA	Carlos Pereira
IMAGEM DA CAPA	DEBRET, Jean-Baptiste. [Um Jantar Brasileiro]. Rio de Janeiro: Museu Castro Maya, 1827. Aquarela sobre papel, 15,9 x 21,9 cm

O presente trabalho foi realizado com apoio da Coordenação de Aperfeiçoamento de Pessoal de Nível Superior - Brasil (Capes) - Código de Financiamento 001.

COMITÊ CIENTÍFICO DA COLEÇÃO CIÊNCIAS SOCIAIS

DIREÇÃO CIENTÍFICA	Fabiano Santos (UERJ-IESP)
CONSULTORES	Alícia Ferreira Gonçalves (UFPB)
	Artur Perrusi (UFPB)
	Carlos Xavier de Azevedo Netto (UFPB)
	Charles Pessanha (UFRJ)
	Flávio Munhoz Sofiati (UFG)
	Elisandro Pires Frigo (UFPR-Palotina)
	Gabriel Augusto Miranda Setti (UnB)
	Helcimara de Souza Telles (UFMG)
	Iraneide Soares da Silva (UFC-UFPI)
	João Feres Junior (Uerj)
	Jordão Horta Nunes (UFG)
	José Henrique Artigas de Godoy (UFPB)
	Josilene Pinheiro Mariz (UFCG)
	Leticia Andrade (UEMS)
	Luiz Gonzaga Teixeira (USP)
	Marcelo Almeida Peloggio (UFC)
	Maurício Novaes Souza (IF Sudeste-MG)
	Michelle Sato Frigo (UFPR-Palotina)
	Revalino Freitas (UFG)
	Simone Wolff (UEL)

À Luísa de Sousa Gargur, minha filha, razão do meu viver!

Na diversidade de cores e culturas, encontramos a riqueza da humanidade.

AGRADECIMENTOS

Este livro é fruto de um trabalho coletivo feito por 30 pesquisadoras e pesquisadores. Alguns eu conheci em eventos acadêmicos na área racial, outros em publicações de livros organizados anteriores. Há pesquisadores do grupo de pesquisa *Identidade e Diferença na Educação* ligado ao Programa de Pós-Graduação em Educação na Universidade de Santa Cruz do Sul (PPGEdu/Unisc), no qual faço parte, assim como uma amiga de longa data, também autora desta obra. Todos com o mesmo propósito da luta antirracista na academia. Um agradecimento a todos eles por acreditarem na potência desta obra e contribuírem com esse bem que ninguém tira: o intelecto.

Um agradecimento em especial ao meu orientador de doutorado, Prof. Dr. Mozart Linhares da Silva, e demais colegas do grupo de pesquisa supracitado da linha de pesquisa *Educação, Cultura e Produção de Sujeitos* e da Unisc pelas trocas e aprendizados nas discussões de temas relacionados ao identitarismo e questões raciais. Sem dúvida, a semente deste projeto foi plantada a partir desse envolvimento intelectual.

Gratidão à minha família, ao meu marido, Jadir Gargur, e aos meus amigos pela compreensão de minha ausência em determinados momentos, onde eu estava debruçado em projetos como este. Gratidão também à Capes pela bolsa Prosuc modalidade 2, sem a qual eu não conseguiria estar cursando Doutorado em Educação.

PREFÁCIO

Prefaciar esta obra – antes de mais nada – é falar de parcerias, aquilombamento, letramento e resistência negra numa realidade social onde convivemos com estereótipos raciais arraigados. Esta escrita, composta coletivamente e organizada pelo doutorando em educação pela Unisc, historiador, biólogo, especialista em confluências africanas e afro-brasileiras e as relações étnico-raciais na educação, MBA em História da Arte – Manuel Alves de Sousa Junior, cumpre um duplo papel: preenche enormes lacunas teóricas no caminho para o letramento racial e, ao mesmo tempo, no desenrolar, destaca termos ora silenciados, ora ditos em contextos preconceituosos.

Desvendar o significado por trás desses termos nos faz capazes de reconhecer a importância de desconstruir preconceitos e promover uma visão tanto inclusiva quanto respeitosa. Além disso, permite-nos refletir sobre as representações raciais e de áreas afins presentes em nosso cotidiano. Assim, devemos questionar como essas representações são construídas e se estão perpetuando estereótipos negativos ou limitados. Dessa maneira, pelas vozes dos sujeitos históricos que se aquilombam neste livro, entre elas pesquisadores/professores/religiosos/ativistas da causa negra, rompem-se padrões sociais construídos a partir de rótulos, que ditam comportamentos pejorativos, silenciam pessoas e padronizam imagens bem preconceituosas em relação à população negra.

Há uma frase que ouvi numa palestra da filósofa Djamila Ribeiro, que dizia: "Eu nunca fui tímida, fui silenciada". Comecei então a lembrar de quando trabalhei com o livro *Olhos d'Água* da autora Conceição Evaristo numa turma de Ensino Médio, porque tentaram me silenciar e para não ser amordaçada – como outrora era feito com escravizados que eram obrigados a engolir ovos quentes para não conseguir falar; e/ou eram surrados até seus corpos estarem cobertos de sangue, apanhavam sem emitir sons – tive que enfrentar os discursos racistas, mesmo sob as ameaças de ataques físicos e verbais.

E quantas e quantos de nós muitas vezes tivemos o silêncio imposto? Mas aí tem gente corajosa que começa a discutir esses silenciamentos e, nesse sentido, o estudo é muito importante no letramento racial. Academicamente, nos capacita a exigir uma representação mais autêntica e diversa em todas as áreas. Quando li bell hooks, entendi como estereótipos machistas e sexistas sobre as mulheres negras, descritas como barulhentas, mal-educadas e autoritárias, favorecem a falsa ideia de que nós não sofremos a opressão machista do silenciamento como as mulheres brancas. hooks aponta, ainda, ser mais comum sermos silenciadas quando falamos das margens como um espaço de resistência. Daí a importância de falar, senão o peso desse emudecimento pode acabar nos sufocando.

Quebrar o silêncio é romper com uma agressão cotidiana naturalizada, que muitas vezes não é entendida como desumanidade. Se não rompermos com os silenciamentos, seremos condescendentes com este modelo de violência. Por isso, conhecer e estudar os termos afro-brasileiros e afins, que compõem a ancestralidade do povo brasileiro, não apenas amplia o repertório cultural, mas também ajuda a desconstruir conceitos excludentes e a promover uma sociedade menos cruel. Ao compreendermos sobre diferentes expressões e termos raciais, somos capazes de nos libertar das amarras que a escravização ainda impõe sobre nossos corpos.

A sociedade racista aponta uma arma para nossas cabeças, estão tentando emudecer as pessoas pretas e pardas. Querem apagar a história das vidas negras! O racismo calou Anastácia, Marielle e tantas outras vozes. Não podemos permitir que ele seja a narrativa de nossas vidas! O estudo dos termos afro-brasileiros é um ato de valorização e respeito à cultura e história do povo negro. É uma ferramenta poderosa para romper paradigmas, extinguir estereótipos e começar a sonhar com uma possível igualdade racial.

Portanto, é importante que nos perguntemos: por que não lemos obras de pessoas negras? Por que muitas vezes em nossas bibliotecas esses livros não estão lá? Por que não lemos essas narrativas? Por que não entendemos o poder desses discursos e o quão importantes são na reconfiguração do nosso mundo? Vamos pensar, que mundo realmente queremos? Se é um mundo onde apenas uma voz está falando ou se é um mundo onde essas outras vozes podem falar, não sendo vistas como inferiores e marginalizadas, mas sim necessárias e poderosas.

Compondo discursos que irão transcender silêncios seculares, gritando que temos várias possibilidades de existência e que queremos existir com dignidade. Assim, convido a todos a mergulharem nessa jornada de aprendizado e transformação.

Daniela Torres
Mulher Negra
Professora de História Antirracista e Decolonial
*@dani.torres_*

APRESENTAÇÃO

UM JANTAR BRASILEIRO

A figura que ilustra a capa deste livro é uma obra de arte do francês Jean-Baptiste Debret (1768-1848). Ele visitou e morou no Brasil de 1816 a 1831 e atuou como artista do Brasil Joanino e do Primeiro Reinado. Debret já era um artista reconhecido e premiado na Europa e foi contratado pela coroa portuguesa e, juntamente com outros artistas, deu origem à chamada Missão Artística Francesa no Brasil. Um dos objetivos desses artistas era fundar a Escola Real de Artes e Ofícios, mas como o contexto político estava conturbado com a morte de D. Maria I (1816), revoluções em Pernambuco (1817), Bahia (1821/1823), Pará (1821), dentre outras, além da situação instável na Europa, o projeto foi sendo adiado, e só em 1826 foi fundada a Academia Imperial de Belas Artes. Nesse intervalo de tempo, os artistas franceses desenvolveram outros trabalhos para a Corte Portuguesa. Debret, por exemplo, pintou vários quadros de Dom João VI e, posteriormente, também, de Dom Pedro I. Ele atuou como professor nessa instituição até 1831, ano do seu regresso à Europa.

Seu livro intitulado *Voyage pittoresque et historique au Brésil* (Viagem pitoresca e histórica ao Brasil), publicado em Paris, de 1834 a 1839, foi "o mais famoso de todos os livros ilustrados por estrangeiros a respeito do Brasil" (Bandeira; Lago, 2020, p. 55). Foram oito anos de trabalho até a publicação do livro, que contou com centenas de imagens representativas do país.

A obra intitulada *Um Jantar Brasileiro*, presente na capa deste livro, foi realizada em aquarela sobre papel em 1827. Possui o tamanho de 15,9 x 21,9cm e atualmente se encontra no Museu Castro Maya no Rio de Janeiro/RJ, onde se encontram também centenas de trabalhos do artista plástico.

Um Jantar Brasileiro representa uma típica refeição brasileira sob olhar de Debret (1827) que em sua passagem pelo Brasil produziu diversas obras de arte representativas do cotidiano da maior colônia portuguesa, entre elas quadros à óleo, aquarelas, esboços diversos a lápis, tinta ou aquarela e gravuras em litografia. Apesar de ser chamada de jantar, possivelmente a refeição acontece no que hoje chamamos de almoço. Naquele tempo, as refeições possuíam nomes distintos aos aplicados atualmente.

Bandeira e Lago (2020) relatam que, no entendimento de Debret, era costume no Brasil durante um jantar que o marido se ocupasse silenciosamente dos seus interesses (comer!) e a mulher se distraísse com seus negrinhos, como se fossem cãezinhos de estimação. Filhos de seus escravos, eles ficavam com essa função até os 5 ou 6 anos, quando então eram entregues para os serviços típicos de escravizados. Debret deu atenção especial às três principais classes presentes no Império: os negros, os indígenas e os colonizadores portugueses, bem como os costumes sociais no Rio de Janeiro, então capital do Império. É por meio desses registros, e outras missões semelhantes, que a historiografia obteve (e ainda obtém) riquíssimas fontes de conhecimento para um melhor entendimento do Brasil daquele período.

Quando trazemos esses conhecimentos para o campo da temática racial, não é diferente. As imagens trazem o cotidiano de negros e indígenas no Brasil Império e, desse modo, podemos conhecer muito da história destes grupos no Brasil e, por consequência, a construção das relações de poder, de exploração e de papéis sociais desempenhados pelos mais diversos segmentos.

África, Branquitude, Colonização/Descolonização, Consciência Negra, Diáspora, Direitos Humanos, Discriminação Racial/Preconceito, Escravidão, Escravo/Escravizado, Leis Antitráfico, Migrações, Mito da Democracia Racial, Racismo, Relações étnico-raciais, Reparação Histórica, Resistência Negra, Supremacia Racial Branca são algumas palavras e expressões que constam nesse dicionário e podem vir à nossa mente ao analisar criticamente a obra em questão. Da mesma forma, diversas situações do nosso cotidiano, nas manchetes dos jornais, na internet, na sua comunidade e em todos os lugares podemos nos deparar com diversos elementos que constituem verbetes neste livro e nos fazem refletir e querer saber mais. É esse olhar crítico, essa problematização reflexiva e curiosa que este livro deseja despertar nos leitores.

Desejo a todos uma boa leitura e que os textos ajudem os leitores a refletirem sobre os mais diversos pontos que atravessam as abordagens raciais no Brasil e no mundo, bem como áreas afins. A sociedade precisa entender que aprender e discutir sobre esses temas contribui para um melhor entendimento do mundo contemporâneo, sob vários aspectos, em prol de um aumento de cultura antirracista universal em detrimento aos muitos tipos de racismo e outros preconceitos ainda existentes, enraizados no seio da sociedade. Gratidão a cada leitor pelo seu tempo, disponibilidade e interesse, e convido a ajudarem na difusão e compartilhamento desta obra.

Manuel Alves de Sousa Junior
Professor - IFBA Lauro de Freitas
@debateracialpolitico

REFERÊNCIAS

BANDEIRA, Júlio; LAGO, Pedro Corrêa do. **Debret e o Brasil**: obra completa. 6. ed. Rio de Janeiro: Capivara, 2020. 720 p.

DEBRET, Jean-Baptiste. **[Um Jantar Brasileiro]**. Rio de Janeiro: Museu Castro Maya, 1827. Aquarela sobre papel, 15,9 x 21,9 cm.

SUMÁRIO

INTRODUÇÃO 23
Manuel Alves de Sousa Junior

AÇÕES AFIRMATIVAS 26
Cristiane Lourenço

AÇOITAMENTO 30
Nilvaci Leite de Magalhães Moreira

ÁFRICA 32
Manuel Alves de Sousa Junior

AFROFUTURISMO 36
Francisca Márcia Costa de Souza

BANZO 39
Miguel Lucio dos Reis

BIOPOLÍTICA 44
Manuel Alves de Sousa Junior

BLACKFACE 47
Luan Kemieski da Rocha

BLACK LIVES MATTER / VIDAS NEGRAS IMPORTAM 51
Ewerton Batista-Duarte

BLACK POWER 55
Luan Kemieski da Rocha

BRANQUEAMENTO DA POPULAÇÃO 58
Manuel Alves de Sousa Junior

BRANQUITUDE 61
Rafaela Rech

CAIS DO VALONGO 64
Miguel Lucio dos Reis

CANDOMBLÉ 69
Jobson Jorge da Silva

COLONIZAÇÃO / DESCOLONIZAÇÃO 71
Manuel Alves de Sousa Junior

CONSCIÊNCIA NEGRA 74
Herli de Sousa Carvalho, Maria dos Reis Dias Rodrigues

COSMOLOGIA YORÙBÁ 78
Robson Jorge da Silva

COTAS RACIAIS 80
Marisa Fernanda da Silva Bueno

DIÁSPORA 84
Laryssa da Silva Machado

DIREITOS HUMANOS 88
Tauã Lima Verdan Rangel

DISCRIMINAÇÃO ESTRUTURAL 92
Rodrigo da Silva Vernes-Pinto

DISCRIMINAÇÃO INTERSECCIONAL 97
Rodrigo da Silva Vernes-Pinto

DISCRIMINAÇÃO RACIAL / PRECONCEITO 102
Anselma Garcia de Sales, Airton Pereira Junior

EDUCAÇÃO ANTIRRACISTA 104
Rafaela Rech

EMPODERAMENTO 107
Francisca Márcia Costa de Souza

ESCRAVIDÃO 112
Natália Garcia Pinto, Manuel Alves de Sousa Junior

ESCRAVO / ESCRAVIZADO 117
Laryssa da Silva Machado, Manuel Alves de Sousa Junior

ESTATUTO DA IGUALDADE RACIAL 125
Tauã Lima Verdan Rangel

ESTEREÓTIPOS DE GÊNERO 127
Simone Andrea Schwinn

EUGENIA 131
Manuel Alves de Sousa Junior

INDÍGENA 136
Natália Barreto da Costa (Natália Goitacá), Carine Josiéle Wendland

INTERCULTURALIDADE 141
Carine Josiéle Wendland

INTOLERÂNCIA RELIGIOSA 146
Nilvaci Leite de Magalhães Moreira

LEI DE VADIAGEM (1941) 149
Miguel Lucio dos Reis

LEI DO VENTRE LIVRE (1871) 153
Natália Garcia Pinto

LEI EUSÉBIO DE QUEIRÓZ (1850) 157
Laryssa da Silva Machado

LEI FEIJÓ (1831) 160
Laryssa da Silva Machado

LEIS ANTITRÁFICO 164
Laryssa da Silva Machado

LEIS JIM CROW 166
Ewerton Batista-Duarte

LEIS N°. 10.639/2003 E 11.645/2008 170
Roberto Carlos Oliveira dos Santos

MALUNGO 175
Natália Garcia Pinto

MIGRAÇÕES 177
Caroline da Rosa Couto, Sandra Verónica Barzallo Mora

MITO DA DEMOCRACIA RACIAL 181
Rafaela Rech

MOVIMENTO NEGRO UNIFICADO 184
Cristiane Lourenço

NECROPOLÍTICA ....
Manuel Alves de Sousa Junior

PAJUBÁ ....
Jobson Jorge da Silva

PAN-AFRICANISMO ....
Luan Kemieski da Rocha

PARTILHA DA ÁFRICA / CONFERÊNCIA DE BER
Manuel Alves de Sousa Junior

PEQUENA ÁFRICA ....
Thamires da Costa Silva

QUILOMBO ....
Rafaela Matos de Santana Cruz, Manuel Alves de Sousa Junior

RAÇA ....
Miguel Lucio dos Reis, Manuel Alves de Sousa Junior

RACISMO ....
Cristiane Lourenço

RACISMO AMBIENTAL ....
Tauã Lima Verdan Rangel

RACISMO CIENTÍFICO ....
Anselma Garcia de Sales, Airton Pereira Junior

RACISMO DE ESTADO ....
Manuel Alves de Sousa Junior

RACISMO ESTRUTURAL ....
Anselma Garcia de Sales, Airton Pereira Junior

RACISMO INSTITUCIONAL ....
Malsete Arestides Santana

RACISMO LINGUÍSTICO ....
Larissa Scotta

RACISMO REVERSO ....
Anselma Garcia de Sales, Airton Pereira Junior, Manuel Alves de Sousa Ju

RELAÇÕES ÉTNICO-RACIAIS 239
Roberto Carlos Oliveira dos Santos

REPARAÇÃO HISTÓRICA.. 242
Francisca Márcia Costa de Souza

RESISTÊNCIA NEGRA.. 246
Malsete Arestides Santana

SUPREMACIA RACIAL BRANCA 250
Luan Kemieski da Rocha

TEORIA CAMITA 254
Manuel Alves de Sousa Junior

TEORIA RACIAL CRÍTICA 258
Marisa Fernanda da Silva Bueno

TRÁFICO ATLÂNTICO 262
Natália Garcia Pinto

UMBANDA... 265
Almerinda dos Santos Costa (Mãe Almerinda), Jársia de Melo Santos

VIOLÊNCIA OBSTÉTRICA 267
Simone Andrea Schwinn

SOBRE OS AUTORES.. 271

INTRODUÇÃO

Este livro foi pensado para alcançar toda a população que busca conhecimento e letramento racial na prática antirracista e em áreas afins, sendo leitura essencial para estudantes, professores, militantes, pesquisadores e entusiastas em geral. Na forma de um dicionário temático, a proposta é que este livro seja uma ferramenta indispensável para aqueles que desejem aprofundar seu conhecimento em termos afro-brasileiros e afins. Com suas definições e explicações especializadas, ele será um guia para você explorar termos e conceitos específicos.

Dotado de informações detalhadas e precisas sobre cada verbete, este dicionário reúne termos técnicos, jargões e vocabulário especializado, fornecendo uma fonte confiável de conhecimento a partir do momento que é construído com olhares plurais das dezenas de autoras/autores e pesquisadoras/pesquisadores racializados que compõem esta obra.

Ao utilizar este *Dicionário racial: termos afro-brasileiros e afins*, os leitores podem aprofundar seu entendimento sobre um tópico, esclarecer conceitos complexos e evitar interpretações equivocadas, além de servir como um companheiro diante de algum termo desconhecido ao explorar livros, artigos científicos, documentos técnicos e qualquer material relacionado à área de interesse. Com o desenvolvimento de vocabulário especializado, o leitor ao aprender e entender melhor os termos específicos da área, será capaz de se comunicar com precisão e clareza dentro desse contexto, ampliando sua prática antirracista e promovendo uma autonomia intelectual racializada.

O letramento racial desempenha um papel fundamental na prática antirracista, pois promove o entendimento e a conscientização sobre as questões raciais, suas origens históricas e as estruturas de poder que perpetuam a desigualdade racial. Ao se engajar no letramento racial, as pessoas adquirem as ferramentas necessárias para desafiar preconceitos arraigados, desconstruir estereótipos e contribuir para a construção de uma sociedade mais justa e igualitária.

Ao estudar a história do racismo e suas manifestações atuais, é possível identificar como estruturas sociais, políticas e econômicas perpetuam a opressão e a discriminação racial. Essa compreensão crítica é fundamental para romper com padrões prejudiciais e implementar mudanças efetivas.

Além disso, entender sobre as questões raciais capacita as pessoas a reconhecerem o privilégio racial e a examinarem suas próprias posições de poder e privilégio na sociedade. Ao se tornarem conscientes de como o racismo beneficia alguns grupos em detrimento de outros, as pessoas podem adotar uma postura mais humilde, ouvindo e aprendendo com as vozes das comunidades marginalizadas. Isso é essencial para uma prática antirracista efetiva, pois reconhece a importância de apoiar e amplificar as vozes dos afetados pelo racismo.

Outro aspecto relevante sobre o tema para o leitor é a capacidade de questionar e desafiar os estereótipos raciais arraigados. Ao entender como os estereótipos são construídos e perpetuados, as pessoas podem se tornar defensoras ativas da justiça e igualdade racial. Isso envolve a habilidade de reconhecer e rejeitar narrativas prejudiciais que são baseadas em raça e substituí-las por narrativas mais precisas, inclusivas e empáticas.

O letramento racial também contribui para o fortalecimento das relações interculturais e o fomento da diversidade. Ao aprender sobre as diferentes culturas, histórias e experiências das pessoas, podemos desenvolver uma apreciação e respeito mútuos. Isso não apenas rompe com a ignorância e o medo que alimentam o racismo, mas também promove a inclusão e a solidariedade em uma sociedade multicultural. Dessa forma, este dicionário traz temas afins, que não estão diretamente relacionados com a temática racial, mas que o entendimento e consciência são também importantes no contexto da diversa sociedade contemporânea em que vivemos.

A partir de matizes diversificados, heterogêneos e perspectivas crítico-reflexivas, os debates promovidos neste livro trazem à tona, enquanto elemento central, a reunião de diálogos entre os autores, bem como os desafios que circundam e localizam as questões raciais no Brasil, bem como conceitos importados, sobretudo dos Estados Unidos. Há que se reconhecer que a temática racial é complexa e, ao mesmo tempo, multifacetada, compreendendo os mais diversos segmentos e produzindo uma série de despertamentos que fazem pensar acerca da construção das relações de poder no Brasil contemporâneo, enquanto um projeto de opressão e de exploração de determinados grupos sobre outros.

Este livro está com dezenas de verbetes que levam à associação das temáticas raciais com as mais diversas áreas do conhecimento como eugenia, arte, literatura, educação, história, resistência entre outras. A educação é necessária e fundamental para algum dia conseguirmos extirpar o racismo da sociedade. Precisamos ter textos e autores que falem dos negros como protagonistas e resistentes nessa sociedade racista que vivemos, mas também precisamos de textos e autores que falem de escravidão, das relações escravagistas na colônia, do chão da escola, de literatura negra, dos mais diversos tipos de racismo existentes e enraizados na sociedade, das religiões de matriz africana, de filosofia e sociologia, das cotas raciais nas universidades etc., ou seja, de todas as áreas que as temáticas raciais podem e devem atingir, nenhuma área deve ser poupada, ao contrário, esse conhecimento deve perfurar cada bolha que ainda não o discuta.

Desejo a todos uma boa leitura e que os textos ajudem os leitores a refletir sobre os mais diversos pontos das questões raciais no Brasil e no mundo. A sociedade precisa entender que aprender e discutir sobre esses temas que contribuem para um melhor entendimento do mundo contemporâneo, sob vários aspectos, em prol de um aumento de cultura antirracista universal em detrimento aos muitos tipos de racismo ainda existentes enraizados no seio da sociedade. O meio acadêmico precisa falar, discutir e problematizar todas as nuances possíveis da área racial, desde o negro no tronco até o negro intelectual que denuncia todo o racismo e segregação. Tenho certeza de que se você chegou até este livro tem a consciência de que, junto com organizador e autores, estamos todos do mesmo lado! Resistência e perseverança no combate ao racismo e qualquer forma de preconceito, sempre! Agradeço a cada leitor pelo seu tempo, disponibilidade e interesse. Sejamos antirracistas, promovamos todos os combates a preconceitos e lutemos pelas minorias e minoritarizados!

Manuel Alves de Sousa Junior
Professor - IFBA Lauro de Freitas
@debateracialpolitico

AÇÕES AFIRMATIVAS

Cristiane Lourenço

É na década de 1960, que o termo *Ação Afirmativa* se populariza. Em decreto presidencial do governo estadunidense em 1961, cujo texto versava sobre a adoção de uma ação afirmativa para assegurar que trabalhadoras negras e trabalhadores negros fossem contratadas/os. Ainda que medidas compensatórias já fossem aplicadas em outras partes do mundo, como Europa Ocidental, Índia, Malásia, Canadá, Nigéria, Argentina e África do Sul, este termo ganhou força quando a *National Commission on Civis Disorders* – Comissão Nacional sobre Distúrbios Civis passa a examinar as razões dos conflitos raciais que eclodem nas metrópoles dos Estados Unidos após o assassinato de Martin Luther King (1929-1968). As conclusões da Comissão constataram a urgência em se estabelecer medidas diferenciadas, que respondessem às demandas da população negra estadunidense e que compensassem as desigualdades vivenciadas.

No Brasil, medidas diferenciadas para trabalhadoras e trabalhadores datam da década de 1930. O decreto nº. 19.482, de 12 de dezembro de 1930, que instituiu a Lei de Nacionalização do Trabalho, também conhecida como a Lei dos Dois Terços tinha como objetivo garantir às brasileiras e brasileiros, postos de trabalho em empresas estrangeiras sediadas no Brasil, em um período quando muitas delas eram de proprietários estrangeiros e discriminavam os nativos, especialmente de São Paulo e do sul do país. Data de 1968, a primeira legislação voltada ao acesso diferenciado à educação. A chamada Lei do Boi (Lei nº. 5.465, de 03 de julho de 1968) se voltava à reserva de vagas nas instituições educacionais agrícolas. Mesmo se enquadrando no perfil, as comunidades quilombolas, indígenas, ribeirinhas e de áreas rurais não exerceram seu direito fundamentalmente por um motivo: como o Estado não chegava às comunidades longínquas, esses grupos não acessavam nem mesmo a escolarização básica devido à falta de um projeto educacional inclusivo.

Nos anos 1980, ocorreu a primeira proposta legislativa com vistas a ofertar uma ação compensatória à população negra. O deputado federal do Partido Democrático Brasileiro (PDT/RJ), Abdias do Nascimento (1914-2011), por meio do Projeto de Lei n.º 1.332, de 21 de junho de 1983, propôs uma "ação compensatória visando à implementação do princípio da isonomia social do negro, em relação aos demais segmentos étnicos da população brasileira, conforme direito assegurado pelo Art. 153, § 1º da Constituição da República" (Brasil, 1983). Ainda que possuindo inúmeros pareceres favoráveis dos relatores e aprovação unânime de colegiados como Comissão de Constituição e Justiça (CCJ), Comissão de Finanças (CF) e Comissão de Trabalho e Legislação Social (CTLS), o projeto nunca foi levado à votação no plenário da câmara, sendo arquivado pela mesa diretora em 1989.

Vale ressaltar que, em seu artigo 1º, o Projeto já destacava o caráter compensatório da proposta em consonância com o cumprimento do princípio de isonomia, garantido na Carta Constitucional de 1967. Esse fato ratifica que a busca por uma política que viabilizasse a igualdade de oportunidade entre pessoas negras e brancas no Brasil, não é algo pensado recentemente. Mesmo no período de forte supressão de direitos em virtude da ditadura imposta pelas forças militares e com a questão racial sendo tratada como assunto de segurança nacional como nos indica Santos (2021).

As Ações Afirmativas são mais que cotas ou reserva de vagas. São parte de um conjunto de políticas que, por meio de programas, ações e projetos buscam promover equidade de direitos. Assim, seu objetivo principal é corrigir as desigualdades históricas entre os diferentes grupos raciais por meio da democratização do acesso a bens e serviços políticos, econômicos e sociais, tanto os disponibilizados pelo estado, quanto os ofertados pela sociedade civil. Sendo compreendidas como políticas compensatórias, pautadas no princípio constitucional de isonomia, as Ações Afirmativas se sustentam no preceito de igualdade que supõe a exigência de reconhecimento de particularidades que levam certos grupos a alcançarem ou não certos direitos sociais.

As Ações Afirmativas, de acordo com Joaquim Benedito Barbosa Gomes (2001) pautam-se fundamentalmente em duas noções: a reparação da exclusão e injustiças históricas a que a população negra foi submetida e a inserção em espaços sociais, institucionais e corporativos onde tradicionalmente este grupo é excluído (Gomes, 2001). É por meio de medidas que rompam com a lógica de segregação e que garantam a igualdade que as Ações Afirmativas se empenham em neutralizar os efeitos de discriminações de raça, cor, etnia, gênero, origem, religião, idade e tipo físico e suas consequências materiais como a falta de oportunidades no campo educacional e corporativo, e imateriais como o epistemicídio e a inferiorização desses grupos, traduzidas em que ações que impedem o acesso à certos espaços socialmente valorizados.

Assim como quase todos os elementos da vida social, as Ações Afirmativas estão no cerne de disputas, tensões e negociações. Vista como a política voltada para desconstruir paradigmas que estão postos desde a invasão portuguesa, para parte da sociedade, admitir a necessidade de implementação de uma política de cunho étnico-racial, significa admitir que a sociedade brasileira é racista e pauta as oportunidades sociais e econômicas a partir de critérios racialmente elaborados. Compreender as Ações Afirmativas, sua importância na redução das desigualdades raciais e seu papel no combate às discriminações passa por identificar os atores envolvidos, compreender o papel das instituições e movimentos sociais, analisar os atravessamentos históricos e examinar os resultados de sua implementação nos diferentes campos da vida social.

A inserção do debate acerca das Ações Afirmativas – fruto das demandas históricas dos movimentos que lutam por reparação e justiça racial – na agenda governamental e sua implementação em áreas estratégicas como educação e trabalho, pode ser compreendida como o reconhecimento do estado e da sociedade que o racismo, que estrutura as relações sociais e se apresenta de forma sistêmica no meio social, determina o acesso e a permanência de negras e negros em certos ambientes sociais. O progresso alcançado nos últimos anos, especialmente a partir dos anos 2000, é resultado das lutas por igualdade e contribuíram fortemente para reduzir indicadores que historicamente nunca foram favoráveis à população negra. Entretanto ainda há muito o que corrigir e sem as Ações Afirmativas o caminho para a reparação será bem mais árduo.

A instituição da política de reserva de vagas étnico-raciais na agenda dos governos, leva ao reconhecimento de que a presença negra em certos espaços ainda não é plenamente aceita por alguns setores sociais. O progresso alcançado nos últimos anos, resultado dos movimentos reivindicatórios, contribuiu para a redução das desigualdades em certos campos sociais, no entanto, as conquistas são resultado de disputas que envolvem não somente os grupos interessados na questão da igualdade racial, mas agentes governamentais, jurídicos e institucionais.

Ver também: Cotas Raciais, Discriminação Racial, Estatuto da Igualdade Racial, Movimento Negro Unificado, Racismo, Reparação Histórica.

REFERÊNCIAS

BRASIL. **Lei nº. 5.465, de 03 de julho de 1968.** Dispões sôbre o preenchimento de vagas nos estabelecimentos de ensino agrícola. Disponível em: https://www2.camara.leg.br/legin/fed/lei/1960-1969/lei-5465-3-julho-1968-358564-publicacaooriginal-1-pl.html. Acesso em: 24 fev. 2023.

BRASIL. **Projeto de Lei nº. 1.332 de 21 de junho de 1983.** Dispõe sobre ação compensatória, visando a implementação do princípio da isonomia social do negro, em relação aos demais segmentos étnicos da população brasileira, conforme direito assegurado pelo artigo 153, parágrafo primeiro, da Constituição da República. Disponível em: https://www.camara.leg.br/proposicoesWeb/prop_mostrarintegra?codteor=1167638. Acesso em: 21 mar. 2023.

ESTADOS UNIDOS DO BRASIL. **Decreto nº. 19.482, de 12 de dezembro de 1930.** Limita a entrada, no território nacional, de passageiros estrangeiros de terceira classe, dispõe sobre a localização e amparo de trabalhadores nacionais, e dá outras providências. Disponível em: https://www2.camara.leg.br/legin/fed/decret/1930-1939/decreto-19482-12-dezembro-1930-503018-publicacaooriginal-1-pe.html. Acesso em: 24 fev. 2023.

GOMES, Joaquim Benedito Barbosa. A recepção do instituto da ação afirmativa pelo Direito Constitucional brasileiro. **Revista de Informação Legislativa**, Brasília, ano 38, n. 151, p. 129-152, jul./set. 2001. Disponível em: https://www2.senado.leg.br/bdsf/bitstream/handle/id/705/r151-08.pdf Acesso em: 4 abr. 2023.

SANTOS, Sales Augusto dos. Comissões de heteroidentificação étnico racial: lócus de constrangimento ou de controle social de uma política pública? **O Social em Questão**, Rio de Janeiro, v. 24, n. 50, p. 11-62, 2021.

AÇOITAMENTO

Nilvaci Leite de Magalhães Moreira

O açoitamento, que consiste em espancar alguém com um chicote ou vara, foi uma prática punitiva amplamente utilizada na história. Na antiguidade, era aplicado como forma de punição corporal para crimes, disciplina militar e até mesmo em rituais religiosos. Durante a Idade Média, também era comum em casos de delitos menores. No entanto, ao longo do tempo, a sociedade começou a questionar a eficácia e a humanidade dessa prática.

Para o filósofo Michel Foucault o açoitamento e outras formas de punição corporal eram utilizadas como instrumentos de poder para manter a disciplina social e o controle sobre os indivíduos. Ainda de acordo com Foucault (1999), o açoitamento é um exemplo da utilização do corpo como um campo de poder, em que o corpo é moldado pelas práticas disciplinares que buscam controlar e normalizar o comportamento humano. O açoitamento seria uma dessas práticas, que busca controlar o corpo e impor uma disciplina ao indivíduo.

O sociólogo Norbert Elias (1994) relaciona o uso de castigos físicos, como o açoitamento, à formação do Estado e ao estabelecimento do monopólio da violência legítima. Elias argumenta que a punição física foi uma forma de controle social utilizada pelos Estados para manter a ordem e a disciplina, e que essa prática foi se tornando cada vez mais restrita à medida que o Estado assumiu o controle da justiça criminal.

De acordo com Clóvis Moura (1987), o açoitamento foi muito utilizado na sociedade escravista. Na era colonial foram criados vários mecanismos para impedir os levantes e as fugas dos escravizados que reagiam contra o sistema opressor e desumano. Tais práticas coercitivas iam desde "a estruturação de uma legislação repressiva violenta à criação de milícias, capitães-do-mato ao estabelecimento de todo um arsenal de instrumentos de tortura" (Moura, 1987, p. 11). É importante destacar que os senhores não podiam açoitar seus escravos em razão de causas particulares em lugares públicos. A aplicação de açoitamentos públicos apenas era empregada em casos de crimes contra a ordem pública.

Os açoites também eram utilizados para servir de exemplo aos escravizados na tentativa de intimidá-los caso insistissem em enfrentar o domínio senhorial imposto. Para Gomes e Reis (1996), os castigos, entre eles o açoite, tinham um caráter punitivo e preventivo. Apontam ainda, que nas relações engendradas sob a escravidão, mesmo com as pressões de fazendeiros e autoridades com o uso de medidas coercitivas, não conseguiam evitar as fugas, os cativos sempre demonstraram ações de resistências a partir de suas lutas diárias pela liberdade.

Durante o processo de escravidão, os açoitamentos eram um tormento para os escravizados, muitos morriam em decorrência da gravidade dos ferimentos. Nas sociedades democráticas contemporâneas o açoitamento é considerado uma prática desumana e cruel, proibido em muitos países. Atualmente, tanto no Brasil quanto nos Estados Unidos, o açoitamento é tratado como crime, sendo considerada violência física e punível por leis estaduais e federais. As penas variam de acordo com a gravidade do crime e podem incluir desde pagamento de multas até prisão com pena restritiva de liberdade. A Declaração Universal dos Direitos Humanos, adotada pela ONU em 1948, estabelece que "ninguém será submetido a tortura, nem a tratamento ou castigo cruel, desumano ou degradante", considerando essas práticas como grande atrocidade contra o direito e dignidade da pessoa humana.

Ver também: Colonização, Direitos Humanos, Escravidão.

REFERÊNCIAS

ELIAS, Norbert. **A sociedade dos indivíduos**. Rio de Janeiro: Jorge Zahar Editor, 1994.

FOUCAULT, Michel. **Vigiar e punir**: nascimento da prisão. 32. ed. Petrópolis: Vozes, 1999.

MOURA, Clóvis. **Os quilombos e a rebelião negra**. 7. ed. São Paulo: Brasiliense, 1987.

ORGANIZAÇÃO DAS NAÇÕES UNIDAS (ONU). **Declaração Universal dos Direitos Humanos**. Paris: ONU, 1948.

REIS, João José; GOMES, Flávio dos Santos. **Liberdade por um fio**: história dos quilombos no Brasil. São Paulo: Companhia das Letras, 1996.

ÁFRICA

Manuel Alves de Sousa Junior

A África **NÃO** é um país, é um continente. Esse movimento inicial é importante ser pensado, feito e replicado visto que muitas vezes as pessoas confundem ou mesmo fazem comparações entre algum país, por exemplo, o Brasil, com a África. Em que pese o Brasil tenha dimensões continentais, acaba sendo desproporcional fazer essa comparação entre uma nação e um continente. O continente africano é composto por mais de 50 países. A geopolítica tem divergências quanto ao número de nações por causa de variações políticas e desse modo, alguns autores divergem no número exato de países, por exemplo: o Saara Ocidental é reivindicado por Marrocos; as Ilhas Canárias são consideradas como uma comunidade autônoma da Espanha; a Ilha Reunião e a Ilha Mayotte são departamentos ultramarinos insulares da França, a última ainda é reivindicada pelas Ilhas Comores. A União Africana considera um total de 55 países, incluindo a República Árabe Saaraui Democrática (Saara Ocidental).

A África possui geograficamente pouco mais de 30 milhões de quilômetros quadrados de superfície terrestre, sendo o terceiro maior continente em tamanho e cobrindo 20,3% da área total de terra firme do planeta. O deserto do Saara, localizado no norte do continente, criou uma divisão desigual em duas partes: a África do Norte, também chamada de África branca ou África árabe é a parte menor e a África subsaariana ou África negra, muito maior em tamanho. O continente africano possui atualmente mais de 1,4 bilhão de habitantes, sendo o segundo mais populoso.

Existem divergências na literatura sobre a origem do termo "África". Muitos autores estão convencidos de que é algo em torno da ideia de calor, fogo ou ausência de frio. "Não apenas o significado da palavra 'África' tornou-se objeto de especulação científica, mas também o próprio povoamento do continente. Controvérsias sustentadas por motivos ora científicos, ora ideológicos, continuam a confundir as mentes" (Munanga, 2009, p. 20).

No plano biológico a África possui grande diversidade. No Norte, o predomínio é do grupo árabe-berbere, composto por descendentes de líbios, semitas, fenícios, assírios e greco-romanos. Já no Sul, "no seio dessa África subsaariana considerada negra, encontra-se certa variedade de tons de pele, estaturas e outros traços morfológicos que diferenciam seus habitantes em termos biológicos ou antropológicos" (Munanga, 2010, p. 21). No plano linguístico a variedade também é riquíssima. Estima-se entre 800 e 2 mil línguas faladas agrupadas em quatro grandes famílias linguísticas: afro-asiática semitas, Khoi-San, Nilo-Saariana e Níger-Cordofaniana. A diversidade cultural também é gigantesca, imbricada em uma complexa realidade social e ancestral atravessada pelos traços coloniais.

Joseph Ki-Zerbo cita que a história da África foi mascarada durante a sua atual formação sendo negligenciada e associada a estereótipos negativos, considerando seu povo sempre primitivo a partir do olhar eurocêntrico. Desse modo a história africana precisou ser reescrita, porém sem uma história-revanche, ou seja, sem uma hipervalorização dos africanos com desvalorização dos europeus, mas sim, uma reescrita imparcial/realista. Para a reescrita foram utilizadas três fontes principais: documentos escritos, arqueologia e tradição oral, auxiliados pela linguística e antropologia. A partir desse elemento, a UNESCO lançou 8 volumes com a História Geral da África que podem ser facilmente encontrados na internet para download e formam uma grande referência sobre o tema (UNESCO, 2010).

Desse modo, é pertinente reforçar que a história da África não se iniciou com a colonização europeia no continente. Muitos pesquisadores arqueólogos, inclusive, consideram a África como o berço da humanidade com a evolução dos hominídeos para o homem moderno.

O destaque absoluto da Idade Antiga africana é a civilização egípcia que contou com mais de 30 dinastias que se sucederam desde 3150 a.C. até a morte de Cleópatra VII em 30 a.C. O Egito deixou grandes legados até os dias atuais, desde a escrita com os hieróglifos, passando pela arquitetura com as pirâmides e esconderijos das tumbas reais e da nobreza até a religiosidade politeísta e nos diversos elementos artísticos preservados até a atualidade (Munanga, 2010; Brier, 2001). O império de Kush, civilizações Cuxita e Axumita também merecem destaque. Enquanto a Idade Média se desenvolvia na Europa, a África vivia o apogeu de alguns Estados políticos importantes como os Impérios de Gana, Mali, Songai, Kanem-Bornu, além da civilização Iorubá, Reinos de Abomé, Ashanti, Congo e outras formas políticas, como cidades-estado e muitos outros povos (Munanga, 2010). Desse modo, podemos perceber que a história do continente é muito antiga, ela não começou a partir do contato com os colonizadores europeus.

Na economia e no bojo do capitalismo, este continente possui muitas reservas de ouro, diamantes, cobalto, contan (utilizado para produtos eletrônicos), entre outros minerais. Petróleo, gás natural, manganês, ferro e madeira são outros produtos de destaque na produção e exportação.

O tráfico de escravos no ocidente iniciou nos primeiros anos da década de 1440. Em 1441 a viagem liderada por Antão Gonçalves finalizou com o sequestro de dois mouros (muçulmanos) que foram levados à Portugal e devolvidos meses depois com o pagamento de resgate de 10 escravizados negros e um pouco de ouro (Ferreira; Dias, 2017). Era o início do tráfico de escravos. Em 1448 já eram mais de mil negros escravizados apenas em Portugal. Em 1551, cerca de 10% da população de Lisboa de 100.000 habitantes era composta por negros escravizados (Schwartz, 1988). Considerando que o Brasil foi o último país do ocidente a abolir a escravidão em 1888, podemos considerar que foram 447 anos de escravidão atlântica.

Como se não bastasse, todas as mazelas do contexto escravista, a diminuição e fim da escravidão no ocidente, o crescimento da industrialização e busca por mercados consumidores, o final do século XIX também foi marcado pelo avanço do imperialismo e neocolonialismo no continente africano com a chamada Partilha da África que causou a destruição de cidades, genocídios e saques das riquezas dos povos africanos pelos europeus. A Conferência de Berlim, como também é conhecida a Partilha, foi um verdadeiro fatiamento do continente africano que as potências europeias da época fizeram após uma série de reuniões que duraram meses entre 1884/1885. As atuais nações africanas foram constituídas, colocando sob o mesmo território, povos que já possuíam conflitos históricos. Após os processos de independência, sobretudo ao longo do século XX, guerras civis ocorreram entre as diferentes etnias presentes na maioria dos países, algumas perdurando até os dias atuais.

Nas últimas décadas, muitas nações africanas têm tido grandes avanços em diversos setores da sociedade e produzido momentos de destaque mundial como a copa do mundo de futebol masculino em 2010 na África do Sul e grandes nomes no cenário internacional em suas áreas, como a escritora nigeriana Chimamanda Adichie com livros traduzidos para vários idiomas, o filósofo camaronês Achille Mbembe que cunhou o conceito de necropolítica e também está sendo estudado em diversas universidades no mundo e os cantores sul-africanos Nocembo Zikode e Master KG que viralizaram em todo o planeta com o hit *Jerusalema*. A arte africana é (e sempre foi) riquíssima, seja na dança, música, escultura, arquitetura ou diversas outras formas de expressão artística.

Diante de toda essa diversidade em todos os segmentos que compõem o corpo social é impossível generalizar os africanos a um só povo ou reduzi-los como se fossem uma só nação. Reproduzir este comportamento é estar alinhado com o pensamento eurocentrado que ao longo da história reduziu os africanos a um só povo. Portanto, é sempre prudente se referir ao povo em que se quer comparar, por exemplo senegaleses, berberes ou angolanos!

Ver também: Afrofuturismo, Colonização/Descolonização, Escravidão, Malungo, Migrações, Pan-Africanismo, Partilha da África/Conferência de Berlim, Reparação Histórica.

REFERÊNCIAS

BRIER, Bob. **O assassinato de Tutancâmon**: uma história verdadeira. Tradução de Vera Ribeiro. Rio de Janeiro: Jorge Zahar, 2001. 235 p.

FERREIRA, Diogo; DIAS, Paulo. **A vida e os feitos dos navegadores e descobridores ao serviço de Portugal (1419-1502)**. Lisboa: Verso da Kapa, 2017. 188 p. (Série: O que todos precisamos de saber).

MUNANGA, Kabengele. **Origens africanas do Brasil contemporâneo**: histórias, línguas, culturas e civilizações. São Paulo: Global, 2009.

SCHWARTZ, Stuart. **Segredos internos**: engenhos e escravos na sociedade colonial, 1550 - 1835. São Paulo: Companhia das letras, 1988.

UNESCO. **História geral da África, I**: metodologia e pré-história da África. Editado por Joseph Ki-Zerbo. 2. ed. Brasília: UNESCO, 2010. 992 p.

AFROFUTURISMO

Francisca Márcia Costa de Souza

As manifestações afrotuturistas tiveram início nos anos 1950. Todavia, foi o escritor Mark Dery, nos anos 1990, que reuniu no termo *Afrofuturismo* obras daquela época no ensaio *Black to the future* (Marques; Freitas, 2021). A publicação *Invisible Man*, de Ralph Ellison, é considerada o marco deste movimento. Voltando à obra de Mark Dery, interesses afro-americanos são retratados em "ficções especulativas" no contexto da "tecnocultura" do século XX. Imagens de um futuro tecnológico transitam em narrativas ficcionais. Como herança dos Orixás, divindades e heróis ancestrais têm dons sobrenaturais e poderes psíquicos que controlam a tecnologia e o mundo profeticamente (Marques; Freitas, 2021). O papel do protagonista negro devolve o futuro arrancado pelo colonialismo, ditadura, genocídio e pandemia.

> Dery estava preocupado em investigar, a partir das discussões sobre cibercultura e tecnologias computacionais do final dos 1980 e início dos 1990, o impacto desses novos dispositivos de conectividade e interação no universo da cultura pop dos EUA [...]. Dery se perguntava por que no universo literário estadunidense a literatura negra histórica e social era consideravelmente mais numerosa e representativa do que a literatura negra de ficção especulativa. A partir da conversa com três artistas e intelectuais negros, Tricia Rose, Samuel R. Delany e Greg Tate, Dery encontrará parte da resposta do seu questionamento ao deslocar-se da cultura literária escrita para outras plataformas de narrativa negra: como a música, as artes plásticas e o cinema. Essas entrevistas começam a traçar assim genealogias para as narrativas especulativas negras em variados campos (Freitas; Messias, 2018, p. 405-406).

O debate histórico e a conceituação do Afrofuturismo têm lugar nas narrativas distópicas e no protagonismo negros, que transitam entre as ideias de distopia e apocalipse da temporalidade futura (Freitas; Messias, 2018). Neste sentido, não é apenas uma distopia futurística longínqua, mas uma projeção especulativa do nosso tempo realizada por autores afrodiaspóricos e africanos (Marques; Freitas, 2021). Esses artistas buscam narrar boas histórias de ficção científica, recuperar histórias perdidas dos povos negros, articulando seu impacto no presente, bem como buscam inspirar novas visões de futuro (Freitas; Messias, 2018).

Neste sentido, o Afrofuturismo "relacionando-se diretamente com as representações e as discussões sociais e raciais do Brasil contemporâneo" (Freitas; Messias, 2018, p. 403), tendo como base o imaginário especulativo ficcional e um futurismo tecnológico. Enquanto movimento estético, contribui com o imaginário de um futuro construído por pessoas negras, tendo como centro a cultura, a arte, a literatura, a música (não apenas) da diáspora negra (Marques; Freitas, 2021), cuja manifestação está presente em diferentes povos e culturas.

> Nas artes, tem-se filmes como Pantera Negra, diretores como Jordan Peele e artistas como Beyoncé que se destacam através da centralidade de um senso estético africano atrelado à uma perspectiva futurista em seus recentes trabalhos. Partindo desse pressuposto, também se encontram manifestações do afrofuturismo na literatura de autores negros espalhados em todo o globo (Marques; Freitas, 2021, p. 165-166).

Neste contexto, é no movimento Afrofuturista que as vozes negras contam histórias sobre tecnologia, arte, cultura e o futuro, possuindo forte e longevo vínculo com a ficção científica e as inovações tecnológicas. Entretanto,

> O movimento não apenas trabalha com aspectos da cultura negra atrelados à imagética futurista, mas exige também momentos de reflexão sobre o passado do povo, seja através da centralidade africana ou com reflexões diaspóricas ao redor do planeta (Marques; Freitas, 2021, p. 166).

O Afrofuturismo conecta narrativa à realidade, conecta o "pensamento negro africano e diaspórico mundial" (Freitas; Messias, 2018, p. 406). Agindo como "alarme", "esperança" e "rebelião" de uma época. Por esta razão, possui a potência recriadora de um passado ancestral que resgata e reinventa a espiritualidade e a tecnologia africanas.

> Afrofuturismo é esse movimento de recriar o passado, transformar o presente e projetar um novo futuro através da nossa própria ótica. Foi assim que defini o termo pela primeira vez, num post do meu blog em 2016 [...]. Pode-se dizer, portanto, que se trata da minha explicação favorita; no entanto, se me solicitassem uma definição mais concreta, poderia dizer que afrofuturismo seria *a mescla entre mitologias e tradições africanas com narrativas de fantasia e ficção científica*, com o *necessário protagonismo de personagens e autores negras e negros*. Afrofuturismo é nos lembrar do que esquecemos (Kabral, 2018, grifos do autor).

Para concluir, ao invés de acharmos respostas, buscamos as incertezas das questões que atravessam o nosso tempo. Assim, como vislumbrar um futuro diante de um acervo de imagens roubadas pela colonialidade do poder? Como especular um futuro para além do fim do mundo? Como conectar um passado em ruínas e sistematicamente destruído em ações para o presente?

> Infelizmente, ainda é comum afirmarem que a África não criou nem contribuiu com nada para o legado da humanidade; o cúmulo do absurdo é você ter de ouvir que os africanos *deveriam agradecer à escravidão nas mãos dos europeus, pois assim, aqueles saíram da "idade da pedra"*. No entanto, o cenário é *o exato contrário*. "*O Antigo Egito foi uma civilização negro-africana*"; "*a ciência, a medicina, a filosofia, a arquitetura, a engenharia, a astronomia e a arte civilizada surgiram primeiro no Vale do Nilo*", e "*os reinos pré-coloniais da África desenvolveram sistemas e formas de governo e de organização social altamente sofisticados*" (Kabral, 2018, grifos do autor).

Nesse universo de espetacularização da escassez para negras e negros, a especulação ficcional e a imaginação livre possibilitaram lembrar o que não podemos esquecer, a partir das vozes ancestrais e das tecnologias da libertação.

Ver também: África, Diáspora, Reparação Histórica, Resistência.

REFERÊNCIAS

FREITAS, Kênia; MESSIAS, José. O futuro será negro ou não será: Afrofuturismo versus Afropessimismo - as distopias do presente. **Imagofagia**: Revista de la Associación Argentina de Estudios de Cine y audiovisual, [S. l.], n. 17, p. 402-424, 2018. Disponível em: https://www.researchgate.net/publication/328392442_O_futuro_sera_negro_ou_nao_sera_Afrofuturismo_versus_Afropessimismo_-_as_distopias_do_presente. Acesso em: 18 fev. 2020.

KABRAL, Fábio. Afrofuturismo: ensaios sobre narrativas, definições, mitologia e heroísmo. **Medium**, [S. l.], 16 jul. 2018. Disponível em: https://medium.com/@ka_bral/afrofuturismo-ensaios-sobre-narrativas-defini%C3%A7%C3%B5es-mitologia-e-hero%C3%ADsmo-1c28967c2485. Acesso em: 28 fev. 2023.

MARQUES, Eduardo Marks de; FREITAS, Anderson Luis Brum de. Do afrofuturismo ao distópico: caráter político-religioso da parábola do semeador, de Octavia Butler. **Revista de Estudos de Cultura**, São Cristóvão/SE, v. 2, n. 17, p. 163-178, jul./dez. 2021.

BANZO

Miguel Lucio dos Reis

Apesar de algumas incertezas e lacunas históricas em torno da palavra banzo, o pesquisador e artista Nei Lopes (2003) em seu *Novo Dicionário Banto no Brasil*, a definiu como uma espécie de melancolia fatal vivenciada pelos africanos escravizados. Segundo a língua quicongo, o termo se refere aos sentimentos, lembranças e ao ato de pensar. Para o conjunto linguístico *quimbundo*, significa saudade, paixão ou mágoa. Além disso, tem origem no vocábulo africano *mbanza*, isto é, aldeia. Por conta desse agrupamento de referências, o elemento banzo foi associado como a saudade do lar, a tristeza e a nostalgia da terra natal.

Em seu contexto, banzo está relacionado ao processo de escravização das populações negras e ao impacto físico e psicológico pela privação da liberdade. O forçado deslocamento territorial, as variadas formas de violência e a exploração, impactaram profundamente a saúde mental de africanos e africanas no período escravocrata brasileiro. Nesse sentido, transcorreu-se, por inúmeras vias, um processo lento e doloroso de recusa às condições degradantes e sub-humanas por parte das pessoas escravizadas, seja a partir de tentativas de isolamento e fuga da realidade ou mesmo do aniquilamento da própria vida.

Atribuídas ao banzo, estão algumas das práticas já conhecidas de suicídio como enforcamento, afogamento, uso de armas diversas e consumo de plantas tóxicas, por exemplo. Há de se considerar também outros hábitos letais não instantâneos tal qual a rejeição de alimentos, inanição, tristeza profunda, prostração, apatia e outros sentimentos que tornaram o banzo uma patologia de seu tempo. De acordo com o historiador Venâncio (1990), as denominadas mortes voluntárias eram de duas a três vezes maiores entre as populações negras escravizadas ao comparadas com os grupos de brancos livres.

Os altos índices de suicídio, a redução na produção e seus possíveis efeitos na economia, fizeram com que o banzo fosse reconhecido como uma enfermidade em seu contexto e frequentemente preocupava a opinião pública e os donos de terras. Objeto de investigação de médicos e estudiosos no período da escravização no Brasil, a patologia foi analisada como uma consequência direta do rapto de populações africanas, das péssimas condições nos chamados navios negreiros, de outras doenças adquiridas no percurso marítimo, das dificuldades de adaptação em novos territórios, do trabalho forçado, desumanização e das violências física e psicológica sofridas no intervalo entre o período colonial e imperial brasileiro, aproximadamente quatrocentos anos.

Historicamente, algumas características do banzo já haviam sido descritas e sistematizadas na Suíça em 1678[1]. Batizado como *heímweh*, uma forma dolorosa de lembrança do lar, o médico Johannes Hofer (1669-1752) se debruçou sobre a nostalgia, aqui tratada como enfermidade mortal, que os suíços se tornavam mais propensos quando afastadas de sua terra natal (Oda, 2008). Já no Brasil, o primeiro registro científico de banzo aparece em 1793, mais de um século depois[2], pelos estudos do advogado luso-brasileiro Luis Antonio de Oliveira Mendes (1750-1817). Publicado somente em 1812 pela *Academia Real de Ciências de Lisboa*, o trabalho de Oliveira Mendes tinha como eixo a apreensão diante da grande taxa de mortalidade entre africanos conduzidos forçadamente para o país.

Memória a respeito dos escravos e tráfico da escravatura entre a costa d'África e o Brasil (1812) tem importância fundamental para as futuras pesquisas sobre o banzo no Brasil. De acordo com Oliveira Mendes (2007), a saudade da pátria e a privação de liberdade tornavam os indivíduos extremamente melancolizados por uma patologia crônica e uma das principais doenças a serem enfrentadas na passagem do século XIX. Conta o advogado, "mesmo oferecendo-se-lhe as melhores comidas, assim do nosso trato e costume, como as do seu país" (Mendes, 2007, p. 370), muitos escravizados renunciavam totalmente a alimentação e por efeito do banzo, paravam de falar e se isolavam de qualquer tipo de contato. Ainda assim, era comum por parte dos traficantes e negociantes, a prática de distribuição de comidas e alimentos estimulantes em espaços de comércio, casas de leilões, alfândegas e áreas portuárias na tentativa de minimizar os impactos do banzo na aparência dos escravizados em momentos de compra e venda (Schwarcz; Starling, 2015).

A partir destas referências, podemos refletir que mesmo antes do banzo ocupar academicamente as investigações de médicos e outros estudiosos, o termo já circulava no espaço público. Segundo Oda (2008), no século XVIII já estava bem definida a relação entre o sistema escravocrata e as particularidades que perpassavam o banzo, como a nostalgia e a melancolia. Para Marcassa (2016), a palavra que habitava corriqueiramente o período

---

[1] Entre os séculos XVII e XVIII, muitas pesquisas de médicos suíços, alemães e franceses investigavam as causas da melancolia e nostalgia em pessoas expatriadas. Se destacaram como fatores principais a predisposição para transtornos mentais, desordem biológica e condições ambientais. Para análise mais detalhada, conferir o estudo de Oda (2008).

[2] É preciso destacar que não há simetria entre as enfermidades de soldados europeus e dos africanos escravizados, nem tampouco referências indicando um fundamento como origem do outro. De qualquer forma, o apontamento é importante para a investigação histórica do termo aqui abordado.

colonial passou a integrar os dicionários de língua portuguesa e os escritos de inúmeros viajantes estrangeiros na virada do século XIX. Desse modo, a veiculação de ideias e representações sobre o banzo inundaram, aos poucos, o imaginário ocidental e fortaleceram a atenção acerca do termo.

Um elemento que muito colaborou para o alastramento e construção de tal imaginário esteve ligado à geofagia[3], ou seja, o hábito de comer terra e barro. Em primeiro momento, sabe-se de relatos de europeus do século XVI a respeito de indígenas escravizados que ingeriam grandes quantidades de terra com a finalidade do autoextermínio. Depois, já no período oitocentista brasileiro, a prática reapareceu associada ao banzo nas cartas e obras de viajantes que evidenciavam o costume fatal por parte das populações negras aprisionadas. A *Máscara que se usa nos negros que têm o hábito de comer terra* (1817-1829) (Figura 1), uma das aquarelas mais impressionantes do artista e professor francês Jean-Baptiste Debret (1768-1848)[4], como bem seu título a define, ilustra um homem negro escravizado utilizando uma máscara de ferro no rosto enquanto trabalha forçadamente carregando um vaso na cabeça. Além de impedir o consumo de terra e mais tardiamente o suicídio, a máscara na gravura de Debret mostra que nem mesmo castigos físicos mais severos eram capazes de afastar a tristeza profunda vivenciada por muitos africanos no Brasil, efeitos do banzo que impactavam diretamente o investimento financeiro dos senhores de terra e produtores do país[5].

Por último, é preciso compreender o banzo como uma enfermidade própria da estrutura de escravização, quer dizer, uma espécie de psicopatologia engendrada pela lógica do processo colonialista. Para muitos africanos e africanas escravizadas no Brasil, a chamada doença da saudade conduziu corpos e mentes como uma última e desesperada forma de negar o sistema. Dor mortal expressada na canção *Banzo* da banda Os Tincoãs, em 1976, como um céu que escurece, um Exu que despacha, um Calunga que prende, um rancho que acaba, um reino que o mar leva e um amor que morre.

---

[3] Atualmente, um ramo da alotriofagia, mais conhecida como síndrome de pica, isto é, alterações radicais dos hábitos alimentares e troca de dieta convencional por ingestão de terra, madeira e outros objetos não comestíveis.

[4] Anteriormente, nos estudos preparatórios para as gravuras produzidas no país, Debret também pintou muitos escravizados deprimidos, com postura corporal exaurida e afastados dos encargos. Ainda que a relação com o banzo não fosse delineada naquele momento, as obras revelam a observação do artista em terras brasileiras, a melancolia e o cotidiano em que esteve inserido. Análise mais detalhada em Danziger (2008).

[5] Ainda sobre o tema, vale destacar também que o hábito de comer terra como forma de fazer morrer é, atualmente, questionável e insustentável para autores como a historiadora Karasch (2001). Segundo seus estudos, a ingestão de não comestíveis estaria mais próxima de questões fisiológicas, como desnutrição grave. Nesse caso, a morte seria uma decorrência da própria fome e não de um possível desejo. De qualquer forma, a prática da geofagia acabou fixada às peculiaridades relativas ao banzo e influenciaram a intelectualidade e a produção de representações no século dezenove.

Figura 1 – Aquarela intitulada *Máscara que se usa nos negros que têm o hábito de comer terra* de Debret

Fonte: Debret (1817-1829)

Ver também: África, Colonização/Descolonização, Diáspora, Escravidão, Malungo, Necropolítica, Resistência, Tráfico Atlântico/Tráfico de Escravizados.

REFERÊNCIAS

DANZIGER, Leila. Banzo e preguiça: notas sobre a melancolia tropical. *In*: COLÓQUIO DO COMITÊ BRASILEIRO DE HISTÓRIA DA ARTE 1808 – 2008: mudanças de paradigmas para a História da Arte no Brasil, 28., 2008, Rio de Janeiro. **Anais** [...]. Rio de Janeiro: Museu Nacional de Belas Artes, 2008. Disponível em: http://www.leiladanziger.com/text/23banzo.pdf. Acesso em: 11 dez. 2022.

DEBRET, Jean-Baptiste. **[Máscara que se usa nos negros que têm o hábito de comer terra]**. Rio de Janeiro: Museu Castro Maya, 1817-1829. Aquarela (esboço), 18,7 x 12,5 cm.

KARASCH, Mary C. **A vida dos escravos no Rio de Janeiro (1805-1850)**. São Paulo: Companhia das Letras, 2001.

LOPES, Nei. **Novo Dicionário Banto do Brasil**: contendo mais de 250 propostas etimológicas acolhidas pelo Dicionário Houaiss. Rio de Janeiro: Pallas, 2003.

MARCASSA, Mariana Pedrosa. **Sons de banzo**. Tese (Doutorado em Psicologia Clínica) – Pontifícia Universidade Católica de São Paulo, São Pulo, 2016. 144 f. Disponível em: https://tede2.pucsp.br/bitstream/handle/19035/2/Mariana%20Pedrosa%20Marcassa.pdf. Acesso em: 11 dez. 2022.

ODA, Ana Maria Galdini Raimundo. Escravidão e nostalgia no Brasil: o banzo. **Revista Latinoamericana de Psicopatologia Fundamental**, São Paulo, n. 11, n. 4, p. 735-76, dez. 2008. Disponível em: https://www.redalyc.org/articulo.oa?id=233020554003. Acesso em: 11 dez. 2022.

OLIVEIRA MENDES, Luis Antonio de. Memória a respeito dos escravos e tráfico da escravatura entre a costa d'África e o Brasil (1812). **Revista Latinoamericana de Psicopatologia Fundamental**, São Paulo, v. 10, n. 2, p. 362-76, jun. 2007. Disponível em: https://www.scielo.br/j/rlpf/a/kT8d5QWzMHG4CdHMGBhGNsF/?format=pdf&lang=pt. Acesso em: 11 dez. 2022.

SCHWARCZ, Lilia Moritz; STARLING, Heloisa Murgel. **Brasil**: uma biografia. São Paulo: Companhia das Letras, 2015.

VENÂNCIO, Renato Pinto. A última fuga: suicídio de escravos no Rio de Janeiro (1870/1888). **Revista de História**, Ouro Preto: UFOP, v. 1, n. 1, 1990.

BIOPOLÍTICA

Manuel Alves de Sousa Junior

Este é um conceito criado pelo filósofo francês Michel Foucault (1926-1984) que em seus estudos sobre o poder, trouxe à tona a biopolítica como sendo o governo do corpo-espécie da população em detrimento ao governo dos corpos dos indivíduos que existia até então. Foucault (2010, p. 206) aponta que "a biopolítica lida com a população, a população como problema político, como problema a um só tempo científico e político, como problema biológico e como problema de poder".

A biopolítica, só pode ser compreendida e estudada após o surgimento das técnicas de gerenciamento da população, onde a vida tornou-se um elemento político legitimando o controle da população em temas como morbidade, natalidade, saúde pública, epidemias e higiene (Seixas, 2020). Ou seja, só a partir das últimas décadas do século XVII com os primeiros movimentos em torno do surgimento do conceito de população que a biopolítica começou a tomar forma. Segundo Foucault (2010), no final do século XVIII a partir dos processos de conjuntos próprios da vida afetados com as dinâmicas da vida e problemas econômicos, sociais e políticos e após a noção de população ser introduzida em seus estudos que a biopolítica pode ser pensada. Na passagem entre os séculos XVIII e XIX já não era suficiente o controle sobre os corpos dos indivíduos, mas sim um governo da população com seus padrões de normalidade e condutas.

A população entra nos cálculos do governo na medida em que estudos estatísticos são feitos e verificados que existe sempre uma porcentagem aceitável de morte em diversos fenômenos da vida, como natalidade, mortalidade, controle de doenças etc. Entra em ação a máxima foucaultiana que fez o lema da biopolítica: Fazer viver e deixar morrer. Ou seja, o importante é o fazer viver o corpo populacional como um todo, aceitando a morte de alguns indivíduos.

Furtado e Camilo (2016, p. 37) resumem bem ao afirmar que "A biopolítica tem como seu objeto a população de homens viventes e os fenômenos naturais a ela subjacentes". Silva (2015, p. 9) contribui para a discussão ao trazer que "a governamentalidade biopolítica fez das morbidades, epidemias, nascimentos, mortes, longevidade e, ainda, das tipologias raciais, objetos de cálculo político e de intervenção especializada".

Nesse sentido, a biopolítica vai estudar e operar no corpo populacional em diversos fenômenos e passar a identificar curvas de normalidade, por exemplo, quantos indivíduos foram acometidos por alguma doença específica em um determinado período naquele território, ou qual a vacina que foi mais eficaz em determinada faixa etária da população. Esses estudos propiciam que o governante consiga propor políticas públicas que possam melhorar a vida da maioria da população que se encontra na curva de normalidade. É o fazer viver! Percebe-se, portanto, um deslocamento do eixo do poder de uma sociedade disciplinar focada no corpo do indivíduo para um modelo que atua nos fenômenos do corpo populacional.

Para Pelbart (2011), o termo biopolítica surgiu inicialmente na obra foucaultiana em uma conferência realizada no Rio de Janeiro/RJ em 1974 intitulada *O nascimento da medicina social* quando o filósofo francês falava sobre o capitalismo. Foucault trabalha o conceito de biopolítica dentro de um espectro mais amplo, chamado biopoder. No curso *Em defesa da sociedade*, Foucault (2010, p. 204) coloca o questionamento: "De que se trata nessa nova tecnologia do poder, nessa biopolítica, nesse biopoder que está se instalando?". O próprio filósofo traz a resposta com uma definição da biopolítica como

> um conjunto de processos como a proporção dos nascimentos e dos óbitos, a taxa de reprodução, a fecundidade de uma população etc. São esses processos de natalidade, de mortalidade, de longevidade que, justamente na segunda metade do século XVIII, juntamente com uma porção de problemas econômicos e políticos [...] constituíram, acho eu, os primeiros objetos de saber e os primeiros alvos de controle dessa biopolítica. É nesse momento, em todo caso, que se lança mão da medição estatística desses fenômenos com as primeiras demografias (Foucault, 2010, p. 204).

Foucault aponta como o biopoder é definido:

> [...] o conjunto dos mecanismos pelos quais aquilo que, na espécie humana, constitui suas características biológicas fundamentais, vai poder entrar numa política, numa estratégia política, numa estratégia geral do poder (Foucault, 2008, p. 3).

O biopoder está enraizado em todo o corpo populacional, ao invés de estar localizado em um único indivíduo, o rei soberano. Ao contrário do poder soberano que funcionava a partir das leis régias, muitas vezes marcado pela violência, o biopoder funciona por meio de normas internalizadas pelos sujeitos que compõem a população (Taylor, 2018).

Fazendo um deslocamento desse pensamento biopolítico para o Brasil atual podemos entender perfeitamente os grupos que estão contidos neste "Deixar morrer". Pretos, pardos, periféricos, deficientes, mulheres, indígenas e população LGBTQIAPN+ são exemplos de corpos que são mortos todos os dias, corpos que a violência atravessa e a população normaliza em uma conduta biopolítica considerando-os como minorias ou como grupos minoritarizados.

Ver também: Direitos Humanos, Discriminação Racial, Necropolítica, Racismo de Estado.

REFERÊNCIAS

FOUCAULT, Michel. **Em defesa da sociedade**: curso no Collège de France (1975-1976). Tradução de Maria Ermantina de Almeida Prado Galvão. 2. ed. São Paulo: WMF Martins Fontes, 2010. 269 p.

FOUCAULT, Michel. **Segurança, território e população**: curso no Collège de France (1977-1978). Tradução de Eduardo Brandão. Revisão da Tradução de Cláudia Berliner. São Paulo: Martins Fontes, 2008. 572 p.

FURTADO, Rafael Nogueira; CAMILO, Juliana Aparecida de Oliveira. O conceito de biopoder no pensamento de Michel Foucault. **Revista Subjetividades**, Fortaleza, v. 16, n. 3, p. 34-44, dez. 2016.

PELBART, Peter Pál. **Vida capital**: ensaios de biopolítica. 1. ed. São Paulo: Iluminuras, 2011. 252 p.

SEIXAS, Rogério Luis da Rocha. Da biopolítica a necropolítica e a racionalidade neoliberal no contexto do COVID-19. **Voluntas**: Revista Internacional de Filosofia, [S. l.], v. 11, p. 1-11, ago. 2020. DOI 10.5902/2179378643939.

SILVA, Mozart Linhares da. Biopolítica, raça e nação no Brasil (1870-1945). **Cadernos IHUideias**, São Leopoldo, v. 13, n. 235, p. 3-30, 2015. Disponível em: http://www.ihu.unisinos.br/images/stories/cadernos/ideias/235cadernosihuideias.pdf. Acesso em: 28 set. 2022.

TAYLOR, Diana. **Michel Foucault**: conceitos fundamentais. Tradução de Fábio Creder. Petrópolis: Vozes, 2018.

BLACKFACE

Luan Kemieski da Rocha

Segundo a pesquisadora Ayanna Thompson (2021), *blackface* diz respeito, no nível básico, à aplicação de um protótipo – seja uma maquiagem, máscaras, minerais, pintura etc. – que tenha como objetivo imitar o complexo de outra raça. Está ligada a instrumentos de racialização de indivíduos. Também está ligado ao ato de performar. "Um desejo de performar como, ou transparecer como, outra raça" (Thompson, 2021, p. 21).

O modo performativo de aplicar maquiagem preta data de, pelo menos, o período medieval, época em que havia shows que representavam a figura do diabo como sendo preto em dramas religiosos.

A partir do processo de escravidão moderna e a racialização imposta pela modernidade, a prática do *blackface* ganhou contornos racistas específicos. A socióloga nigeriana Oyèrónkẹ́ Oyěwùmí (2021) considera que no pensamento ocidental a ideia de corpo ganha um destaque na cosmovisão da sociedade. Segundo ela, muitos acreditam que nesses espaços, a partir do corpo é possível determinar as crenças e a posição social de um sujeito. O discurso ocidental criou um binarismo entre corpo e mente, e, a partir dele, grupos marginalizados ao longo da história – como mulheres, africanos, pobres, judeus – foram tomados como corpos dominados pelo afeto e pelo instinto, não agindo pela razão.

Uma das maneiras que a prática do *blackface* ficou conhecida está relacionada a sociedade estadunidense e os shows *minstrels*. Nos Estados Unidos, a prática de *blackface* era uma forma de representação dos corpos negros. Estes, muitas vezes excluídos da cultura *mainstream*, eram retratados por sujeitos brancos, que utilizavam o próprio ato de pintar o corpo de negro como um instrumento de humor em si. O sucesso dos *minstrels* começou em cidades como Nova York, Boston e Filadélfia, cujos moradores tinham pouco ou nenhum contato com escravizados, revelando também o fato de que a imagem da cultura negra em estados do Norte começou com os *minstrels*. Neles, os escravos eram retratados como "passivos, felizes e satisfeitos com a vida no *plantation*", e constantemente buscavam imitar brancos para se erguerem. As mulheres negras também estavam incluídas nos *minstrels*, porém, de maneira mais grotesca, segundo a historiadora Lisa M. Anderson

(1996). As personagens eram interpretadas também por homens, por sua vez, brancos. Posteriormente, filmes *hollywoodianos* utilizaram mulheres brancas para interpretar mulheres negras. É o caso de Judy Garland em *Diabinho de Saia* (título original: *Everybody Sing*, 1938).

Para além dos *minstrels*, a *blackface* foi uma prática utilizada em diversos filmes populares. *O Nascimento de uma Nação* (título original: *The Birth of a Nation*, 1915), por exemplo, que contava a história da Guerra Civil Americana e o período da Reconstrução, juntando saudosismo e americanismo desse passado. A emancipação dos ex-escravizados fora exibida como uma forma de perigo para esses valores. Preguiçosos, corruptos, estupradores e ambiciosos são alguns elementos que foram utilizados para representá-los. O *blackface* foi um dispositivo que D.W. Griffith, diretor do longa-metragem, se utilizou para excluir o "sangue negro" (Moço, 2010). Em 1927, os estúdios *Warner Bros* lançaram o primeiro filme sonoro do mundo, *O Cantor de Jazz*, que contou a história de um jovem judeu que desafiava sua tradição religiosa para se tornar um cantor de *jazz*, em um momento em que o estilo musical era praticado apenas por negros e, para isso, pintava-se de preto. Nesse último caso a *blackface* foi um elemento que, à época, acabou por gerar emoção entre a população afro-americana, que se viu representada pelo personagem de Al Jolson.

Dentro dos shows *minstrels*, existiam diversos estereótipos racistas para representar a população negra. O termo "Jim Crow" fazia referência às performances do menestrel branco Thomas Rice (1808-1860), que pintado com o *blackface*, realizava shows nos anos de 1830, daquilo que acreditava ser o comportamento da população negra. Essas atuações eram carregadas de estereótipos racistas e preconceituosos, manifestos em formas jocosas de andar, falar e dançar. Suas performances eram feitas com a música *Jump Jim Crow* ao fundo (Brito, 2019). Jim Crow fez tanto sucesso que virou sinônimo de afro-estadunidenses performados por brancos e uma marca que representava a "inferioridade" do grupo racializado negro. Sua influência foi tão forte que as leis de segregação racial impostas após a Guerra Civil foram denominadas de maneira informal de Leis Jim Crow.

Outro estereótipo racista criado na época e performado por brancos com o *blackface* era o *Zip Coon*. Diferente do Jim Crow, que acreditava representar a população negra sulista majoritariamente, o *Zip Coon* fazia referência a negras e negros do norte dos Estados Unidos. "Representando" a ideia que se tinha da população negra liberta. George Dixon (1801-1861) foi um dos primeiros da performar o *Zip Coon*, e em suas performances caracterizava-se como um indivíduo negro malandro, que queria ostentar sua condição de liberto utilizando roupas finas, com arrogância por "não se colocar no seu devido lugar", por ocupar os mesmos espaços de brancos, por usar gírias exageradas e outros estereótipos racistas. Era associado à malandragem, aquele que não gosta de trabalhar e vive na mordomia.

Outros estereótipos racistas que utilizavam do *blackface* como *Uncle Tom*, *Black Bucks* e *Magical Negro* se tornaram comuns na indústria cultural, incluindo os estereótipos racistas performando a ideia que se tinha das mulheres negras.

Entre esses, fazem presença a ideia da *Mammy*, uma mulher que trabalha com o serviço doméstico. Este estereótipo vem de memórias e diários escritos por brancos no pós-Guerra Civil, que lembravam de uma mulher escravizada como se fosse "quase da família", uma mulher que deixava de cuidar dos próprios filhos para cuidar de uma família branca. Era comumente associada a uma mulher gorda, carregando um lenço na cabeça para encobrir o cabelo crespo e que cozinhava magnificamente, sendo leal, gentil, religiosa, uma amiga da casa. Uma pessoa que só saberia servir. Seu estereótipo foi usado de maneira ideológica para manter mulheres negras no trabalho doméstico.

Outros estereótipos racistas que faziam referência a mulher negra era a *Jezebel*, que era ligado à ideia de pecado e a sexualização. Serviu como justificativa a estupros e abuso sexual de mulheres negras. Outra é a *Sapphire*, ou conhecida como a mulher negra raivosa, aquela que está sempre brava, nunca sorri, que tem um papel de dominância, age com impulsividade, representando um perigo. Foi utilizado ideologicamente como uma forma de manter relações patriarcais, machistas e racistas de dominação sobre a mulher (Jardim, 2016).

O *blackface* tornou-se uma prática comum do racismo, aplicado em diversas sociedades como uma maneira de inferiorização de grupos raciais. Podendo ser visto, por exemplo, em Portugal (Cardão, 2020), Brasil (Oliveira Neto, 2015) e Países Baixos (Silva; Schor, 2016).

Ver também: Discriminação Racial, Escravidão, Leis Jim Crow, Racismo, Supremacia Racial Branca.

REFERÊNCIAS

ANDERSON, Lisa M. From blackface to 'genuine negroes': nineteenth-century minstrelsy and the icon of the 'negro'. **Theatre Research International**, [S. l.], v. 21, n. 1, p. 17-23, 1996.

BRITO, Luciana da Cruz. "Mr. Perpetual Motion" enfrenta o Jim Crow: André Rebouças e sua passagem pelos Estados Unidos no pós-abolição. **Estudos Históricos**, Rio de Janeiro, v. 32, n. 66, p. 241-266, jan./abr. 2019.

CARDÃO, Marcos. O blackface em Portugal: breve história do humor racista. **Vista**: Revista de Cultura Visual, [S. l.], n. 6, p. 121-142, 2020.

JARDIM, Suzane. Reconhecendo estereótipos racistas na mídia norte-americana. **Medium**, [S. l.], 15 jul. 2016. Disponível em: https://medium.com/@suzanejardim/alguns-estere%C3%B3tipos-racistas-internacionais-c7c7bfe3dbf6. Acesso em: 25 mar. 2023.

MOÇO, Aline Campos Paiva. **Em defesa do americanismo**: o nascimento de uma nação de Griffith. Dissertação (Mestrado em História) – Pontifícia Universidade Católica de São Paulo, São Paulo, 2010.

OLIVEIRA NETO, Marcolino Gomes de. Entre o grotesco e o risível: o lugar da mulher negra na história em quadrinhos no Brasil. **Revista Brasileira de Ciência Política**, Brasília, n. 16, p. 65-85, 2015.

OYĚWÙMÍ, Oyèrónkẹ. **A invenção das mulheres**: construindo um sentido africano para os discursos ocidentais de gênero. Rio de Janeiro: Bazar do Tempo, 2021.

SILVA, Salomão; SCHOR, Patrícia. Representações e estereotipias negras: cruzamentos (im)prováveis entre o folclore holandês e o teatro paulista. **Projeto História**, [S. l.], v. 56, p. 69-91, maio/ago. 2016.

THOMPSON, Ayanna. **Blackface**. New York: Bloomsbury Academic, 2021.

BLACK LIVES MATTER / VIDAS NEGRAS IMPORTAM

Ewerton Batista-Duarte

O Movimento BLM – *Black Lives Matter* (*Vidas Negras Importam*) ganhou impulso após a morte de George Floyd, um homem afro-estadunidense. Floyd foi morto, em 2020, após o policial Derek Chauvin permanecer por mais de oito minutos com o joelho sobre seu pescoço, enquanto estava algemado e deitado no chão. A morte de Floyd causou uma onda de protestos nos Estados Unidos da América, apoiada por indivíduos e grupos antirracistas em todo o mundo. Desde então, a frase *Black Lives Matter* é vista constantemente durante manifestações populares nas ruas, como também nas redes sociais por meio da *hashtag* #BlackLivesMatter.

O que muitos não sabem é que a ideia do movimento foi criada, em 2013, por três mulheres ativistas: Alicia Garza, diretora da *National Domestic Workers Alliance* (Aliança Nacional de Trabalhadoras Domésticas); Patrisse Cullors, diretora da *Coalition to End Sheriff Violence in Los Angeles* (Coligação contra a Violência Policial em Los Angeles); e Opal Tometi, uma ativista pelos direitos dos imigrantes. Tudo começou quando Alicia Garza postou, em 2013, na rede social *Facebook*, uma mensagem intitulada *Love Letter to Black People* (Uma Carta de Amor às Pessoas Negras), após saber que George Zimmerman – assassino do adolescente negro Trayvon Benjamin Martin – havia sido absolvido pelo Júri da Flórida, nos Estados Unidos (Hillstrom, 2018).

A violência policial contra afro-estadunidenses começou a ganhar manchetes a partir de 2014, com a morte de Eric Garner – estrangulado por um policial do Departamento de Polícia de Nova Iorque. Lyn (2022) constrói uma linha do tempo para mapear as mortes de pessoas negras cometidas por policiais dos EUA no período de 2014 a 2022. Além do assassinato de Eric Garner, o levantamento também inclui as mortes brutais, em 2014, de Michael Brown, por um policial de Missouri; Tamir Rice, por um policial de Ohio; em 2015, Eric Harris, por um agente de Oklahoma; Walter Scott, por um policial da Carolina do Sul; Freddie Gray, por policiais de Baltimore; em 2016, Alton Sterling, por policias de Louisiana; Philando Castile, por um policial de Mineápolis; em 2018, Stephon Clark, por policiais da Califórnia; Botham Jean, por um policial do Texas; em 2020, Botham Jean, por policiais de Kentucky; George Floyd, por policiais de Minnesota; em 2021, Daunte Wright, também por um policial de Minnesota; e em 2022, Patrick Lyoya, por um policial de Michigan.

Embora esses e, provavelmente, muitos outros casos tenham sido registrados nos EUA, o Movimento *Black Lives Matter* explodiu após o assassinato de George Perry Floyd Junior, mais conhecido por George Floyd. Segundo Dave *et al.* (2020), durante os 8 minutos e 46 segundos em que Derek Chauvin pressionou o pescoço de Floyd, a vítima repetiu diversas vezes que não conseguia respirar, contudo, isso não fez com que o policial interrompesse a posição de estrangulamento. Comovidos por tamanha brutalidade e crueldade, manifestantes ocuparam as ruas de Mineápolis, entrando em conflito com os policiais. A revolta não demorou a se espalhar por outras cidades estadunidenses, como Los Angeles, Oakland, Atlanta, Baltimore e Nova York (Brooks, 2020).

Pode-se dizer que os protestos ocorridos por causa da morte de Floyd foram impulsionados pelo Movimento *Black Lives Matter*, como também por outros movimentos que nasceram em resposta a um aumento expressivo dos crimes de ódio durante a presidência de Donald Trump (2017-2021). As práticas racistas, tanto por meio de palavras como de políticas, receberam apoio nos níveis mais elevados do governo dos EUA (Krieger, 2020). Basta relembrarmos a manifestação de 2017, na cidade de Charlottesville, na Virgínia, organizada por supremacistas/nacionalistas brancos, neonazistas e por outros grupos criminosos.

O BLM se inspira em vários outros movimentos antecessores: Direitos Civis dos Negros nos EUA; *Black Power*; Feminista Negro; Pan-africanismo; Anti-apartheid; Hip Hop; LGBT; e, o mais recente, em 2011, o Movimento *Ocupe Wall Street* (Ruffin II, 2015). As ideias do Movimento BLM, de acordo com Lebron (2017), entram em consonância com aquelas pregadas por intelectuais negros revolucionários, como Frederick Douglass, Ida B. Wells, Langston Hughes, Zora Neal Hurston, Anna Julia Cooper, Audre Lorde, Martin Luther King Jr. e James Baldwin.

Segundo o site oficial da Fundação *Black Lives Matter*, a referida organização internacional tem por objetivo eliminar a ideologia de supremacia branca, empoderando a população local para que combatam a violência que atinge as comunidades negras. Nota-se que os ideias do coletivo se expandiram, abarcando aqueles que foram marginalizados dentro dos movimentos negros de libertação, por exemplo, indivíduos negros queer e trans; com deficiência; sem documentos; com antecedentes criminais; mulheres e todas as pessoas negras, independentemente da identidade de gênero (*Black Lives Matter Global Network Foundation*).

Algumas celebridades têm aderido ao movimento, seja pelo compartilhamento da *hashtag* #BlackLivesMatter nas redes sociais, seja pela participação em protestos que ocuparam as ruas. Dentre algumas personalidades do mundo artístico, destacamos: Madonna, Nick Cannon, Ariana Grande, Shawn Mendes, Camila Cabello, Lana Del Rey, Kate Perry, Anitta, Harry Styles, Beyoncé, Halsey, Rihanna, Michael B. Jordan, Bruno Gagliasso, Lil Yachty, BTS, entre muitos outros.

Ver também: Pan-Africanismo, Racismo, Racismo Estrutural, Segregação Racial Branca.

REFERÊNCIAS

BLACK LIVES MATTER GLOBAL NETWORK FOUNDATION. **About**, [s.d.]. Disponível em: https://blacklivesmatter.com/about/. Acesso em: 23 mar. 2023.

BROOKS, Oliver. Police brutality and blacks: an American immune system disorder. **Journal of the National Medical Association**, [S. l.], v. 112, n. 3, p. 239-241, jun. 2020. Disponível em: https://www.ncbi.nlm.nih.gov/pmc/articles/PMC7373392/pdf/main.pdf. Acesso em: 22 mar. 2023.

DAVE, Dhaval; FRIEDSON, Andrew; MATSUZAWA, Kyutaro; SABIA, Joseph; SAFFORD, Samuel. **Black Lives Matter protests, social distancing, and covid-19**. Bonn: IZA, 2020.

HILLSTROM, Laurie Collier. **Black Lives Matter**: from a moment to a movement. Santa Barbara: Greenwood, 2018.

KRIEGER, Nancy. ENOUGH: COVID-19, structural racism, police brutality, plutocracy, climate change and time for health justice, democratic governance, and an equitable, sustainable future. **American Journal of Public Health**, [S. l.], v. 110, n. 11, p. 1620-1623, Nov. 2020. DOI:10.2105/AJPH.2020.305886.

LEBRON, Christopher. **The making of Black Lives Matter**: a brief history of an idea. New York: Oxford University Press, 2017.

LYN, Darren. Timeline of black Americans killed by police: 2014-2022. **Anadolu Agency**, Houston, May 25, 2022. Disponível em: encr.pw/9dDKI. Acesso em: 24 mar. 2023.

RUFFIN II, Herbert. Black Lives Matter: the growth of a new social justice movement. **BlackPast**, [S. l.], Aug. 23, 2015. Disponível em: encr.pw/OTqTO. Acesso em: 25 mar. 2023.

BLACK POWER

Luan Kemieski da Rocha

Black Power (Poder Negro) é um movimento de orgulho racial, que busca, junto a luta política, por direitos civis para a população negra ao redor do mundo, pela busca por autodeterminação e pela solidariedade racial. O surgimento do termo é nebuloso, ascendendo nos Estados Unidos (Adi, 2022).

Sua expressão moderna provém de "duas tradições distintas que moldaram o ativismo político negro durante a primeira metade do século XX" (Joseph, 2009, p. 752). O Movimento do Novo Negro dos anos 1920 próximo as lutas por libertação emergentes do período entreguerras e a Segunda Guerra Mundial que alimentou visões expansivas de cidadania, direitos e democracia.

O *Black Power* está ligado a outras formas de lutas políticas pelo fim do racismo e pela libertação racial como o Pan-africanismo. No cerne de seu movimento está a busca por um fortalecimento negro de perspectivas locais, nacionais e internacionais, assegurando-se em princípios de autodeterminação e na redefinição da identidade negra que se conecte a projetos políticos nacionais e globais com base na solidariedade racial e na história comum de opressão (Joseph, 2009).

A arqueologia do conceito *Black Power* é perceptível em intelectuais negros desde o começo do século XX como Marcus Garvey (1887-1940) ou até antes, "enquanto alguns de seus elementos-chave, especialmente a demanda sobre autodeterminação e autogoverno, também podem ser vistos nos Pan-Africanistas comunistas das décadas de 1920 e 1930", como o da *African Blood Brotherhood* (Adi, 2022, p. 281). Porém, seu termo começou a se popularizar posteriormente com figuras como Richard Wright (1908-1960) que usou o termo para o título de um de seus livros. Paul Robenson (1898-1976) que falava sobre a necessidade do "Poder Negro". Porém, aquele que os estudiosos têm como um dos maiores promotores da expressão é Stokely Carmichael/Kwame Ture (1941-1998).

Para ele, *Black Power* significava que a população negra deveria assumir as rédeas de seu destino. Isto é, reivindicar o direito de sua própria história e identidade. "Teremos que lutar pelo direito de criar nossos próprios termos, por meio dos quais definiremos a nós mesmos" (Ture; Hamilton, 2021, p. 65). Dentro do contexto do movimento de luta por Direitos Civis na década de 60, o *Black Power* é visto, segundo (Adi, 2022, p. 283) como um modelo "mais militante" dessa conjuntura, influenciando novas abordagens culturais, políticas e sociais daquela época, como por exemplo o movimento *Black is beautiful*. Esse último, por meio de uma abordagem cultural, buscava uma aproximação do passado negro com uma história grandiosa que daria orgulho para a população negra contemporânea. Através disso, internalizava a cultura e identidade negra.

Além disso, em sua filosofia, o *Black Power* e o *Black is beautiful* focavam no bem-estar emocional e psicológico da comunidade negra. Produzindo novas manifestações de orgulho racial e manifestações culturais, como a afirmação do penteado afro natural, o uso do dashiki (bata africana), a utilização de palavras suaílis e a invenção anual da celebração do Kwanzaa em dezembro (Adi, 2022).

O movimento logo começou a se espalhar pelo globo por meio da música, da poesia, da literatura, do teatro de publicações e movimentações políticas, como o famoso protesto, de 1968, dos atletas olímpicos John Carlos (1945-) e Tommie Smith (1944-), que utilizaram uma luva preta e realizaram uma saudação com os punhos cerrados durante o hino nacional dos Estados Unidos na cerimônia de premiação dos Jogos Olímpicos. Outro exemplo pertinente é o poema *Me Gritaron Negra* da afro-peruana Victoria Santa Cruz (1922-2014).

Uma das mais significativas organizações que surgiram durante esse período foi o Partido dos Panteras Negras, influenciados por figuras como Malcolm X (1925-1965), Frantz Fanon (1925-1961), Robert F. Williams (1925-1996), Che Guevara (1928-1967), Mao Zedong (1893-1976) dentre outros, inspirados pelo movimento *Black Power* e também construtores deste lançaram-se ao cenário nacional dos Estados Unidos e internacionalmente com objetivos de determinar o destino da comunidade negra, e trazendo preocupações relacionadas a violência policial, a privação política e econômica sofrida pela população negra, assim como a falta de poder político para poder determinar os rumos de seu próprio futuro.

Como formas de soluções para os problemas que enfrentavam, eles começaram a realizar atividades assistencialistas como de assistência médica, forneciam café da manhã gratuito, construíram as "escolas de libertação" e outras iniciativas que foram posteriormente exprimidas em outras localidades dos Estados Unidos e no exterior. Além da construção do Poder Negro, buscaram produzir o chamado "Poder para o Povo" (*All power to the people*), relacionando as lutas da comunidade negra com o anti-imperialismo, contra o fascismo, adotando formas de marxismos e alianças com comunidades de diversas nacionalidades. O Partido dos Panteras Negras se tornou uma importante força cultural e política desse período, o que levou até mesmo o FBI a declará-la como a organização mais perigosa dos Estados Unidos.

O movimento *Black Power* logo se espalhou pelo mundo tendo influência no Canadá, com o *Congresso dos Escritores Negros* (1968), nas Américas, no Caribe com as Revoltas Rodney, na África, na Europa etc. Buscando o empoderamento da diáspora africana, realizaram uma forte oposição a democracia estadunidense do pós Segunda Guerra Mundial e a ideologia do país das oportunidade, bem como colocaram políticas urbanas, organizações comunitárias e movimentos culturais e intelectuais na materialidade transformando as instituições estadunidenses e, ao mesmo tempo, criando novas. O movimento *Black Power* criou e implementou novas agendas para a políticas interna e externa dos Estados Unidos (Joseph, 2009). Construíram a contraposição ao racismo, ao eurocentrismo e a depreciação da cultura africana.

Ver também: Afro-futurismo, Diáspora, Leis Jim Crow, Supremacia Racial Branca, Pan-Africanismo, Racismo.

REFERÊNCIAS

ADI, Hakim. **Pan-Africanismo**: uma história. Salvador: EDUFBA, 2022.

JOSEPH, Peniel E. The black power movement: a state of the field. **The Journal of American History**, [S. l.], v. 96, n. 3, p. 751-776, 2009.

TURE, Kwame; HAMILTON, Charles V. **Black power**: a política de libertação nos Estados Unidos. São Paulo: Jandaíra, 2021.

BRANQUEAMENTO DA POPULAÇÃO

Manuel Alves de Sousa Junior

Branqueamento da população é o nome dado à estratégia política e social imposta pela elite nacional para branquear a população por meio da mestiçagem de modo a obter no decorrer do tempo um povo branqueado com a diminuição progressiva dos pretos e pardos até o seu desaparecimento. Após a abolição da escravidão em 1988 e a Proclamação da República em 1889, o país precisava ir em busca de um projeto de nação. Era desejável criar no Brasil o estilo europeu ariano. Os pretos e pardos não faziam parte deste projeto.

Em 1821, portanto ainda no Brasil Colônia, intelectuais portugueses já falavam em branquear a população, como Francisco Soares Franco, professor da Universidade de Coimbra em seu livro *Ensaio sobre os melhoramentos de Portugal e do Brazil*. Os projetos de branqueamento da população intensificaram suas atividades no Brasil ao longo do século XIX com apoio da elite imperial e republicana, afinal, "O Brasil dos colonizadores europeus foi construído por negros, mas sempre sonhou ser um país branco" (Gomes, 2019, p. 29). Nina Rodrigues (1862-1906), conhecido adepto da antropologia criminal e darwinismo social, declarava sobre a raça negra que "por maiores que tenham sido os seus incontestáveis serviços à nossa civilização [...] há de constituir sempre um dos fatores da nossa inferioridade como povo" (Rodrigues, 1945, p. 28).

Aliado a movimentos e políticas como imigração, eugenia, higiene social e darwinismo social, o branqueamento da população buscava a solução para o avanço da civilização, que era o caminho branco.

> A educação, a formação e a assimilação do modelo branco forneceriam as chaves da integração. [...] A maioria desses movimentos organizava intensivas campanhas de educação dando ênfase ao bom comportamento da sociedade (Munanga, 2020, p. 98).

A referência a ser seguida, deveria ser o modelo proposto "pela sociedade dominante, isto é, a branca. Daí a ambiguidade desses movimentos que, embora protestassem contra os preconceitos raciais e as práticas discriminatórias, alimentaram sentimentos de inferioridade perante sua identidade cultural de origem africana." (Munanga, 2020, p. 98).

Os programas de imigração europeia funcionaram como uma forma de contrabalancear a grande quantidade de africanos e seus descendentes em solo nacional, fundamental para o futuro da nação. Associado à educação, estava também a seleta política de imigração, no qual os migrantes deveriam ser os mais brancos possíveis, para ajudarem no branqueamento da população. O meio político se debruçava ostensivamente sobre este tema. Os censos demográficos de 1872, 1890 e 1940 indicam que o impacto da migração europeia realmente causou um branqueamento na população. A população branca passou de 38,1% em 1872 para 63,5% em 1940, em detrimento, a população negra regrediu de 61,9% para 35,9% no mesmo período (Santos, 2006). O autor ainda afirma que "o branqueamento e o mito da democracia racial são conceitos destinados a socializar a totalidade da população (brancos e negros igualmente) e a evitar áreas potenciais de conflito social" (Santos, 2006, p. 27).

Diversos outros intelectuais brasileiros atuantes nas primeiras décadas do século XX trataram de abordar a desejada pureza racial e influenciar a elite e até mesmo o Estado em prol de uma sociedade branca, higienizada e eugenizada. Assim, discorreram e debateram sobre temas como raça e mestiçagem a partir das teorias raciais que chegavam ao país e das ciências e políticas que se desdobravam delas.

Skidmore (2012) aponta que essa teoria do branqueamento foi aceita pela maioria da *Intelligentsia* nacional (intelectuais, estadistas e cientistas), ou seja, inicialmente condenada e considerada como degeneração pela elite, foi revista, aceita, estimulada e, inclusive, virou projeto nacional. Daflon (2017, p. 61) citando Camargo (2009) diz que "a 'mestiçagem', então promovida à condição de categoria racial, assumia assim o papel de registrar o peso da população negra, bem como a homogeneização étnica do país na direção do embranquecimento".

Lacerda (1911) publicou no Congresso Mundial das Raças em Londres o artigo intitulado *The metis, or half-breeds, of Brazil*. No final do documento, o intelectual afirmou que no decorrer de um século, o mestiço brasileiro entrelaçado com o imigrante branco europeu teria branqueado a população brasileira com a extinção do negro na sociedade do país, que primeiro seriam eles retirados dos centros urbanos e aos poucos desapareceriam do Brasil. Este fato traria para a nação um grande progresso e desenvolvimento com destaque mundial, essa era a mensagem que o Brasil desejava deixar para a sociedade ocidental.

A história contrariou o pensamento de Lacerda e de tantos outros. Paradoxalmente, o censo do IBGE em 2012 demonstrou pela primeira vez o número de negros (pretos e pardos) maior que o de brancos, demonstrando um enegrecimento da população no decorrer de um século. Justamente o prazo que o intelectual do século XX havia cravado para o branqueamento da população ser completado.

Ver também: Branquitude, Eugenia, Mito da Democracia Racial, Racismo, Supremacia Racial Branca.

REFERÊNCIAS

DAFLON, Verônica Toste. **Tão longe, tão perto**: identidades, discriminação e estereótipos de pretos e pardos no Brasil. 1. ed. Rio de Janeiro: Mauad X, 2017.

FRANCO, Francisco Soares. **Ensaio sobre os melhoramentos de Portugal e do Brazil**. Lisboa: Imprensa Nacional, 1821. 56 p. 4º caderno.

GOMES, Laurentino. **Escravidão**: do primeiro leilão de cativos em Portugal até a morte de Zumbi dos Palmares. Rio de Janeiro: Globo Livros, 2019. v. 1.

IBGE – Instituto Brasileiro de Geografia e Estatística. Conheça o Brasil – População: COR OU RAÇA. **Educa IBGE**, Brasília, 2019. Disponível em: https://educa.ibge.gov.br/jovens/conheca-o-brasil/populacao/18319-cor-ou-raca.html. Acesso em: 8 jan. 2021.

LACERDA, João Batista de. The metis, or half-breeds, of Brazil. *In:* UNIVERSAL RACES CONGRESS, 1., 1911, Londres. **Papers on Inter-racial problems**. Londres: The World's Peace Foundation, 1911. v. 1, p. 377-382.

MUNANGA, Kabengele. **Rediscutindo a mestiçagem no Brasil**: identidade nacional versus identidade negra. 5. ed. Belo Horizonte: Autêntica, 2020.

RODRIGUES, Raimundo Nina. **Os africanos no Brasil**. 3. ed. São Paulo: Companhia Editora Nacional, 1945.

SANTOS, Ivair Augusto Alves dos. **O movimento negro e o Estado (1983-1987)**: o caso do Conselho de Participação e Desenvolvimento da Comunidade Negra no Governo de São Paulo. São Paulo: Prefeitura Municipal de São Paulo, 2006.

SKIDMORE, Thomas E. **Preto no branco**: raça e nacionalidade no pensamento brasileiro. São Paulo: Companhia das letras, 2012.

BRANQUITUDE

Rafaela Rech

O conceito de branquitude começou a ser utilizado para o estudo das relações raciais a partir dos *critical whiteness studies* nos Estados Unidos, nos anos 1990. Nesse contexto é importante ressaltar que a branquitude se constrói e reconstrói histórica e socialmente ao longo do tempo de maneira local ou global, porém, o conceito permanece significando poder e identifica a branquitude como a identidade racial branca.

De acordo com Cardoso (2010a, p. 50), "a branquitude é um lugar de privilégios simbólicos, subjetivos, objetivo, isto é, materiais palpáveis que colaboram para construção social e reprodução do preconceito racial". É um lugar onde o branco olha para o outro e a si mesmo, um lugar confortável onde atribui ao outro o que não atribui a si mesmo, ou seja, a branquitude não é uma identidade marcada e representa o lugar do branco numa situação de desigualdade racial.

Em uma sociedade racista, a branquitude se expressa a partir da propagação da ideia de superioridade racial branca, assim como também pode se expressar a partir da preocupação com a reflexão sobre os privilégios da identidade racial branca, privilégios estes entendidos como "um estado passivo, uma estrutura de facilidades que os brancos têm, queiram eles ou não" (Bento, 2022, p. 63). A análise sobre o conceito deve levar em conta os dados sobre sexo, gênero, religião e nacionalidade, por exemplo. Os estudiosos têm chamado essas duas formas de expressão de branquitude acrítica e branquitude crítica.

A branquitude acrítica se refere "a branquitude individual ou coletiva que sustenta o argumento em prol da superioridade racial branca" (Cardoso, 2010b, p. 607), já, a branquitude crítica se refere "ao indivíduo ou grupo branco que desaprovam publicamente o racismo" (Cardoso, 2010b, p. 607). O autor ainda contribui ao exemplificar a partir do contexto histórico da Segunda Guerra Mundial, ao afirmar que a branquitude crítica

> [...] condena e analisa os trágicos acontecimentos deste momento histórico. Enquanto a branquitude acrítica conserva, justifica e reescreve esses acontecimentos, procurando heroificar Adolf Hitler minimizando, ou negando o Holocausto (Cardoso, 2010b, p. 612).

Para a branquitude acrítica é justificável que a pessoa não branca seja assassinada pelo simples fato de ser diferente, ao contrário, para a branquitude crítica a prática de racismos não chega ao homicídio.

Para Edith Piza, a branquitude pode ser definida por três aspectos básicos:

> 1. Uma situação de vantagem estrutural de privilégios raciais;
> 2. Uma posição ou lugar do qual as pessoas brancas se observam, aos outros e à sociedade;
> 3. Um conjunto de práticas culturais que são frequentemente não demarcadas e não nomeadas (Piza, 2014, p. 84).

A autora ressalta também que a "posição racial não nomeada pode excluir a possibilidade de alguém reconhecer-se e reconhecer o outro em termos de igual-semelhante, igual-igual e igual-diferente" (Piza, 2014, p. 87). Assim é possível compreender que os negros na mesma posição social ou financeira que brancos, por exemplo, provavelmente não terão o mesmo tratamento e as mesmas oportunidades.

Em relação às pesquisas sobre branquitude no Brasil é importante salientar que apesar do termo ser associado a Gilberto Freyre em 1962 quando o sociólogo utiliza o termo branquitude em uma analogia à negritude, é Guerreiro Ramos quem propôs os primeiros estudos sobre a identidade racial branca. O autor utilizava o termo brancura para se referir ao que hoje a literatura científica compreende como branquitude.

A partir dos estudos de Guerreiro Ramos iniciados na década de 1950, outros intelectuais têm estudado sobre branquitude no Brasil principalmente nos anos 2000, entre eles estão Edith Piza, Maria Aparecida Bento e Liv Sovik. A partir dessa análise percebe-se que os estudos sobre a temática e o aumento de pesquisas na área ainda são muito recentes no Brasil.

Edith Piza, citada por Cardoso, utiliza a metáfora da porta de vidro para exemplificar a condição do sujeito branco em relação à sua identidade racial:

> O branco ao perceber que ele possui identidade racial assemelha-se a um choque em uma porta de vidro. Isto é, o branco não enxergaria sua identidade racial, porque uma das características dessa identidade seria expressar enquanto invisível. Portanto, quando o branco percebe-se na condição de grupo racial, o efeito é tamanho que a autora compara ao impacto do choque de uma pessoa distraída em uma porta de vidro (Cardoso, 2010b, p. 618-619).

Maria Aparecida Bento, em sua tese de doutorado, defende a ideia do pacto narcísico, que se refere aos brancos que se unem para defender seus privilégios raciais, mesmo inconscientemente. E para Liv Sovik (2009), a mídia estimula os estereótipos favoráveis aos brancos e depreciativos aos negros ao analisar a comunicação social como uma área imprescindível para os estudos sobre branquitude no Brasil.

É importante que cada vez mais, estudos sobre a branquitude sejam realizados, que cada vez mais pesquisadores possam compreender as características da branquitude no Brasil nas diversas esferas que se manifesta, para que seja possível discutir, por exemplo, os impactos negativos da herança escravocrata para os negros e os impactos positivos dessa mesma herança para os brancos.

Ver também: Branqueamento da População, Discriminação Estrutural, Raça, Racismo, Supremacia Racial Branca, Teoria Crítica da Raça.

REFERÊNCIAS

BENTO, Cida. **O pacto da branquitude**. São Paulo: Companhia das Letras, 2022.

BENTO, Maria Aparecida Silva. Branqueamento e branquitude no Brasil. *In*: CARONE, Iray; BENTO, Maria Aparecida Silva. **Psicologia social do racismo**: estudos sobre branquitude e branqueamento no Brasil. Petrópolis: Vozes, 2014. p. 25-58.

CARDOSO, Lourenço. Retrato do branco racista e anti-racista. **Reflexão e Ação**, Santa Cruz do Sul, v. 18, n. 1, p. 46-76, jun. 2010a. Disponível em: https://online.unisc.br/seer/index.php/reflex/article/view/1279. Acesso em: 28 mar. 2023.

CARDOSO, Lourenço. Branquitude acrítica e crítica: a supremacia racial e o branco anti-racista. **Revista Latinoamericana de Ciencias Sociales, Niñez y Juventud**, Manizales, v. 8, n. 1, p. 607-630, jun. 2010b. Disponível em: http://biblioteca.clacso.edu.ar/Colombia/alianza-cinde-umz/20131216065611/art.LourencoCardoso.pdf. Acesso em: 28 mar. 2023.

PIZA, Edith. Porta de vidro: entrada para a branquitude. *In*: CARONE, Iray; BENTO, Maria Aparecida Silva. **Psicologia social do racismo**: estudos sobre branquitude e branqueamento no Brasil. Petrópolis: Vozes, 2014. p. 59-90.

SOVIK, Liv. **Aqui ninguém é branco**. Rio de Janeiro: Aeroplano, 2009.

CAIS DO VALONGO

Miguel Lucio dos Reis

Entre os séculos XVI e XIX, o sistema de escravização esteve estruturado pelo que chamamos contemporaneamente de diáspora africana (Gilroy, 2001; Hall, 2003), quer dizer, no grande trânsito, ou processo de imigração obrigatória, de pessoas negras escravizadas oriundas do continente africano, especialmente da África Centro-Ocidental, e raptadas para trabalho forçado sobretudo em países banhados pelo oceano Atlântico. Sem exclusão, o Brasil recebeu e participou desse processo de investimento para acumulação de bens, provocando o deslocamento de numerosas populações africanas, tendo o Rio de Janeiro, então capital do país no período oitocentista, a principal porta de entrada para a chegada de escravizados, no porto nomeado como Cais do Valongo, sobretudo entre 1811 e 1831. Indícios apontam que o termo Valongo seja uma variação das palavras *vale longo*, referência às águas que escoavam entre os morros da Conceição e do Livramento da cidade carioca (Lima; Sene; Souza, 2016).

Segundo o historiador Florentino (1997), a cidade carioca teve a maior e mais importante passagem de escravizados de todo o globo, principalmente entre 1790 e 1830. Para Viegas (2018), a quantidade de 40% do total de pessoas tomadas pelo tráfico transatlântico, tinha como destino final o Brasil. Nessas investigações, estima-se cerca de quase cinco milhões de africanos destituídos de liberdade no período escravocrata brasileiro; desses, julga-se que entre quinhentos e cinquenta mil e um milhão tenham desembarcado no território do Valongo (Florentino, 1997; Viegas, 2018). Tais números são crescentes com os avanços das pesquisas no período de funcionamento do Cais, momento de mudanças políticas, como a Independência de 1822, e econômicas, como o fortalecimento da produção de café, principalmente das lavouras do Vale do Paraíba.

Localizado entre os bairros da Saúde e Gamboa, atualmente região central da cidade do Rio de Janeiro, no período de seu funcionamento, o Cais do Valongo fazia parte da extensão mais afastada e periférica da cidade carioca. O espaço foi construído a partir de 1774, depois que o Vice-Rei Marquês do Lavradio, Dom Luís de Almeida Portugal Soares (1729-1790), transferiu o desembarque e a comercialização de escravizados da Praia do Peixe, atual Praça XV, para a região do Valongo, uma tentativa de encobrir as mazelas, doenças contagiosas e a violência exposta do processo escravocrata aos olhos dos grupos aristocráticos. A mudança nos desembarques ocorreu apenas em 1779 e a construção do Cais foi finalizada em meados do ano de 1811 pela Intendência Geral de Polícia.

Além do Cais, foram levantadas ruas de comércio, mercados de venda de escravizados, barracões de espera, entre outras construções que circundavam a região. Há ainda, dois outros espaços fundamentais para o funcionamento do que comumente foi denominado como Complexo do Cais do Valongo: um lazareto de isolamento, quer dizer, uma área sanitária onde muitos africanos aguardavam em quarentena e eram inspecionados por oficiais de saúde, tanto na observação e atuação frente às inúmeras moléstias causadas pela longa viagem marítima, quanto na atenção aos aspectos físicos de seus corpos, oferecendo alimentos e banhos que pudessem suprimir a desnutrição e apresentá-los aos leilões e espaços de comercialização (Schwarcz; Starling, 2015); e o Cemitério dos Pretos Novos, área onde foram sepultados os escravizados que faleciam a partir da Baía de Guanabara ou nos momentos posteriores ao desembarque, por não resistirem a travessia, maus tratos ou doenças adquiridas.

O mercado, na rua do Valongo, impressionou viajantes e artistas estrangeiros como o alemão Johann Moritz Rugendas (1802-1858), um dos principais autores da representação artística do cotidiano no Cais do Valongo e do francês Jean-Baptiste Debret (1768-1848), autor da gravura *Mercado de escravos na rua do Valongo* (1816-1828) (Figura 1), recepcionada com desaprovação pelo Instituto Histórico e Geográfico Brasileiro por conta da esqualidez e magreza extrema reproduzida na obra. A cena também revela outra peculiaridade da compra e venda de escravizados no começo daquele século, onde as cores e os tecidos diferenciavam grupos de africanos distintos de seus futuros proprietários. De acordo com os relatos de Debret (Bandeira; Lago, 2009), as salas do mercado eram habitualmente silenciosas e carregadas de um cheiro forte de óleo de rícino, usado para amenizar manchas, feridas e outras lesões causadas por doenças diversas, atraindo assim, os olhares de possíveis compradores.

Figura 1 – Aquarela em papel *Mercado de escravos na rua do Valongo* de Debret

Fonte: Debret (1816-1828)

A partir de 1831, o governo imperial promulgou a proibição do tráfico transatlântico de africanos e penalização aos importadores de escravizados, a intitulada *Lei Feijó*, depois de grande pressão internacional com possíveis efeitos na economia, especialmente por parte dos ingleses. Apesar de novas estratégias que burlavam a lei e da continuidade da instituição escravista em outros espaços, inclusive no Rio de Janeiro, o Cais do Valongo permaneceu recebendo cargas de mercadorias variadas até 1843 (Lima; Sene; Souza, 2016). No mesmo ano, o Cais foi reconstruído para a chegada da princesa das Duas Sicílias, Teresa Cristina Maria de Bourbon (1822-1889), futura imperatriz e esposa de D. Pedro II (1825-1891). Nessa nova configuração, o Cais do Valongo foi renomeado para Cais da Imperatriz. Por fim e em uma sucessão de atropelamentos históricos, o antigo Cais foi aterrado novamente por volta de 1904, já no século vinte, para construção de um porto e modernização republicana da cidade carioca, as reformas urbanísticas do prefeito Francisco Franco Pereira Passos (1836-1913), conhecido pelo "bota-abaixo" nos antigos casarões coloniais.

Mais de cem anos depois, somente em 2011, durante as obras para os *Jogos Olímpicos de Verão - Rio 2016*, mais especificamente no conjunto de reformas denominado *Projeto Porto Maravilha*, escavações revelaram vestígios do Cais do Valongo, trazendo à tona uma memória constantemente apagada e sistematicamente esquecida da história do país, a escravização das populações negras. Além do Cais, foram encontrados muitos objetos pessoais, utilitários e religiosos, despertando novas pesquisas principalmente das áreas de arqueologia, história e antropologia.

Depois de um longo processo de mobilização por parte da sociedade civil, especialmente dos movimentos negros, o Cais do Valongo foi reconhecido como Patrimônio da Humanidade pela Unesco, em 2018. Atualmente, o sítio arqueológico do Cais integra o *Circuito da Herança Africana*, formado por espaços como Jardim Suspenso do Valongo, Largo do Depósito, Pedra do Sal, Centro Cultural José Bonifácio e Cemitério dos Pretos Novos. Em sua potencialidade, o Cais recebe visitas guiadas, é inspiração para obras premiadas como O crime do Cais do Valongo (Cruz, 2018), é tema de trabalhos, pesquisas acadêmicas, criação de instituições, como o Instituto de Pesquisa e Memória Pretos Novos e se torna, cada vez mais, espaço de novas sociabilidades.

Ver também: África, Colonização/Descolonização, Diáspora, Escravidão, Escravo/Escravizado, Lei Feijó, Migrações, Tráfico Atlântico/Tráfico de Escravizados.

REFERÊNCIAS

BANDEIRA, Julio; LAGO, Pedro Corrêa do. **Debret e o Brasil**: obra completa (1816-1831). Rio de Janeiro: Capivara, 2009.

CRUZ, Eliana Alves. **O crime do Cais do Valongo**. Rio de Janeiro: Malê, 2018.

DEBRET, Jean-Baptiste. **[Mercado de Escravos na Rua do Valongo]**. Rio de Janeiro: Museu Castro Maya, 1816-1828. Aquarela sobre papel, 17,5 x 26,2 cm.

FLORENTINO, Manolo. **Em costas negras**: uma história do tráfico atlântico de escravos entre a África e o Rio de Janeiro - séculos XVIII e XIX. São Paulo: Companhia das Letras, 1997.

GILROY, Paul. **O atlântico negro**: modernidade e dupla consciência negra. Rio de Janeiro: Universidade Cândido Mendes: Centro de Estudos Afro-Asiáticos, 2001.

HALL, Stuart. **Da diáspora**: identidades e mediações culturais. Belo Horizonte: Editora UFMG, 2003.

LIMA, Tania Andrade; SENE; Glaucia Malerba; SOUZA, Marcos André Torres de. Em busca do Cais do Valongo, Rio de Janeiro, século XIX. **Anais do Museu Paulista**, São Paulo, v. 24, n. 1, p. 299-391, jan./abr. 2016. Disponível em: https://www.scielo.br/j/anaismp/a/vjWTwK9V4gPSSZWjgVZ8tTb/?format=pdf&lang=pt. Acesso em: 20 dez. 2022.

SCHWARCZ, Lilia Moritz; STARLING, Heloisa Murgel. **Brasil**: uma biografia. São Paulo: Companhia das Letras, 2015.

VIEGAS, Cristiane. **Cais do Valongo**: expressão de resistência social negra na região portuária carioca. Rio de Janeiro: Autografia, 2018.

CANDOMBLÉ

Jobson Jorge da Silva

Para introduzirmos a discussão sobre o Candomblé precisamos desde já destacar que se trata de uma religião de base oral, ou seja, é por meio da oralidade que o conhecimento é transmitido dentro das práticas religiosas realizadas pelos integrantes dessa comunidade de fé. Segundo Castillo (2010), o discurso religioso do candomblé torna-se parte fundamental no processo de iniciação na religião. Além disso, a oralidade torna-se uma forma de conexão entre os integrantes da comunidade. A palavra proferida pela mãe ou pai-de-santo é considerada portadora de axé, força vital responsável pelo equilíbrio espiritual do terreiro.

O Candomblé é uma religião monoteísta que acredita na existência da alma e na vida após a morte. A palavra candomblé significa *dança* ou *dança com atabaques* e cultua os Orixás, normalmente reverenciados por meio de danças, cantos e oferendas. O Candomblé é a prática das crenças africanas trazidas para o Brasil pelas pessoas escravizadas, portanto, não é uma religião africana e sim afro-brasileira. Por isso, a história do Candomblé se mistura com a do Catolicismo, mistura essa que chamamos de sincretismo religioso ao percebermos, por exemplo, que há diversos santos católicos associados à Orixás do Candomblé. Durante o período colonial, nos primeiros anos do Brasil pós-invasões europeias, proibidos de continuar com sua religião, os escravizados usavam as imagens dos santos para escapar da censura imposta pela Igreja. Isto explica o sincretismo encontrado no Candomblé no Brasil, algo que não se verifica na África.

Nos dias de hoje, porém, muitas casas de candomblé não aceitam o sincretismo e buscam retornar às origens africanas. Igualmente, na versão brasileira, temos uma mistura de Orixás de várias regiões do continente africano. Isto se deve ao fato da diversidade de populações trazidas ao Brasil durante o tráfico de seres humanos organizado e realizado por grupos europeus exploradores e conquistadores. Cada Orixá representa uma força ou personificação da natureza e um povo ou uma nação.

Enquanto prática religiosa, ganhou contornos nítidos na Bahia em meados do século XVIII e definiu-se durante o século XX. Atualmente, existem milhões de praticantes em todo Brasil, podendo chegar a mais de

1,5% da população nacional. Com o objetivo de preservar essa herança da cultura africana, a Lei Federal n°. 6292, de 15 de dezembro de 1975, tornou alguns terreiros de candomblé como patrimônio material ou imaterial passível de tombamento.

Ver também: África, Colonização/Descolonização, Escravidão, Escravo/Escravizado, Intolerância Religiosa, Partilha da África/Conferência de Berlim, Tráfico Atlântico/Tráfico de Escravizados, Umbanda.

REFERÊNCIA

CASTILLO, Lisa Earl. **Entre a oralidade e a escrita**: a etnografia nos candomblés da Bahia. Salvador: Edufba, 2010.

COLONIZAÇÃO / DESCOLONIZAÇÃO

Manuel Alves de Sousa Junior

Colonização é o efeito de colonizar, adquirir uma colônia, ou seja, conquistar um novo território fora de seu domínio geográfico principal. Na Idade Antiga já existem relatos colonizadores, como nas cidades-estado gregas. A colonização ocidental avançou pela Idade Média em solo europeu entre os Estados que se formavam com a desintegração do Império Romano do Ocidente. No século XIV ganhou grande impulso com as navegações a grandes distâncias realizadas inicialmente por Portugal, seguido da Espanha com a conquista de entrepostos comerciais na África e de todo o continente americano.

Silva e Silva (2015, p. 67) afirmam que a colonização "mais do que um conceito, é uma categoria histórica, porque diz respeito a diferentes sociedades e momentos ao longo do tempo". As autoras afirmam que a colonização pode ser considerada como um fenômeno de expansão humana no planeta por meio do desenvolvimento e povoamento de novas regiões.

Durante a Idade Média, Portugal tentou diversas vezes conquistar territórios em solo europeu sem sucesso. Outros Estados seguiram ampliando seus territórios e para o país lusitano só restava se lançar ao mar. O país iniciou suas grandes navegações em 1419 inicialmente seguindo pela costa do continente africano explorando, criando entrepostos comerciais e conquistando novas terras. A colonização iniciou com as ilhas atlânticas e na costa da África: Madeira, Cabo Verde, Canárias e Açores (Ferreira; Dias, 2017; Sousa Junior, 2022).

Sem dúvida, o grande marco desse processo colonizador foi a partir de 1500 com a chegada às terras do Novo Mundo (como a América era conhecida) com a frota portuguesa que conquistou o atual Brasil. Cumpre salientar que em 1498 uma esquadra espanhola liderada por Colombo chegou no Caribe, porém, por algum tempo acreditavam estar nas Índias. Outras nações como Holanda, França e Inglaterra também iniciaram suas incursões, conquista e colonização nas Américas.

Era preciso mão de obra barata para iniciar a exploração das novas colônias. A escravidão foi a solução, na visão dos europeus, para as nações conseguirem explorar as novas terras conquistadas, apesar de não ser uma novidade, visto que já existiam escravizados negros nas ilhas atlânticas. Não existiu um planejamento, um ordenamento na conquista e gestão colonial. Os problemas apareciam e precisavam ser resolvidos.

Existiram colônias de exploração em que todos os recursos eram destinados à metrópole, como ocorreu no Brasil e colônias de povoamento, com intenção de aumentar a população local e desenvolver relações comerciais, como ocorreu com as colônias inglesas na América do Norte. Um dos maiores impérios coloniais foi o inglês. Inclusive, havia um ditado no império que dizia "O sol nunca se põe no Império Britânico", fazendo referência às possessões distribuídas por todo o globo.

A colonização extrapola a conquista de novos territórios, mas também se relaciona com a instalação de uma nova cultura e ideologia no povo colonizado. Violência, guerras, rebeliões, desrespeito aos povos originários, genocídios e destruição de comunidades locais foram características de praticamente todas as colônias ao longo de séculos de exploração.

Descolonização é como chamamos o processo pelo qual as colônias adquirem a independência, podendo ser de forma pacífica ou por meio de conflitos. A descolonização dos países americanos iniciou no final do século XVIII com os Estados Unidos da América, seguindo pelo século XIX com a independência da maioria dos países do continente, os países europeus então passaram a buscar novas colônias. Outros fatos históricos contribuíram para esse impulsionamento, como a revolução industrial e a busca de novos mercados consumidores para escoamento de produtos. Quase a totalidade da África e grandes territórios na Ásia e Oceania foram colonizados pelos países europeus. Essa nova onda colonial é chamada pelos historiadores de neocolonialismo ou imperialismo.

Um grande marco desse novo período colonial foi a Partilha da África, Ásia e Oceania pelos países europeus. Sobre o período de colonização africana, enfatizada no escopo deste livro, Macedo (2020) divide em 3 fases: (1) De 1880 a 1914 com a criação de bases de exploração econômica, fixação de órgãos de apoio nas colônias mantendo e garantindo a hegemonia dos países europeus naqueles territórios; (2) o período abrangido pelas duas guerras mundiais, de 1914 a 1945, em que houve uma crise dos países europeus provocando novas formas de relacionamento entre metrópoles e colônias; e (3) entre 1945 e 1960 no período pós-guerra, com a gestação da guerra fria, ocorreu um fortalecimento dos nacionalismos africanos e o início do processo de descolonização.

A descolonização dos países africanos ocorreu, principalmente, após a Segunda Guerra Mundial, quando o nacionalismo ganhou força e uma nova onda descolonizadora ocorreu no mundo e "coincidiu com o contexto de desenvolvimento da Guerra Fria e foi influenciada pelos jogos de interesse que opunham as duas superpotências mundiais [EUA e URSS] que tiveram papel importante nos rumos tomados pelas jovens nações" (Macedo, 2020, p. 158). Ambas as nações envolvidas na Guerra Fria defendiam a descolonização por razões diferentes. Desse modo, estimularam as ideias anticoloniais e apoiaram as jovens nações em suas lutas de libertação.

A partir do processo de descolonização com as independências após o fim da segunda guerra mundial, podemos perceber que a herança colonial devastou o continente africano sob diversos aspectos. Todas as riquezas possíveis foram extraídas pelos colonizadores, que também inseriram valores culturais diferentes dos povos colonizados, além de valores racistas no tecido social. Nesse sentido, "as lógicas e as dinâmicas coloniais foram mantidas, voluntariamente ou não, pelos Estados pós-coloniais, e o preço desses continuísmos não foi baixo" (Macedo, 2020, p. 172). Guerras civis eclodiram por todo o continente, gerando ditaduras em diversos países africanos que duram até os dias atuais.

Neste verbete focamos na descolonização geopolítica. Porém, a colonização deixou marcas em tantos outros campos do tecido social, sendo necessária uma descolonização de saberes, uma descolonização escolar, uma descolonização cultural e tantas outras descolonizações que ainda estão enraizadas estruturalmente na sociedade.

Ver também: África, Escravidão, Partilha da África/Conferência de Berlim, Reparação Histórica.

REFERÊNCIAS

FERREIRA, Diogo; DIAS, Paulo. **A vida e os feitos dos navegadores e descobridores ao serviço de Portugal (1419-1502)**. Lisboa: Verso da Kapa, 2017. 188 p. (Série: O que todos precisamos de saber).

MACEDO, José Rivair. **História da África**. 1. ed. São Paulo: Editora Contexto, 2020.

SILVA, Kalina Vanderlei; SILVA, Maciel Henrique. **Dicionário de conceitos históricos**. 3. ed. São Paulo: Editora Contexto, 2015.

SOUSA JUNIOR, Manuel Alves de. Primórdios e bases da escravidão negra no ocidente: povoamento da Terra, Igreja católica e Portugal. *In*: SOUSA JUNIOR, Manuel Alves de; RANGEL, Tauã Lima Verdan. **Questões raciais**: educação, perspectivas, diálogos e desafios. Itapiranga: Schreiben, 2022. p. 309-319.

CONSCIÊNCIA NEGRA

Herli de Sousa Carvalho
Maria dos Reis Dias Rodrigues

Eu sou a voz da resistência preta. Eu sou quem vai emprestar minha bandeira. Eu sou e isso ninguém vai mudar. Tudo começou a dar certo quando eu aprendi a me amar
(Duarte, 2019).

Em concordância com Duarte (2019) a partir de fragmentos de nossa compreensão, vamos entender sobre *o que é consciência? O que é negra? O que é Consciência Negra? Quem fala de Consciência Negra?* Então, basta ouvirmos a letra da música *Eu sou* (Duarte, 2019) para verificarmos como o povo negro sofre as mazelas de um sistema desumano e cruel, por demais, com os frutos do ventre de Mãe África. Bem como, a letra da música de Bia Ferreira, *Cota não é esmola* (2018) que trata de um texto consciente, acerca dos males advindos de processo de discriminação e preconceito racial, e ao mesmo tempo de consciência do que se apreende.

Todavia, vamos compreender primeiro o conceito de consciência, o qual cunhamos, ao longo de nossas histórias. Entendemos como a qualidade da mente, chamada consciência, que versa sobre a subjetividade, aborda um eu que se relaciona com um ambiente externo, e traz elementos de si, para conjecturar com as relações intra e interpessoais, numa disposição cósmica. Assim, algumas ciências ajudam na compreensão do que seria a consciência: psicologia, neurociências, ciência cognitiva, filosofia da mente, psicanálise, antropologia, entre outras, e como se entrelaçam com a realidade objetiva e subjetiva das pessoas. Neste sentido, ponderar em pensadores que, como Edmund Husserl – criador da fenomenologia – (consciência intencional ou não intencional), Descartes (pensar), Kant (consciência empírica e transcendental) e Hegel (consciência empírica, racional e teórica), contribuem como mensuradores de significados da consciência e de como o pensamento se articula com a materialização da realidade ideológica.

Desse modo, podemos além disso, aprender com a autora Elvira Souza Lima (2008) que a consciência de uma cultura, negra nesse caso, é constitutiva dos processos de desenvolvimento da humanidade em que tem na memória a ampliação conceitual do que está no presente de si. E, assim, o condicionamento psicológico é um entrave perigoso à organização política de um povo que introjeta um "jeito de ser branco", para dar conta de ideologias, preconizadas como legítimas, numa sociedade cuja sustentação se esvai, na consciência que necessita ser liberta pelo conhecimento de si e de outrem, tendo como orientação os saberes ancestrais.

Ser negra/negro é a capacidade de entendermos pelos sentidos de ver/enxergar, ouvir/escutar... histórias com significados que representam o ser negra/negro. Podemos tomar como base Nilma Lino Gomes (2005, p. 39) como uma autora que discute a utilização do termo, assegurando que "negras são denominadas aqui as pessoas classificadas como pretas e pardas, nos censos demográficos realizados pelo Instituto Brasileiro de Geografia e Estatística (IBGE)". Neste sentido, podemos constituir a expressão Consciência Negra, com o objetivo de cunhar determinadas representações, no processo de politização da consciência negra, presente na militância e empoderamento social.

Historicamente "um grupo de estudantes filiados à Organização de Estudantes da África do Sul (SASO) se debruça sobre o problema histórico de seu país, extraindo de sua reflexão um conceito libertário, intitulado Consciência Negra" (Silva, 1989, p. 34). Destarte, na Tese intitulada *Consciência Negra em Cartaz* o autor Nelson Fernando Inocêncio da Silva (1989) traz a história recente da militância negra, a partir da ideologia imagética e no limiar de uma leitura, capaz de retratar o conceito de Consciência Negra que "é, em essência, a percepção pelo homem negro da necessidade de juntar suas forças, com seus irmãos, em torno da causa de sua atuação – a negritude de sua pele – e de agir como grupo, a fim de se libertarem das correntes que os prendem a uma servidão perpétua" (Silva, 1989, p. 34). É neste modo de perceber a vida nas dimensões da cultura, de valores e da religião que a comunidade de pessoas negras se enxerga como detentora do orgulho de sua origem ancestral, para honrar e dignificar suas histórias.

Estas experiências evidenciam o chamado Movimento Negro Unificado no Brasil, por deterem noções básicas à compreensão das relações de poder, advindas de seres considerados por si e descendentes, como superiores, em detrimentos de outros "povos originários" que tinham uma existência em nosso continente. No Brasil, o conceito de Consciência Negra surge de uma realidade que traz à tona, a luta do povo negro escravizado em diversas Nações de África e, aqui sujeitos de uma situação de opressão e desvalorização de suas raízes ancestrais e históricas. Tudo planejado pelo poder dominador e colocado em prática, em amiúdes cenas de horror, vivenciadas pelas pessoas sob o jugo da escravidão, nas Américas. Anos se passam e presenciamos os mesmos escarcéus de antes e, neste percurso, muitas organizações coletivas de luta, pelo bem-estar do povo negro foram tomando corpo, ao reivindicar direitos civis e políticos, inegáveis.

Nas décadas de 1960 e 1970 no Brasil, a conjuntura internacional deu indícios de que pessoas como Steve Biko, Frantz Fanon, Milton Santos, Darcy Ribeiro, Clovis Moura, Florestan Fernandes, dentre outras, conseguem fazer uma leitura de mundo em que o termo racismo se instala, carregado das mazelas sociais e culturais, possíveis para desqualificar as capacidades do povo negro. Por outro lado, começamos a conhecer as histórias das lutas internacionais e relacionar com as lutas diárias, para dar vazão à militância contra a violência racial. O Movimento Negro Unificado (MNU) ganhou consolidação em vários Estados brasileiros, tais como, São Paulo, Rio de Janeiro, Maranhão, Amazônia, Bahia, Rio Grande do Sul e Pará, nos quais desabrocharam diversos focos de resistência. Estas entidades negras levantaram propostas, para que o dia 13 de maio fosse banido do calendário, como Dia da Abolição da Escravatura, ganhando assim, a dimensão do dia 20 de novembro em que Zumbi dos Palmares figura como a referência de luta da população negra, ao lado de tantas outras personalidades negras.

As considerações passam pelo processo educativo de reeducar as relações étnico-raciais, mapear imagens de personalidades negras, concepções da cosmologia africana e dos valores civilizatórios, direitos ao conhecimento de si e de mundo, de modo a encontrar lugar numa escola que tem a função básica de trabalhar a multiculturalidade e a diversidade, como construção histórica, cultural e social das diferenças, em práticas constitutivas de um currículo humanizado.

Buscamos assim, romper com a marginalização por não pertencer a um mundo ilusório para quem é de cor preta, de romper com padrões de superioridade que soam com o tom de "igualdade", de que os traços fisionômicos negros, percebidos como reveladores de um ser que se desvela no ato de ser julgado, numa dicotomia ilusória e assim poder ressignificar o sentimento que fica de só amar, com a certeza de que se vencerá. A consciência que se toma de olhar para si, de valorar, sem se comparar com o outro, mas como reconhecimento, vindo de si, e não de fora... De maneira que as histórias de pessoas que desde crianças, vão sofrendo racismo nos relacionamentos diários, desde se sentir aceitas, pelo embranquecimento que encobre o racismo, fruto de nações escravizadas. Podermos lutar como povo negro que vem revolucionar, donde nascemos melhores com os nossos que às vezes caem, embora assassinados nas culturas e enfim, levantam-se em reinos de referências negras, tais como Dandara(s), Maria(s), Luiza(s), Mahin(s), Mandela(s), e, além do reconhecimento, conhecer as histórias de lutas, se reconhecer de forma crítica e impor-se como ser que contribui para a mudança da realidade.

Por fim, sigamos com a Lei nº. 12.519, de 10 de novembro de 2011, que instituiu o dia 20 de novembro como o Dia Nacional da Consciência Negra. Com a culminância de ações afirmativas, destinadas à população negra. De acordo com Boff (2004), como processo de libertação quão intensamente a recuperação da memória histórica, a partir da senzala, da cultura negra, de poder manter viva a dimensão ético-moral, de reconhecer a legitimidade da experiência religiosa afro-brasileira, articulando o ético ao social. Para tanto, a Consciência Negra está para todos os seres, como parte de um projeto coletivo de valorização das diferenças, de acolhida, de vivências equânimes, e de solidariedade, na construção de uma consciência cósmica e interplanetária.

Ver também: Afrofuturismo, Direitos Humanos, Movimento Negro Unificado, Pan-Africanismo, Relações Étnico-Raciais, Resistência.

REFERÊNCIAS

BOFF, Leonardo. **A voz do arco-íris**. Rio de Janeiro: Sextante, 2004.

BRASIL. **Lei n.º 12.519, de 10 de novembro de 2011**. Institui o dia 20 de novembro como o Dia Nacional da Consciência Negra. Brasília, DF: SECAD, 2011.

DUARTE, Washington. **Eu Sou (Clipe Oficial)**. YouTube, 20 de novembro de 2019. Disponível em: https://www.youtube.com/watch?v=QJ8Zp_HYsbI&list=RDEMF-MOce0qy1nJwIR7jnFQow&index=2. Acesso em: 8 abr. 2023.

FERREIRA, Bia. **Cota não é esmola**. YouTube, 29 de janeiro de 2018. Disponível em: https://www.youtube.com/watch?v=QcQIaoHajoM&list=RDEMF-MOce0qy1nJwIR7jnFQow&index=5. Acesso em: 8 abr. 2023.

GOMES, Nilma Lino. Alguns termos e conceitos presentes no debate sobre relações raciais no Brasil: uma breve discussão. *In:* BRASIL. **Educação anti-racista**: caminhos abertos pela Lei Federal n. 10.639/2003. Brasília, DF: MEC: SECAD, 2005.

SILVA, Nelson Fernando Inocêncio da. **Consciência negra em cartaz**. Orientadora: Clara de Andrade Alvim. 1989. 158 p. Tese (Doutorado em Educação) – Universidade de Brasília, Brasília, 1989.

COSMOLOGIA *YORÙBÁ*

Jobson Jorge da Silva

O destaque dado à expressão *Cosmologia Yorùbá* deve-se ao fato de que pouco entendemos dessa língua e cultura e aos poucos estudos brasileiros sobre as relações dessa população com a língua e a cultura do nosso país. Desse modo, segundo o dicionário Aurélio (Ferreira, 2010), Cosmologia, substantivo feminino, é a ciência que trata das leis gerais que regem o universo. Assim, a partir do narrado em Prandi (2007), iniciamos nossa descrição apresentando uma breve introdução da cosmologia *Yorùbá*.

Narrada por Adetutu, protagonista da história em Prandi (2007), aprisionada no porão de um navio negreiro, recebe a revelação da criação do mundo e das coisas que nele existe em sonhos, constantemente interrompidos pelo balançar do navio e pelo tilintar das correntes que prendem seus braços e pernas. No sonho embalado pelo sobe e desce das ondas, Adetutu se agarrou aos orixás, que reacendem suas esperanças. Juntou-se a eles no sonho, que não era mais um simples sonho, e reviveu com fé as aventuras dos deuses da criação do mundo, o mundo de Adetutu e dos outros africanos que, como ela, vinham sendo transportados para o Brasil naquele e em incontáveis outros navios negreiros, o mundo de todos nós (Prandi, 2007). Cabe destacar que a narrativa de Prandi (2007) é uma das muitas possibilidades historicamente construídas para narrar a cosmologia desse povo e dessa língua, tendo em vista, sua difusão oral e conexões brasileiras.

Segundo Almeida (2006), o *Yorùbá* é a língua pátria de mais de 10 milhões de pessoas que vivem na região oeste da Nigéria e adjacências. Como todos os idiomas, possui algumas variações regionais (dialetos), mas com o passar do tempo foi se desenvolvendo um *Yorùbá* padrão, usado na língua escrita e ensinado nas escolas. Existem duas formas ligeiramente diferentes desse *Yorùbá* padrão, uma da cidade de Oyó e outra da cidade de Lagos. O *Yorùbá* é um idioma tonal, isso quer dizer que temos que prestar atenção aos sons e à entonação (cadência) de cada palavra. Dependendo da entonação, uma palavra de grafia igual pode ter vários significados. Assim, a função do acento colocado acima das letras é exatamente indicar o tom.

Enquanto nos outros idiomas que conhecemos a diferença entre as palavras de grafia igual reside na sílaba tônica, por exemplo as palavras em português. *inválido* e *invalido*. Já em *Yorùbá* essa diferença está na entonação. Um exemplo típico é *fó* (quebrar) e *fò* (lavar) que pode originar frases como "Quebre este prato" ou "Lave este prato", dependendo unicamente da entonação (Almeida, 2006, p. 144).

Ver também: África, Afrofuturismo, Candomblé, Pan-africanismo, Umbanda.

REFERÊNCIAS

FERREIRA, Aurélio Buarque de Holanda. **Dicionário Aurélio da língua portuguesa**. Coordenação e edição: Marina Baird Ferreira e Margarete dos Anjos. 5. ed. Curitiba: Positivo, 2010. 2272 p.

PRANDI, Reginaldo. **Contos e lendas afro-brasileiros**. São Paulo: Companhia das Letras, 2007.

ALMEIDA, Maria Inez Couto de. **Cultura Iorubá**: costumes e tradições. Rio de Janeiro: Dialogarts, 2006.

COTAS RACIAIS

Marisa Fernanda da Silva Bueno

As *Cotas Raciais* têm um papel para além do reparo histórico. Elas funcionam de forma pragmática, como um motor, cujo sentido é colocar o país em movimento progressista. O Brasil foi construído a partir da escravidão: indígena e africana. Para que o país possa avançar, crescer e se desenvolver, é preciso olhar para o passado e organizar políticas públicas de enfrentamento das desigualdades deixadas pela origem exploratória, fundadora da nação. O legado da sociedade escravocrata é um racismo à brasileira, estrutural e opressor, que impede a experiência da dignidade de forma igualitária. Com efeito, não há futuro civilizatório numa sociedade na qual parte da população é excluída do acesso aos direitos fundamentais.

Nesse contexto, o professor Adilson Moreira (2017, p. 1080) explica a cidadania racial como a possibilidade de todas as pessoas "se reconhecerem como indivíduos que possuem as mesmas condições de paridade de participação" nos espaços públicos e privados: possibilidade de mobilidade e ascensão social e de ocupar espaços de poder. A cor da pele de um indivíduo não pode ser motivo para impossibilitá-lo à mobilidade econômica e social, caso contrário, estaremos imersos numa ditadura da raça, cujo privilégio da livre circulação, é branco e eurocêntrico. Cida Bento (2022, p. 23), pesquisadora da branquitude, estabelece uma inversão nos efeitos da escravidão: "fala-se muito na herança da escravidão e nos seus impactos negativos para as populações negras, mas quase nunca se fala na herança escravocrata e nos seus impactos positivos para as pessoas brancas". É neste ponto que as políticas de ações afirmativas são estratégicas para o equilíbrio da balança social, para equacionar os privilégios e vantagens dados pelo Estado e pelo contexto social aos brancos.

Nessa lógica argumentativa, as políticas de cotas (raciais e sociais) têm o papel de aproximar o ideal civilizatório da realidade social. É esse o propósito da Lei Federal n°. 12.711, publicada em 2012, que estabelece o programa de cotas sociais e raciais nas universidades federais brasileiras. A publicação foi um marco em termos legislativos, em relação às políticas públicas afirmativas de cunho racial, justamente em função da determinação e obrigatoriedade de inserção de sujeitos que, tradicionalmente, não tinham acesso às universidades federais: lugares públicos de exclusividade de pessoas brancas da elite econômica até aquele momento.

Segundo o Estatuto da Igualdade Racial (Brasil, 2010), ações afirmativas são "programas e medidas especiais adotados pelo Estado e pela iniciativa privada para a correção das desigualdades raciais e para a promoção da igualdade de oportunidades". São ações cujo sentido é discriminar de forma positiva determinados grupos marginalizados pela sociedade. As políticas de discriminação positiva buscam a redução dos obstáculos sociais impostos ao longo de anos de injustiças históricas. Elas visam, então, discriminar de forma ativa, por meio de ações/leis que repercutem em âmbitos públicos e/ou privados, a partir da implementação de dispositivos que minimizem as diferenças que impedem a mobilidade social.

Na prática, as ações afirmativas abrangem diversas possibilidades, tais como: a prioridade no atendimento público para determinados grupos, a inclusão do ensino da história e da cultura afro-brasileira, africana e indígena. A Lei n°. 10.639/03, considerada uma grande conquista dos movimentos sociais, alterou a Lei de Diretrizes e Bases da Educação Nacional (LDB/1996), incluindo no currículo escolar, a História da África, a luta dos negros no Brasil e a participação dos negros na construção da sociedade brasileira. Posteriormente, em 2008, a Lei n. 11.645, alterou novamente a LDB, incluindo também o estudo de História e Cultura Indígena nos estabelecimentos de ensino fundamental e médio.

Com efeito, a educação sempre foi uma das pautas de grupos que lutam pela sua inclusão social, justamente, em função da falta de acesso à educação formal, básica e superior. A segregação educacional e a impossibilidade de acesso ao ensino público de qualidade, se deram por uma série de motivos: um longo período de escravidão, perseguição aos negros alfabetizados (pois eram vistos como potenciais perigos ao sistema escravocrata), má gestão da população negra liberta no período pós-abolição, políticas de incentivo à imigração europeia, racismo, desigualdades sociais etc. É nesse sentido que o espaço de luta pela educação é fundamental para a ocupação dos espaços de poder e enfrentamento do racismo. Nesse sentido, é possível perceber as dinâmicas que se estabelecem entre as lutas dos movimentos sociais e a produção de leis, a partir da constituição dos saberes e dos movimentos históricos, dos embates e dos jogos nas relações de poder.

Convém, portanto, analisar detalhadamente o que determina a Lei n°. 12.711, de 2012. Ela estabelece a reserva de vagas para ingresso nas universidades federais e nas instituições federais de ensino técnico de nível médio para alunos provenientes de escola pública e autodeclarados pretos, pardos e indígenas e por pessoas com deficiência. Conforme disposto no texto legal, no mínimo 50% das vagas das universidades federais devem ser direcionadas para estudantes que cursaram integralmente o ensino médio em escolas da rede pública.

Dessas vagas, 50% são reservadas para estudantes cujas famílias tenham renda igual ou inferior a 1,5 salário-mínimo (um salário-mínimo e meio) *per capita*. Parte dessas vagas é destinada a candidatos que se declararem pretos, pardos ou indígenas, em proporção, no mínimo, igual à de pretos, pardos e indígenas da população de cada Estado, conforme censo do IBGE. A outra parte é reservada para pessoas que estudaram todo o ensino médio na rede pública e com renda familiar bruta superior a 1,5 salário-mínimo *per capita*. Dessas vagas, reserva-se, no mínimo, o número proporcional à soma de pretos, pardos e indígenas, conforme os dados do IBGE, de acordo com cada unidade da Federação.

As cotas raciais nas universidades públicas alteram a realidade e promovem mudanças a curto, médio e longo prazo. Os alunos cotistas, após a universidade, ocupam lugares de poder na sociedade atual, como juristas, médicos, engenheiros, professores, dentre outras e mudanças na configuração da sociedade, são possíveis, sobretudo, em função da possibilidade de alteração da estrutura de racismo. Esse racismo à brasileira, representa um obstáculo estrutural nos mecanismos das instituições públicas e privadas, cuja engrenagem não escrita é extremamente difícil de ser combatida. Quando negras e negros ocupam espaços de poder, a estrutura do racismo é alterada: a sua presença promove viradas na realidade, na promoção da cidadania racial e equilíbrios passam a ser possíveis.

Com efeito, a Lei nº. 12.711 de 2012, representa um novo tempo no que se refere à política de enfrentamento do racismo, no Brasil. A percepção do racismo como estrutural e constituidor das relações, é fundamental para que fosse possível o desenvolvimento das leis antirracistas e de políticas de discriminações positiva. A legislação antirracista se posiciona pela necessidade de inclusão da população negra nas novas narrativas nacionais, como agentes de protagonismo das relações de poder e dos novos espaços sociais que se constituem.

Ver também: Ações Afirmativas, Biopolítica, Branquitude, Consciência Negra, Direitos Humanos, Escravidão, Leis nº. 10639/03 e 11.645/08, Racismo, Racismo Estrutural, Reparação Histórica.

REFERÊNCIAS

BRASIL. **Lei nº 12.711, de 29 de agosto de 2012**. Dispõe sobre o ingresso nas universidades federais e nas instituições federais de ensino técnico de nível médio e dá outras providências. Disponível em: http://www.planalto.gov.br/ccivil_03/_ato2011-2014/2012/lei/l12711.htm. Acesso em: 26 maio 2023.

BENTO, Cida. **O pacto da branquitude**. São Paulo: Companhia das Letras, 2022.

MOREIRA, Adilson. Cidadania racial. **Revista Quaestio Iuris**, Rio de Janeiro, v. 10, n. 2, p. 1052-1089, 2017.

DIÁSPORA

Laryssa da Silva Machado

A palavra *Diáspora* está presente nos dicionários sempre se referindo como a dispersão de um povo ou uma comunidade ou de alguns dos seus indivíduos. Essa palavra também aparece como significado de dispersão do povo judeu (Ferreira, 2010; Houaiss; Villar, 2009). A origem do termo é bíblica, encontrada em Deuteronômio (capítulo 28, versículo 25), a partir das traduções gregas, como explica Lúcia Silva e Regina Célia Xavier (2018, p. 2), baseia-se em "etimologia muito citada do termo do grego *dia* que significa "através" e *speirein* que significa "semear" ou "Dispersão".

No século XX, esse termo passou a ser utilizado em múltiplas análises, o que Vítor de Souza (2014) questiona. Para ele o termo *Diáspora* tem sido mal interpretado e mal utilizado pelas ciências sociais nos últimos anos, com o conceito de globalização. A ideia de que qualquer migração pode ser designada como diáspora, tira o real significado do termo. A diáspora seria uma mudança forçada de um povo, que se vê obrigado a reconstruir suas vidas e costumes em um outro local.

Desse modo, existe uma relação entre diáspora e migração. Quando se pensa em migração relaciona-se a ideia de povos que, por problemas enfrentados como guerras, crises financeiras e políticas, dentre outros, resolveram sair de seu território. Mas esquece-se de uma série de migrações forçadas que aconteceram ao longo da história. A vinda dos africanos para a América é um exemplo deste tipo de migração. Herbert Klein (2000), ao analisar o processo migratório para a América, coloca os africanos como migrantes e não como simples mercadorias que chegaram ao continente. Ao falar da povoação americana realizada pelos estrangeiros, Klein (2000) descreve a chegada dos europeus e dos africanos e asiáticos.

Decerto que essa mudança de interpretação em alguns conceitos fez com que historiadores e representantes do movimento civil negro passassem a utilizar o termo "Diáspora Africana" ou "Diáspora Negra" para se referirem a vinda forçada dos africanos para trabalharem como escravos, evento ocorrido principalmente na década de 1960. Nei Lopes (2011), autor da *Enciclopédia Brasileira da Diáspora Africana*, destaca que os trabalhos acadêmicos sobre o negro que foram realizados no passado, abordavam o ponto de vista da ciência, da criminologia e da psiquiatria forense, ramos da medicina legal. Após essa fase, outros trabalhos foram produzidos, onde o negro era mera estatística, salvando raras exceções, sendo estes demográficos ou com fontes seriais, sem analisar as peculiaridades e especificidades de cada caso.

Mas, como Lopes (2011) observa, as mudanças sociais ocorridas nos lugares onde o negro foi escravizado no passado fez surgir, na segunda metade do século XX a figura do negro intelectual e militante, com acesso a academia e a seus bancos de dados, e que passou a desenvolver pesquisas quantitativas sobre a desigualdade de fundo étnico-racial fundamentada em sua luta e utilizada no combate ao racismo. Essa mudança fez com que o negro, que antes era objeto de análise da pesquisa, se tornasse autor dela, especialista, voz que fala em seu próprio nome.

Nesse sentido, é o empoderamento de intelectuais negros e o impacto de sua produção acadêmica na discussão sobre a "Diáspora Africana", que passou a ser utilizado como uma luta antirracista, uma maneira de firmar o negro em seu lugar na sociedade, e de tirar dele o estigma de inferioridade da escravidão. Júlio César de Tavares (2010) destaca que o termo é algo que veio para ficar, referindo-se à comunidade global, conceito este ambíguo, já que se refere a uma multiplicidade de experiências de inúmeros fragmentos populacionais. Tal conceito faz alusão a diáspora judaica, que levou os judeus a se espalharem pelo mundo, evento semelhante ao ocorrido com os africanos.

Na década de 1960, nas disciplinas de Estudos Afro-Americanos e de História da África, esse conceito passou a ser utilizado de forma acadêmica (Silva; Xavier, 2018). Depois disso, o termo se ampliou a religiosos e intelectuais ligados às tradições africanas em suas lutas antirracistas. É nítida a semelhança entre a história judaica, que espalhou os seus pelo mundo, com a africana, que também teve seus indivíduos dissipados, principalmente para a América. Porém, no último caso, o agravante se dá ao fato de terem sido retirados de maneira compulsória do continente com o propósito específico da escravidão.

E como todo povo que viveu uma diáspora, ao se instalar no novo continente, as pessoas recriaram suas memórias culturais, criaram e inventaram outras, estabeleceram novos laços de identidade, cooperação e solidariedade, ainda que suas tradições fossem represadas e aniquiladas. Múltiplas culturas africanas se espalharam pelo mundo, algumas desapareceram, outras preservaram seus traços e ligações com as étnicas. Nos ritmos musicais, nas danças, na culinária, nas sabedorias ancestrais dos conhecimentos de fauna e flora tropical, nas crenças religiosas, a cultura reprimida se reinventou em vários lugares do planeta (Tavares, 2010).

Linda Heywood (2008) destaca que, desde a década de 1960, muitos estudos surgiram sobre as questões culturais e políticas que envolvem o tema da diáspora africana, principalmente nos Estados Unidos, mas também no Brasil. A partir da década de 1990, trabalhos com ênfase na linguística comparativa, religião, política, arqueologia, música e nas tradições da arte performática ganharam destaque e mudaram o foco dos estudos produzidos, que antes abordavam apenas as questões políticas e econômicas. "As contribuições mais estimulantes concentram-se na África e no papel dinâmico desempenhado por escravos nascidos na África, na criação e desenvolvimento de culturas afro-diaspóricas nas Américas" (Heywood, 2008, p. 17).

Os estudos da *Diáspora* impactam não somente na ideia de dispersão, mas também no impacto causado pela cultura peculiar produzida pelos africanos e descendentes. Afro-americanos, de norte a sul do continente, não tiveram sua cultura e estrutura sociais aniquiladas, mas, como já dito, as refizeram (Silva; Xavier, 2018). O fenômeno da crioulização, estudado por Richard Price e Sidney Mintz (2003), mostrou que a influência africana nas Américas deu origem a cultura crioula, uma vez que foi compartilhada com outros elementos culturais, que também absorveu. A ideia de crioulização, como demonstra Lúcia Silva e Regina Célia Xavier (2018), recuperava o protagonismo dos africanos e marca uma nova forma de conceber a relação entre a África, o Caribe e as Américas.

Mas o processo de crioulização também ocorreu dentro do continente africano, como demonstrou Roquinaldo Ferreira (2006) ao analisar a crioulização no interior da África ocorrida por meio do tráfico. Em Angola, a mestiçagem cultural entre a população local, portugueses e brasileiros foi um traço marcante. Estratégias como casamentos, cargos administrativos e alianças políticas com soberanos africanos eram usadas pelos europeus em Angola, assim como o tráfico de cativos aproximava os angolanos dos brasileiros (Ferreira, 2006).

A *Diáspora* africana marcou a história dos continentes americano, africano e europeu. A dispersão de milhares de africanos principalmente para a América, como trabalhadores escravos, mas também o contato destes com os colonizadores europeus transformou as culturas e fez surgir um novo olhar sobre o sincretismo existente. Os estudos que priorizam esse conceito têm por objetivo trazer protagonismo aos que reconstruíram suas vidas em um continente diferente, apesar da crueldade da escravidão.

Ver também: África, Banzo, Escravidão, Escravo/Escravizado, Migrações, Movimento Negro Unificado, Tráfico Atlântico.

REFERÊNCIAS

HEYWOOD, Linda (org.). **Diáspora negra no Brasil**. São Paulo: Editora Contexto, 2008.

FERREIRA, Aurélio Buarque de Holanda. **Dicionário Aurélio da língua portuguesa**. Coordenação e edição: Marina Baird Ferreira e Margarete dos Anjos. 5. ed. Curitiba: Positivo, 2010. 2272 p.

FERREIRA, R. "Ilhas Crioulas": o significado plural da mestiçagem cultural na África Atlântica. **Revista de História**, [S. l.], n. 155, p. 17-41, 2006.

HOUAISS, Antônio; VILLAR, Mauro de Salles. **Dicionário Houaiss da língua portuguesa**. Rio de Janeiro: Objetiva, 2009. 1986 p.

KLEIN, Herbert. S. Migração internacional na história das Américas. *In:* FAUSTO, Boris (org.). **Fazer a América**. 2. ed. São Paulo: Editora da Universidade de São Paulo, 2000. p. 13-31.

LOPES, Nei. **Enciclopédia Brasileira da Diáspora africana**. 4. ed. rev. e ampliada. São Paulo: Selo Negro, 2011. 747 p.

MINTZ, Sidney; PRICE, Richard. **O nascimento da cultura afro-americana**: uma perspectiva antropológica. Rio de Janeiro: Pallas: Universidade Cândido Mendes, 2003.

PRICE, Richard. O milagre da crioulização: retrospectiva. **Estudos Afro-Asiáticos**, Rio de Janeiro, n. 3, p. 383-419, 2003.

SILVA, Lúcia Helena Oliveira; XAVIER, Regina Célia Lima. Pensando a diáspora atlântica. **História (São Paulo)**, [S. l.], v. 37, p. 1-11, 2018.

SOUZA, Vitor. Qual o significado de "Diáspora" em tempo de globalização? A relação controversa entre Império, lusofonia e "portugalidade". *In:* CONGRESSO INTERNACIONAL EM ESTUDOS CULTURAIS, 4., 2014, Lisboa. **Anais** [...]. Lisboa: 2014. p. 515-522.

TAVARES, Julio Cesar. Diáspora africana: a experiência negra de interculturalidade. **Cadernos Penesb**, Niterói: EdUFF, n. 10, p. 77-85, 2010.

DIREITOS HUMANOS

Tauã Lima Verdan Rangel

De acordo com os estudos antropológicos, o nível de civilização de uma sociedade é definido por sua capacidade de seguir regras, e até mesmo os grupos mais primitivos possuíam um rol de regras, que, de uma forma ou outra, deveriam ser seguidas por seus integrantes. Castilho (2017) destaca que, regras são convenções que decorrem da lei ou dos costumes, ou da fusão de ambos, em que os indivíduos aceitam segui-las por conveniência ou por imposição a fim de se atingir a ordem pública. Gorczevski (2009) corrobora que a proteção aos direitos fundamentais da pessoa humana advém das civilizações antigas, rememorando, inclusive, ao Código de Hammurabi como o primeiro marco histórico e que a proteção do homem é tão antiga que se perde no tempo. Aludida proteção, inclusive, pode ser reconhecida como decorrente de normas de caráter religioso da Idade Antiga.

Thomas Hobbes (1588-1679), um dos principais teóricos absolutistas, em 1651, em sua obra *Leviatã*, afirmou que a liberdade de um cidadão deve ser relativamente tolhida em troca de segurança garantida pela lei, tal ideologia fora marcada pela conhecida frase que diz que o homem é o lobo do próprio homem (Castilho, 2017). Entretanto, as necessidades humanas variam no compasso do contexto histórico e social de cada época, de acordo com novas demandas que são trazidas à tona (Ramos, 2020). Noutra análise, para os filósofos Locke e Rousseau, uma sociedade com poder é aquela que garante ao seu povo bens públicos como, saúde, justiça e educação, para que se configure o pacto social. Todavia, todos estes pensadores imaginavam o pacto associativo como um documento escrito, com o objetivo de garantir os direitos fundamentais do homem.

Mazzuoli (2019) aduz que a expressão direitos do homem traz uma ideia jusnaturalista, ou seja, de direitos naturais e ainda não positivados, porém que garantem a proteção global do homem a qualquer tempo. Bobbio (1992) enfatiza que o processo de democratização do sistema internacional não avança se não houver uma gradativa ampliação na proteção e no reconhecimento dos direitos do homem acima de cada Estado. Noberto Bobbio (1992), ainda, é categórico ao dizer que os direitos do homem, a democracia e a paz são os três momentos necessários de um mesmo movimento histórico. Assim, a democracia se apresenta como a sociedade dos cidadãos, na qual os súditos se tornam cidadãos quando lhes são reconhecidos alguns direitos fundamentais. A paz estável ocorrerá somente quando existirem cidadãos não mais deste ou daquele Estado, mas do mundo.

Em uma análise terminológica, as expressões "direitos do homem" e "direitos fundamentais" merecem ser diferenciadas para que se possa compreender o conceito do termo "direitos humanos" (Mazzuoli, 2019). Conforme sobredito, a expressão direitos do homem denota direitos naturais inerentes ao homem por sua condição de ser homem, e que não estejam escritos em documentos, eis que são inatos e existem, pois, são intrínsecos à natureza do homem.

Por sua vez, os direitos fundamentais são reconhecidos e positivados na esfera do direito constitucional de um determinado Estado (Sarlet; Marinoni; Mitidiero, 2017). Mazzuoli (2019), em complemento, acrescenta que os direitos fundamentais devem ser vistos como a proteção interna aos direitos dos cidadãos, e estão ligados a aspectos e matrizes constitucionais. Fato é que direitos fundamentais, de certa forma, também são sempre direitos humanos, no sentido de que seu titular é o ser humano, ainda que representado por um grupo, minorias, nações e Estados (Sarlet; Marinoni; Mitidiero, 2017). Todavia, a doutrina majoritária defende a distinção entre direitos fundamentais e direitos humanos.

Tendo como base o que fora discutido acerca dos direitos fundamentais como sendo aqueles positivados constitucionalmente, na ordem espacial interna, os direitos humanos guardam relação com a ordem internacional (Sarlet; Marinoni; Mitidiero, 2017). Ramos (2020) conceitua os direitos humanos como o conjunto de direitos indispensáveis e essenciais para uma vida humana pautada em igualdade, liberdade e dignidade. Castilho (2017) ainda destaca que os direitos humanos não foram revelados ou dados, pelo contrário, foram conquistados, e na maioria das vezes conquistados à custa do sacrifício de vidas.

Mazzuoli (2019) conclui que, ao se falar em direitos humanos deve-se referir aos direitos positivados, ou seja, inscritos em tratados e declarações, ou até mesmo em costumes internacionais. Tratam-se de direitos que ultrapassaram as fronteiras físicas dos Estados e ascenderam ao plano de proteção internacional, e não mais apenas à proteção interna e constitucional de um país. Os direitos fundamentais passaram por uma trajetória histórico-evolutiva, denominada de "dimensões" ou "gerações" de direitos, desde o Estado Liberal, caracterizado por prestações negativas, até se atingir ao Estado Constitucional Socioambiental (Sarlet; Marinoni; Mitidiero, 2017).

Lenza (2020), neste sentido, destaca que os direitos fundamentais possuem um caráter histórico, cujo nascimento deu-se com o Cristianismo, passando por várias revoluções até os dias atuais. Ferreira Filho (2016) acrescenta, por sua vez, que, na Antiguidade, a doutrina ancestral fazia referência a um direito superior dado pelos deuses.

Beltramelli Neto (2021), afirma que a gênese da *Teoria das Gerações dos Direitos Humanos* possui um caráter mais didático do que propriamente uma fundamentação teórica, no entanto sua difusão é inegável. O autor cita que a classificação mais clássica e usual, identifica três categorias de direitos humanos, cada qual decorrente de valores específicos de um momento histórico que inspiraram sua concepção (Beltramelli Neto, 2021).

Nesse viés, Karel Vasak no Instituto Internacional de Direitos Humanos, em Estrasburgo na França em 1979, apontou que a ideia de evolução dos direitos poderia ser compreendida mediante a definição de três "gerações" de direitos (Sarlet; Marinoni; Mitidiero, 2017). Insta consignar que a doutrina contemporânea critica o uso da expressão "geração", sob o argumento de que esta traz uma ideia de sucessão cronológica dos direitos, o que induz a exclusão e desaparecimento dos direitos conquistados na geração anterior (LEITE, 2014). Outrossim, o termo gera uma falsa impressão de subordinação entre uma geração e outra, mas pelo contrário, os direitos fundamentais possuem um caráter cumulativo e progressivo, e não de alternância (Sarlet; Marinoni; Mitidiero, 2017).

Nesse sentido, o termo "dimensão" passou a ser mais bem visto pela doutrina atual, eis que expressa a noção de que uma nova dimensão de direitos não abandona ou sobrepõe-se aos direitos conquistados na dimensão anterior (Lenza, 2020). Leite (2014), ainda, vai além ao dizer que os direitos de primeira, segunda e terceira geração se fundem, e fazem surgir uma nova concepção de direitos fundamentais da pessoa humana, na qual os valores de cada dimensão se completam entre si, tanto no direito interno, quanto no âmbito do direito internacional.

O titular dos direitos humanos é todo ser humano, sem qualquer distinção, nesse sentido, a universalidade caracteriza a proteção da igualdade, formal e material, como um dos componentes do Princípio da Dignidade da Pessoa Humana (Beltramelli Neto, 2021). Ao se dizer que os direitos humanos são universais significa que não há pré-requisitos a serem seguidos para sua proteção, tanto no plano interno como internacional, basta uma única condição "ser humano" (Mazzuoli, 2019).

Ver também: Ações Afirmativas, Biopolítica, Consciência Negra, Relações Étnico-Raciais.

REFERÊNCIAS

BELTRAMELLI NETO, Silvio. **Curso de Direitos Humanos**. 6. ed. São Paulo: Atlas, 2021.

BOBBIO, Norberto. **A era dos direitos**. Tradução de Carlos Nelson Coutinho. Rio de Janeiro: Campus, 1992.

CASTILHO, Ricardo dos Santos. **Direitos Humanos**. 4. ed. São Paulo: Saraiva, 2017.

FERREIRA FILHO, Manoel Gonçalves. **Direitos Humanos Fundamentais**. 15. ed. São Paulo: Saraiva, 2016.

GORCZEVSKI, Clovis. **Direitos Humanos**: conhecer, educar, praticar. Santa Cruz do Sul: Edunisc, 2009.

LEITE, Carlos Henrique Bezerra. **Manual de Direitos Humanos**. São Paulo: Atlas, 2014.

LENZA, Pedro. **Direito Constitucional Esquematizado**. 24. ed. São Paulo: Saraiva Educação, 2020.

MAZZUOLI, Valerio de Oliveira. **Curso de Direitos Humanos**. 6. ed. São Paulo: Método, 2019.

SARLET, Ingo Wolfgang; MARINONI, Luiz Guilherme; MITIDIERO, Daniela. **Curso de Direito Constitucional**. 6. ed. São Paulo: Saraiva, 2017.

RAMOS, André de Carvalho. **Curso de Direitos Humanos**. 7. ed. São Paulo: Saraiva Educação, 2020.

DISCRIMINAÇÃO ESTRUTURAL

Rodrigo da Silva Vernes-Pinto

Muito tem se falado sobre as experiências das discriminações estruturais nos mais variados contextos. Racismo estrutural, machismo estrutural, desigualdades estruturais, ou seja, há uma série de definições desse fenômeno e o Direito tenta acompanhar as dinâmicas sociais onde se dão essas situações discriminatórias. As conceituações se dão de modo fragmentado e há incertezas em se compreender o que é essa estrutura, como se dão essas relações e quais são especificamente as suas consequências no campo social, político, jurídico e assim por diante. Afinal, o que é discriminação estrutural? O que estrutura a discriminação? São questões que permeiam os debates sobre o tema e merecem mais precisão conceitual, além do assentamento de suas bases teóricas.

A discriminação estrutural, em síntese, é descrita pela literatura especializada sobre o tema como um conjunto de situações geradoras de desigualdades e de discriminações, caracterizadas por um padrão de práticas sociais onde se repetem sistematicamente desigualdades e subordinações. Alguns autores consideram a discriminação estrutural atuante de modo contínuo, no qual se gera, se mantém e se fomenta as discriminações. Ou seja, é o resultado de práticas sociais, inclusive refletindo na ausência de elaboração de leis e políticas públicas, com a marginalização de grupos específicos (Achiume, 2016). No entanto, a constatação dos padrões sociais discriminatórios ainda deixa em aberto sobre qual maneira a estrutura se dá e como seriam geradas discriminações.

Por isso, para além da caracterização de um padrão social desigual e excludente, a discriminação estrutural também é definida como um processo dinâmico e que se retroalimenta nos campos da vida, tais como as relações sociais, culturais, políticas e econômicas. A autora Elisabeth Veronika Henn (2018) usa a metáfora do "modelo de iceberg", onde existem níveis distribuídos desde a parte visível do "iceberg" até os seus níveis profundos. Assim, para o enfrentamento da discriminação estrutural, a investigação deve levar em conta as consequências não aparentes na vida social e jurídica (Henn, 2018, p. 23), de modo atento às camadas não aparentes do "iceberg", o que acaba estruturando todo um sistema discriminatório. Logo, para a compreensão e enfrentamento da discriminação estrutural, é premente trazer "à superfície" os níveis estruturados com a apuração sobre o que gera a estrutura que se torna estruturante na sociedade.

Essa estrutura gera efeitos discriminatórios que também são parte de uma sistemática repetição das desvantagens, desigualdades, subordinações, inclusive por meio de opressões repetidas historicamente, o que engendra barreiras ao pleno exercício de direitos (Moreira, 2017). Por isso, a adoção de uma perspectiva estrutural requer, permanentemente, análises sobre os contextos de discriminação, já que são impactos constitutivos de relações sociais, políticas, econômicas e jurídicas (Almeida, 2019). Como consequência, as causas e manifestações discriminatórias seriam influenciadas por práticas sociais complexas de subalternidade sistemática de grupos vulneráveis, já que há um reforço de estruturas de subordinação persistentes (Resurrección, 2017).

Definir o que é a discriminação estrutural passa muito pelos estudos sobre o racismo estrutural. Exemplos como a negação do tratamento racial optando-se pela neutralidade em casos de racismo, os constantes privilégios econômicos e políticos da branquitude e a reprodução histórica de oportunidades restrita a uma elite, demonstram os efeitos estruturais (Almeida, 2019). Esse racismo estrutural, fruto de sistemáticas pequenas agressões diárias (Delgado; Stefancic, 2021), é refletido também institucionalmente, seja nas leis, no judiciário, no campo educacional, na não representatividade negra nas mídias, nas relações do trabalho, exemplificativamente falando. Isso se daria tanto institucionalmente na elaboração de normas jurídicas quanto na *práxis* jurisdicional e em outros campos dentro da sociedade, como na produção de conhecimento e no ambiente educacional, nas diversas mídias, no cenário esportivo, nas relações do trabalho (Resurrección, 2017).

Mas, como ocorreria esse processo sistemático de padrões e práticas racistas? De um modo geral, os pesquisadores convencionaram em caracterizá-los e descrevê-los a partir de determinadas situações racistas. Metodologicamente, referem seis pontos específicos: a irrelevância da intenção, o individualismo, a neutralidade, o chamado *colorblindness*, os privilégios da branquitude e a invisibilidade do racismo estrutural (Wiececk; Hamilton, 2014). Isso quer dizer que há um esforço daqueles que hegemonicamente estão em posição de domínio social, mesmo que sem intenção, de manter as estruturas racistas. Por isso, se fala tanto que não há intenções em se ser racista e que a meritocracia para se ascender socialmente só depende da individualidade de cada um. Ou, ainda, que mesmo diante de denúncias estruturais racistas, se deve manter neutralidades com vistas a uma igualdade meramente formal sem se considerar os contextos sociais. Tudo como forma de se não atentar para os critérios raciais das situações de discriminações (*colorblindness*) para se manter os privilégios e manter invisível o racismo estrutural. Esse que se desenvolve em diversos campos, como na educação, no jurídico e em seu sistema criminal e judiciário, no campo econômico e político (Wiececk; Hamilton, 2014).

Assim, os debates sobre o racismo estrutural o definem como a permanência sistemática de reprodução de desigualdades raciais e estratificação social, dando-se pelas experiências individuais ou coletivas, tudo isso como consequência dos processos e padrões sociais. Essa realidade estruturada tem ação direta nas instituições do Estado e no setor privado, estando presente nas leis, práticas e políticas (Moreira, 2017). Como se pode ver, a contribuição da luta antirracista é de sensível quilate para a compreensão da categoria jurídica da discriminação estrutural. A partir da epistemologia preta que foram problematizadas as questões estruturais discriminatórias no Direito, o que pode ser utilizado para outras experiências e manifestações da discriminação.

É possível se dizer que se foi além da arena de combate da negritude, contribuindo para outras áreas de análise. Outras manifestações discriminatórias também se socorrem do olhar estrutural. Um exemplo é a teoria crítica latina que trata das experiências dos latinos na sociedade estadunidense em situações de desigualdade. Dentre os seus postulados, a visão estruturalista é colocada como instrumento informativo (Carrasco, 1997) de compreensão e ruptura de barreiras sociais permanentes. Outro exemplo é o das desigualdades sofridas pelos indígenas e grupos étnicos marcados pelo acúmulo histórico de desvantagens atrelados a padrões comportamentais criadores de desvantagens estruturais (Góngora-Mera, 2015).

Questões de gênero e sexualidade também estão no debate sobre a discriminação estrutural. Ao longo dos anos, as violências sofridas pela população LGBTQIAPN+ são consideradas como fruto de discriminações históricas e estruturais em ciclos discriminatórios sistematicamente renovadas nas Américas (OEA, 2015). Essas manifestações discriminatórias sobre grupos vulneráveis são parte de estruturas de sexismo e de preconceitos por identidade de gênero e sexualidade (OEA, 2015).

Essas consequências estruturais da discriminação também estão presentes na violência e desigualdades de gênero decorrentes do machismo estrutural sobre as mulheres. As vivências das mulheres em meio às estruturas mantenedoras de subordinação é uma experiência de opressões. As justificativas centradas nas diferenças sexuais, as imposições de hierarquias de gênero e de papéis sociais estereotipados a refletir na existência, na ação política, no mercado de trabalho, nas relações afetivas e familiares são exemplos do machismo estrutural (Dorlin, 2009).

Fica evidente a pertinência em compreender-se as estruturas sociais e o quanto elas influem e refletem nas dinâmicas estruturantes de discriminações. O debate jurídico sobre a discriminação estrutural indica para a necessidade de se ir além e se definir as estruturas sociais e o que é parte estruturante em suas relações. Para o direito da antidiscriminação, a capacidade em aprofundar isso é relevante para a interpretação e aplicação do que já foi definido como discriminação estrutural em alcance à coibição de seus efeitos.

Ver também: Biopolítica, Branquitude, Direitos Humanos, Discriminação Interseccional, Discriminação Racial, Raça, Racismo, Racismo Estrutural, Relações Étnico-Raciais.

REFERÊNCIAS

ACHIUME, E. Tendayi. Beyond prejudice: structural xenophobic discrimination against refugees. **UCLA**: Program on International Migration, [S. l.], v. 45, p. 323-381, 2016. Disponível em: https://escholarship.org/uc/item/144826x7. Acesso em: 7 mar. 2022.

ALMEIDA, Silvio. **Racismo estrutural**. São Paulo: Sueli Carneiro: Polén, 2019.

CARRASCO, Enrique R. Intersections between latcrit theory and law and development studies. **University of Miami Inter-American Law Review**, [S. l.], v. 28, n. 2, p. 313-336, 1996. Disponível em: http://repository.law.miami.edu/umialr/vol28/iss2/9. Acesso em: 7 mar. 2021.

DELGADO, Richard; STEFANCIC, Jean. **Teoria crítica da raça**: uma introdução. Tradução de Diógenes Moura Breda. São Paulo: Editora Contracorrente, 2021.

DORLIN, Elsa. **Séxo, gênero y sexualidades**: introducción a la teoria feminista. Buenos Aires: Nueva Visión, 2009.

GÓNGORA-MERA, Manuel Eduardo. Judicialização da discriminação estrutural contra povos indígenas e afrodescendentes na América Latina: conceptualização e tipologia de um diálogo interamericano. **Quaestio Iuris**, Rio de Janeiro, v. 8, n. 2, p. 826-858, 2015.

HENN, Elisabeth Veronika. **International human rights law and structural discrimination**: the example of violence against women. Berlin: Springer, 2018.

MOREIRA, Adilson José. **O que é discriminação?** Belo Horizonte: Justificando, 2017.

OEA – ORGANIZAÇÃO DOS ESTADOS AMERICANOS. COMISSÃO INTERAMERICANA DE DIREITOS HUMANOS. **Violencia contra personas lesbianas, gay, bisexuales, trans e intersex en América**. [S. l.: s. n.], 2015.

RESURRECCIÓN, Liliana María Salomé. **El concepto 'discriminación estructural' y su incorporación al Sistema interamericano de protección de los derechos humanos**. Tutora: Patricia Cuenca Gómez. Dissertação (Mestrado) – Universidad Carlos III de Madrid, Getafe, 2017.

WIECECK, William M.; HAMILTON, Judy L. Beyond the Civil Rights Act of 1964: confronting structural racism in the workplace. **Louisiana Law Review**, Louisiana, v. 74, n. 4, p. 1095-1157, 2014. Disponível em: https://digitalcommons.law.lsu.edu/lalrev/vol74/iss4/5. Acesso em: 7 mar. 2022.

DISCRIMINAÇÃO INTERSECCIONAL

Rodrigo da Silva Vernes-Pinto

No âmbito dos movimentos sociais e políticos, é corriqueiro o uso do termo interseccionalidade nas lutas por igualdade e combate à discriminação. Nos debates sobre a sua compreensão e aplicação, aponta-se para as suas consequências em vários campos da vida, não só individualmente, como também nas organizações sociais, nas relações do trabalho, na representatividade política e midiática, no acesso às políticas públicas, nas atividades recreativas, esportivas e artísticas, no setor público e no setor privado. Ou seja, há uma diversidade de eixos de análise quando se fala em interseccionalidade e o campo jurídico não está alheio a isso, principalmente quando houve a normatização da chamada discriminação múltipla. Desse modo, qual a relação entre interseccionalidade, discriminação interseccional e discriminação múltipla?

Foi nas origens da concepção de interseccionalidade que se desenvolveu a categoria da discriminação interseccional e os estudos das feministas negras estadunidenses foram fundamentais, seja por suas denúncias antirracistas ou por suas elaborações teóricas. De início, o objetivo foi o de contestar a figura da mulher em um sentido universal, isto é, a mulher sendo vista sob uma realidade e modo de vida único e comum a todas as mulheres (hooks, 2000). Isso queria dizer que as análises e estudos não captavam os reais anseios da diversidade de mulheres, pois não se estabelecia um diálogo com aquelas que tinham em si as marcas sociais de outras identidades, como a raça e a classe, em determinados casos de discriminação (Brah, 2006). Por isso, afirmava-se que era necessária uma compreensão não essencializada sobre o tema, isto é, a mulher sendo vista não como parte de uma única identidade, mas como dotada de múltiplas identidades e conforme cada cenário social, considerando as suas construções sociais, históricas, políticas, geográficas e econômicas (Harris, 1990).

As mulheres negras ressignificaram a categoria mulher, a qual deveria ser ampliada com relação às identidades de gênero, agregando-se o universo racial (Collins, 2000). E, com o tempo, além de raça, inseriram-se outros critérios como classe, sexualidade, em contextos discriminatórios específicos. É por isso que a contestação do domínio patriarcal historicamente imposto sobre as mulheres se fragmentou, chegando-se às bandeiras políticas do feminismo negro, não só no cenário estadunidense, como também na América Latina (Gonzalez, 1988).

Assim, os inovadores trabalhos de Sueli Carneiro (2003) ao propor enegrecer o feminismo e a ruptura dos limites de abordagem de temas raciais e de gênero para cada territorialidade e contexto social, sob a perspectiva da *Amefricanidade* de Lélia Gonzalez (1988), são exemplos que instigaram o avanço no pensamento e no tratamento das discriminações contra as mulheres. As diversas vivências, seus interesses heterogêneos e a existência de mulheres racializadas (afros ou indígenas) pedem uma abordagem interseccional (Vigoya, 2010). A partir de então, a incorporação da interseccionalidade ao feminismo possibilitou um giro enegrecedor não só político-social, não somente acadêmico, como também na ciência jurídica e política judiciária.

Como consequência, surgiu a expressão "discriminação interseccional", quando Kimberlé Crenshaw (1989) a incorporou aos estudos jurídicos. Para a autora, a discriminação interseccional se preocupa com a forma em que "o racismo, o patriarcalismo, a opressão de classe e outros sistemas discriminatórios criam desigualdades básicas que estruturam as posições relativas de mulheres, raças, etnias, classes e outras" (Crenshaw, 2002, p. 177, tradução nossa). Considerando a produção teórica das feministas negras, pode-se conceituar a discriminação interseccional como a experiência da discriminação decorrente da (1) intersecção de vários critérios identitários (que seriam vinculados a critérios proibidos de discriminação) em (2) estruturas de subordinação, interpretada de modo qualitativo e contextualizado, e não meramente quantitativo em adição de critérios (Vernes-Pinto, 2022).

Em consequência, isso tudo refletiu e impactou no direito. No campo jurídico, a disciplina do Direito da antidiscriminação se debruça sobre essa temática. Assim como há matérias como Direito Civil, Direito Penal, Direito Processual e assim por diante, o direito da antidiscriminação estuda e propõe o avanço jurídico e social pelo fim das discriminações. Dotada de uma percepção dinâmica e não estática, ou seja, apresentada de modo propositivo e transformador, a antidiscriminação reúne uma série de institutos e categorias jurídicas capazes de sistematizar ferramentas para a consolidação da igualdade dentro dos ordenamentos jurídicos (Rios, 2008). E, na caracterização de atos discriminatórios, se busca entender os cenários de hierarquizações e estratificações sociais injustas (Moreira, 2017).

Quando são articulados padrões sociais ilegítimos, desiguais e discriminatórios, convencionou-se em nomeá-los como critérios proibidos de discriminação (Rios, 2002), em que se elegem determinados fatores do cenário social a serem incluídos nas leis (Bamforth; Malik; O'Cinneide, 2008). Nesse sentido, o objetivo é de regrar as demandas sociais por meio da utilização da técnica legislativa referida com base nas características sobre as quais a proteção jurídica deve incidir (Fredman, 2011).

E isso tudo, em diálogo com a discriminação interseccional, foi demandado nos Tribunais pelo mundo. Por exemplo, a vivência de mulheres negras que foram escolhidas para o desligamento em fábrica de automóveis em período de recessão, no caso *DeGraffenreid v. General Motors* (US Federal Court of Appeals, 1977). Também houve o caso *Jefferies v. Harris* (US Federal Court of Appeals, 1980), no qual uma mulher negra reclamou ter sido preterida em promoções em seu ambiente de trabalho. No primeiro caso, a Corte negou a possibilidade de discussão em mais de um critério proibido ao mesmo tempo. Já na segunda demanda, os Juízes acataram o pedido e reconheceram a discriminação interseccional, mesmo que não definida com essa nomenclatura.

Os precedentes levaram diversos instrumentos normativos de Direitos Humanos a consolidarem o conceito jurídico em casos de concomitância de critérios proibidos em uma mesma situação discriminatória como discriminação múltipla (Vernes-Pinto, 2022). Essa concepção, nada mais é do que a inclusão no campo jurídico da base teórica que culminou com o conceito de discriminação interseccional.

No entanto, muitas discussões ainda surgiram sobre como compreender a categoria jurídica da discriminação múltipla. Isso porque, mesmo considerando a existência de discriminação por mais de um motivo ao mesmo tempo, poderia ocorrer a prevalência de um fator discriminatório sobre o outro (superinclusão) ou a negação da própria discriminação (subinclusão). Por exemplo, uma superinclusão no critério gênero, sem se considerar a presença do critério racial ou a subinclusão em que não se percebe nenhum dos critérios (Crenshaw, 2002). Os problemas da superinclusão e subinclusão dificultam o enfrentamento da discriminação de maneira concreta. Dessa forma, a interpretação da norma jurídica a partir do conceito de discriminação interseccional contribui para se olhar e escutar aqueles tidos como invisíveis e inaudíveis em situações discriminatórias.

Dessa forma, para a interpretação do conceito de discriminação múltipla não basta uma mera adição dos fatores. É necessária uma compreensão qualitativa e contextual como discriminação interseccional dos elementos que a compõem (critérios proibidos em intersecção + estruturas de subordinação), o que contribui para entender o que está previsto em lei como discriminação múltipla e atender aos fins do Direito da Antidiscriminação.

Ver também: Direitos Humanos, Discriminação Estrutural, Discriminação Racial, Empoderamento, Raça, Racismo.

REFERÊNCIAS

BAMFORTH, Nicholas; MALIK, Maleiha; O'CINNEIDE, Colm. **Discrimination law**: theory and context. London: Sweete & Maxwell, 2008.

BRAH, Avtar. Diferença, diversidade, diferenciação. **Cadernos Pagu**, Campinas, n. 26, p. 329-376, jun. 2006. Disponível em: http://dx.doi.org/10.1590/S0104-83332006000100014. Acesso em: 16 jan. 2023.

CARNEIRO, Sueli. Mulheres em movimento. **Estudos Avançados**, São Paulo, v. 17, n. 48, p. 117-133, dez. 2003.

COLLINS, Patrícia Hill. **Black feminist though**: knowledge, consciousness, and the politics of empowerment. New York: Routledge, 2000.

CRENSHAW, Kimberlé. Demarginalizing the intersection of race and sex: a black feminist critique of antidiscrimination doctrine, feminist theory, and antiracist politics. **Heinonline The University of Chicago Legal Forum**, [S. l.], v. 1989, n. 1, 1989. Disponível em: http://heinonline.org. Acesso em: 25 nov. 2015.

CRENSHAW, Kimberlé. Documento para o encontro de especialistas em aspectos da discriminação racial relativos ao gênero. **Estudos Feministas**, Florianópolis, v. 7, n. 12, p. 171-188, jan. 2002.

FREDMAN, Sandra. **Discrimination law**. 2. ed. New York: Oxford University Press, 2011.

GONZALEZ, Lélia. A categoria político-cultura da amefricanidade. **Tempo Brasileiro**, Rio de Janeiro, n. 92/93, p. 69-82, jan./jun. 1988.

HARRIS, Angela P. Race and essentialism in feminist legal theory. **Stanford Law Review**, [S. l.], v. 42, n. 3, p. 581-616, 1990. Disponível em: https://doi.org/10.2307/1228886. Acesso em: 16 jan. 2023.

hooks, bell. **Feminist theory**. Boston: South and Press, 2000.

MOREIRA, Adilson José. **O que é discriminação?** Belo Horizonte: Justificando, 2017.

RIOS, Roger Raupp. **O princípio da igualdade e a discriminação por orientação sexual**: a homossexualidade no direito brasileiro e norte-americano. São Paulo: Editora Revista dos Tribunais, 2002.

RIOS, Roger Raupp. **Direito da antidiscriminação**: discriminação direta, indireta e ações afirmativas. Porto Alegre: Liv. do Advogado, 2008.

VERNES-PINTO, Rodrigo da Silva. **Discriminação múltipla como discriminação interseccional**: as conquistas do feminismo negro e o direito da antidiscriminação. Rio de Janeiro: Lumen Juris, 2022.

VIGOYA, Mara Viveros. **Un dialogo con el Black Feminism, partiendo de nuestras propias preguntas**. 2010. Disponível em: http://www.clam.org.br/uploads/conteudo/Un_dialogo_con_el_Black_Feminism.pdf. Acesso em: 16 jan. 2023.

DISCRIMINAÇÃO RACIAL / PRECONCEITO

Anselma Garcia de Sales
Airton Pereira Junior

A noção de preconceito corresponde a uma formulação criada pela estrutura social e apreendida pela coletividade, que quando posta em prática se materializa em ações e comportamentos protagonizados por pessoas e instituições, e passa a ser chamado de discriminação. Ou seja, esses comportamentos e práticas são alimentados, inicialmente, pelo preconceito, que, segundo Munanga (2004), consiste em uma disposição subjetiva do exercício de um julgamento prévio e da construção de formulações preestabelecidas diante de um sujeito ou objeto desconhecido. Assim, o preconceito, de acordo com o autor, consiste em uma elaboração que o sujeito faz que é anterior ao conhecimento do próprio objeto, sendo essa elaboração, portanto, contaminada pela visão de mundo do examinador, que por sua vez corresponde à visão de mundo vigente na sociedade da qual esse observador faz parte.

No entanto, quando essa visão de mundo se transforma em prática discriminatória deixa de ser uma disposição subjetiva para se tornar um ato cujo dimensionamento abrange uma coletividade, daí a assertiva de que a prática discriminatória motivada por preconceito deva ser veementemente combatida. Assim, práticas discriminatórias serão motivadas por diversas formas de preconceito, dentre eles, de gênero, classe social, orientação sexual, religião e raça. Aqui, o preconceito racial, entendido como uma formulação prévia dotada de juízo de valor e baseada na raça, ao se transformar em um ato discriminatório, automaticamente infringe contratos sociais e atinge todos os sujeitos pertencentes ao construto social e político denominado de raça.

A denominação de raça nessa abordagem é dotada de um sentido distinto do da visão biológica, que concebe a não existência de raças na natureza. Porém, as relações sociais que implicam hierarquizações impostas pelo poder concebem a raça enquanto um conceito político-ideológico que dita condutas e posicionamentos nas mais diversas sociedades do mundo: "É a partir dessas raças fictícias ou "raças sociais" que se reproduzem e se mantêm os racismos populares" (Munanga, 2004, p. 12).

Daí advém o racismo, que de acordo com Munanga (2004) corresponde a uma ideologia de poder que consiste em uma visão de mundo que admite que determinados seres são superiores aos outros pelo fato de pertencerem a determinada raça. Nessa abordagem, consideram-se superiores todos os sujeitos que compartilham elementos identitários inerentes à dita raça superior, ao passo que os denominados inferiores não terão apenas seu estatuto individual e de grupo diminuídos, mas também todo o seu repertório identitário como a língua, a religião, os traços somáticos como também seu conhecimento. Essas atitudes práticas de inferiorização, apagamento e apropriação correspondem, desse modo, à discriminação racial (Munanga; Gomes, 2004).

Ver também: Direitos Humanos, Discriminação Estrutural, Discriminação Interseccional, Empoderamento, Raça, Racismo.

REFERÊNCIAS

MUNANGA, Kabengele. Uma abordagem conceitual das noções de raça, racismo, identidade e etnia. *In:* BRANDÃO, André A. P. (org.). **Cadernos Penesb 5**. Niterói: EdUFF, 2004. p. 6-34.

MUNANGA, Kabengele; GOMES, Nilma Lino. **Para entender o negro no Brasil de hoje**: história, realidades, problemas e caminhos. São Paulo: Global: Ação Educativa, 2004.

EDUCAÇÃO ANTIRRACISTA

Rafaela Rech

A educação pode ser estratégica para a difusão de preconceitos raciais, bem como pode ser estratégica para a luta de combate ao racismo. A educação antirracista é um importante mecanismo para enfrentar o racismo estrutural e a exclusão escolar. A filósofa estadunidense Angela Davis já disse que em uma sociedade racista não basta não ser racista, é preciso ser antirracista.

Para que se constitua uma educação antirracista é preciso reconhecer que nós vivemos em um país racista, que tem sua estrutura e organização social pautada pelo racismo. A partir do momento que o sujeito reconhece sua posição em um país racista, pode ter um posicionamento crítico e problematizar como deve se portar e se colocar diante das situações de preconceito racial.

O Brasil conviveu mais de 300 anos com a escravidão e mesmo após a abolição da escravatura em 1888, a discriminação racial segue existindo em nossa sociedade. As práticas racistas são observadas na escola em todas as etapas de ensino organizadas no país. Como escreve Theodoro (2022, p. 219-220),

> Na escola, reforçam-se estereótipos que acabam incidindo como um estigma sobre as crianças negras. Eles vêm de práticas pedagógicas que tendem a reproduzir preconceitos; do tratamento diferenciado aos alunos por parte dos diretores, professores e funcionários; das ofensas raciais, travestidas de brincadeiras de colegas e professores; do uso da agressão verbal; e do descaso das autoridades escolares em prevenir e punir semelhantes práticas. O racismo no espaço escolar se manifesta ainda por meio de livros didáticos e dos parâmetros curriculares.

Historicamente, no período pós-abolição no Brasil é possível perceber como a educação foi estratégica para a manutenção dos preconceitos raciais. Nos anos 1920 foram realizadas diversas reformas educacionais nos estados brasileiros, como São Paulo, Rio de Janeiro e Bahia. Entre as principais mudanças nas escolas do país, está a presença de uma educação eugênica (Dávila, 2006). Houve a introdução de algumas práticas, vigentes até hoje, nas escolas públicas como as aulas de educação física, de higiene e de alimentação. Ainda, no Brasil há a aproximação entre eugenia e higiene, onde a higiene pode ser entendida como uma estratégia para eugenizar a população (Rech, 2017).

Naquele período, a ideia de raça, por vezes citada nos discursos e documentos públicos, tornou-se fundamental para a constituição da pátria e, atrelada à educação, fez parte das políticas educacionais, mesmo que contribuísse para a exclusão de negros da função de professores ou como alunos. É nesse contexto que se constitui uma "educação branca de professores brancos para alunos brancos, relegando os alunos negros a uma condição minoritária e a uma posição subalterna" (Theodoro, 2022, p. 191).

Quase um século depois, já nos anos 2000, é promulgada a Lei n°. 10.639/2003 que trata sobre a obrigatoriedade do ensino de História e cultura afro-brasileira nas escolas do país. Tal legislação pode representar um primeiro passo para a compreensão da importância da cultura africana para a formação da sociedade brasileira. Além disso, a lei também estabelece o Dia Nacional da Consciência Negra (20 de novembro), que homenageia o dia da morte do líder quilombola Zumbi dos Palmares, data essa que marca a luta contra o preconceito racial no Brasil. Ainda, em 2008, a Lei n°. 11.645 atualiza a lei de 2003 e inclui a história indígena ao texto do documento.

Como afirma Theodoro (2022, p. 229), "o racismo contra o negro é um só e deve ser combatido em sua integridade". O envolvimento e compreensão dos professores e estudantes sobre a história afro-brasileira é um importante passo para o reconhecimento da existência e combate da discriminação racial no país e para a luta antirracista. A construção de uma identidade positiva, sem estigmas ou estereótipos, acerca da população afro-indígena no Brasil pode ser pautada pela educação ao construir novas perspectivas sobre os povos que compõem a sociedade brasileira.

Ver também: Consciência Negra, Discriminação Estrutural, Discriminação Racial, Escravidão, Lei n° 10.639/2003 e n°. 11.645/2008, Partilha da África/Conferência de Berlim, Relações Étnico-Raciais, Reparação Histórica.

REFERÊNCIAS

DÁVILA, Jerry. **Diploma de brancura**: política social e racial no Brasil – 1917-1945. São Paulo: Editora UNESP, 2006.

RECH, Rafaela. **(BIO)Políticas educacionais e eugenia nos tempos do ministro Gustavo Capanema**. 2017. 115 f. Dissertação (Mestrado em Educação) – Universidade de Santa Cruz do Sul, Santa Cruz do Sul, 2017.

THEODORO, Mário. **A sociedade desigual**: racismo e branquitude na formação do Brasil. Rio de Janeiro: Zahar, 2022.

EMPODERAMENTO

Francisca Márcia Costa de Souza

Empoderamento é um conceito polissêmico, complexo, distorcido e incompreendido (Berth, 2019). É um substantivo masculino de origem inglesa. O seu termo em inglês *empowerment* é traduzido como "delegação de autoridade", consistindo nos poderes de decisão, autonomia e participação. Empoderamento é obter, ampliar e consolidar poder(es). É uma força assertiva, de protesto e de resistência contra o sistema de poder que oprime. É o movimento rumo às mudanças necessárias para fim das assimetrias de poder.

Dicionariamente, significa tornar-se poderoso; possuir poder; ter autoridade e domínio sobre e ser capaz de tomar decisões sobre o que lhe é próprio. É consciência coletiva, participação social e potência histórica construtiva baseada em direitos sociais. É a superação da dominação política e da dependência social no que diz respeito à emancipação social. O empoderamento diz respeito à dignidade, à autonomia e à cidadania. É encontrar-se e achar o próprio destino. É a aquisição da emancipação coletiva. Neste sentido, o empoderamento social é a responsabilidade coletiva e respeito pelo outro nas relações de transformação política, cultural e econômica de um povo, potencializando e fortalecendo o poder da democracia (Ferreira, 2010).

Na América Latina, o termo Empoderamento ficou conhecido nos anos 1980, estando relacionado às estratégias para o mundo do trabalho e a criação de renda como forma de empoderamento feminino porque ajudou a compor o discurso sobre "gênero e desenvolvimento, especialmente para os planejadores de programas e projetos na área. Desde então, o termo vem sendo utilizado com frequência para se referir a estratégias relacionadas a trabalho e renda como veículos do empoderamento feminino" (Marinho; Gonçalves, 2016, p. 86). Entretanto, as opressões de gênero atravessam as mulheres de forma distinta. Por isso, é preciso articular e pensar o empoderamento feminino a partir das relações de tensão entre raça e classe.

Empoderar não é tirar o poder de alguém para dar a outra pessoa. Não é a inversão de polo de poder. Não é o enfraquecimento de um em detrimento de outro (Berth, 2019). Empoderamento é enfrentar as desigualdades históricas e as opressões naturalizadas. É a eliminação de condições históricas de subordinação e silenciamento de um grupo social pelo outro (Berth, 2019). É o fim das opressões e das situações de injustiça. É a "equalização" de existências sociais.

> Empoderar, dentro das premissas sugeridas, é, antes de tudo, pensar em caminhos de reconstrução das bases sociopolíticas, rompendo concomitantemente com o que está posto, entendendo ser esta a formação de todas as vertentes opressoras que temos visto ao longo da História. Esse entendimento é um dos escudos mais eficientes no combate à banalização e ao esvaziamento de toda a teoria construída e de sua aplicação como instrumento de transformação social (Berth, 2019, p. 23).

Empoderamento tem a ver com autonomia e o exercício da cidadania; sua ascensão ocorreu com os movimentos de libertação e da contracultura, de emancipação de mulheres, negros e homossexuais, da luta de pessoas com deficiência, migrantes e muitos outros movimentos contra o sistema de dominação, violência e opressão (Fagundes, 2017). Configura-se, portanto, como conceito de luta e mudança em relação ao poder dominante: masculino, branco e hetero das sociedades ocidentais. Empoderamento é "uma consciência social coletiva, basilar para a superação do estado de dominação, submissão e dependência social em que se encontram" (Fagundes, 2017, p. 89).

Neste aspecto, o Empoderamento feminino ou das mulheres é a concepção de poder que exige equidade de gênero e desafia as relações patriarcais e seus privilégios de gênero; sendo o exercício prático de mudança da dominação dos homens sobre as mulheres ao contestar as injustiças do poder patriarcal em uma sociedade de classe, baseada no racismo estrutural e na violência de gênero (Fagundes, 2017). Empoderamento feminino é o exercício do poder político das mulheres, alicerçado na consciência política de luta por igualdade de gênero. É a garantia do próprio bem-estar das mulheres (Berth, 2019).

> O empoderamento das mulheres – um dos objetivos centrais da Plataforma de Ação de Pequim – consiste em realçar a importância de que as mulheres adquiram o controle sobre o seu desenvolvimento, devendo o governo e a sociedade criar as condições para tanto e apoiá-las nesse processo, de forma a lhes garantir a possibilidade de realizarem todo o

> seu potencial na sociedade, e a construírem suas vidas de acordo com suas próprias aspirações. O empoderamento inclui para as mulheres o direito à liberdade de consciência, religião e crença; sua total participação, em base de igualdade, em todos os campos sociais, incluindo a participação no processo decisório e o acesso ao poder; o reconhecimento explícito e a reafirmação do direito de todas as mulheres a acessarem e de controlarem todos os aspectos de sua saúde; o acesso das mulheres, em condições de igualdade, aos recursos econômicos, incluindo terra, crédito, ciência e tecnologia, treinamento vocacional, informação, comunicação e mercados; a eliminação de todas as formas de discriminação e violência contra as mulheres e meninas; e o direito à educação e formação profissional e acesso às mesmas. Para fomentar o empoderamento das mulheres é essencial elaborar, implementar e monitorar a plena participação das mulheres em políticas e programas eficientes e eficazes de reforço mútuo com a perspectiva de gênero, inclusive políticas e programas de desenvolvimento em todos os níveis (ONU, 2016, p. 15).

O Empoderamento é a base epistemológica e instrumental prática de luta e capacitação do feminino. É o processo de ganhar liberdade para fazer o que deseja (Berth, 2019). Dessa forma, tem contribuído de várias formas: por meio do debate dos instrumentos de luta; espaço de negociação de acordos e compromissos; trata os estereótipos relativos às mulheres e enfatiza as mulheres do ponto de vista dos direitos sociais.

> A Plataforma de Ação de Pequim consagrou três inovações dotadas de grande potencial transformador na luta pela promoção da situação e dos direitos da mulher: o conceito de gênero, a noção de empoderamento e o enfoque da transversalidade. O conceito de gênero permitiu passar de uma análise da situação da mulher baseada no aspecto biológico para uma compreensão das relações entre homens e mulheres como produto de padrões determinados social e culturalmente, e, portanto, passíveis de modificação. As relações de gênero, com seu substrato de poder, passam a constituir o centro das preocupações e a chave para a superação dos padrões de desigualdade. O empoderamento da mulher – um dos objetivos centrais da Plataforma de Ação – consiste em realçar a importância de que a mulher adquira o controle sobre o seu desenvolvimento, devendo o governo e a sociedade criar as condições para tanto e apoiá-la nesse processo. A noção de transversalidade busca assegurar que a perspectiva de gênero passe efetivamente a

integrar as políticas públicas em todas as esferas de atuação governamental. A essas inovações conceituais veio juntar-se a ênfase no tratamento da situação da mulher sob a perspectiva de direitos, o que implica reconhecer que a desigualdade entre homens e mulheres é uma questão de direitos humanos, e não apenas uma situação decorrente de problemas econômicos e sociais a serem superados. O Brasil teve participação ativa na Conferência de Pequim e em seu seguimento. A participação brasileira beneficiou-se de intenso diálogo entre Governo e sociedade civil, assim como de interação construtiva com os demais, em especial parlamentares e representantes de conselhos estaduais e municipais sobre a condição feminina. A forte articulação com o movimento de mulheres, estabelecida desde então, tornou-se elemento essencial à formulação das políticas públicas no Brasil, que hoje incorporam a perspectiva de gênero de forma transversal, e não mais em ações pontuais (ONU, 1995, p. 149-150).

Especialmente em um cenário acentuado de violência sexual e de gênero, de desigualdade das condições econômicas e de participação políticas das mulheres, as Organizações das Nações Unidas para a Igualdade de Gênero e Empoderamento das Mulheres (ONU Mulheres) definiu os princípios básicos do empoderamento feminino no âmbito social e profissional:

> Estabelecer liderança corporativa sensível à igualdade de gênero, no mais alto nível. Tratar todas as mulheres e homens de forma justa no trabalho, respeitando e apoiando os direitos humanos e a não-discriminação. Garantir a saúde, segurança e bem-estar de todas as mulheres e homens que trabalham na empresa. Promover educação, capacitação e desenvolvimento profissional para as mulheres. Apoiar empreendedorismo de mulheres e promover políticas de empoderamento das mulheres através das cadeias de suprimentos e marketing. Promover a igualdade de gênero através de iniciativas voltadas à comunidade e ao ativismo social. Medir, documentar e publicar os progressos da empresa na promoção da igualdade de gênero (ONU, 2015).

Por fim, os princípios do empoderamento das mulheres estão alicerçados nas aspirações de uma sociedade capitalista da contemporaneidade, baseada na guerra, na exclusão social, na especulação financeira sem regulação e no abuso do poder político, na qual emergiram graves violações de gênero, raça, classe e etnia. A sociedade capitalista ainda tem como base o sistema de dominação patriarcal e a resistência por um empoderamento dos grupos supracitados continuará a galgar cada vez mais espaço na sociedade.

Ver também: Ações Afirmativas, Direitos Humanos, Discriminação Estrutural, Discriminação Interseccional, Discriminação Racial/Preconceito, Educação Antirracista, Interculturalidade, Pan-Africanismo, Racismo, Relações Étnico-Raciais, Reparação Histórica.

REFERÊNCIAS

BERTH, Joice. **Empoderamento**. São Paulo: Pólen, 2019.

FAGUNDES, Tereza Cristina Pereira Carvalho. Empoderamento feminino: uma abordagem educativa. **Revista Brasileira de Sexualidade Humana**, [S. l.], v. 28, n. 2, p. 87-94, 2017.

FERREIRA, Aurélio Buarque de Holanda. **Dicionário Aurélio da língua portuguesa**. Coordenação e edição: Marina Baird Ferreira e Margarete dos Anjos. 5. ed. Curitiba: Positivo, 2010. 2272 p.

MARINHO, Paloma Abelin Saldanha; GONÇALVES, Hebe Signorini. Práticas de empoderamento feminino na América Latina. **Revista de Estudos Sociais**, [S. l.], n. 56, p. 80-90, abr./jun. 2016.

ONU – ORGANIZAÇÃO DAS NAÇÕES UNIDAS. Declaração e Plataforma de Ação da IV Conferência Mundial Sobre a Mulher – Pequim. **ONU Mulheres**, [S. l.], 1995. Disponível em: http://www.onumulheres.org.br/wp-content/uploads/2014/02/declaracao_pequim.pdf. Acesso em: 28 fev. 2023.

ONU – ORGANIZAÇÃO DAS NAÇÕES UNIDAS. Glossário de termos do objetivo de desenvolvimento sustentável 5: Alcançar a igualdade de gênero e empoderar todas as mulheres e meninas. **ONU Brasil**, [S. l.], 2016. Disponível em: www.onumulheres.org.br/wp-content/uploads/2017/05/Glossario-ODS-5.pdf. Acesso em: 28 fev. 2023.

ONU – ORGANIZAÇÃO DAS NAÇÕES UNIDAS. Empresas. **ONU Mulheres**, [S. l.], 2015. Disponível em: www.onumulheres.org.br/referencias/principios-de-empoderamento-das-mulheres/. Acesso em: 28 fev. 2023.

ESCRAVIDÃO

Natália Garcia Pinto
Manuel Alves de Sousa Junior

O dicionário Aurélio se refere à escravidão como sendo "Estado ou condição de escravo. [...] Falta de liberdade. [...] Regime social de sujeição do homem e utilização de sua força, explorada para fins econômicos, como propriedade privada" (Ferreira, 2010, p. 838). Já o dicionário Houaiss define como um "sistema socioeconômico baseado na escravização de pessoas" (Houaiss; Villar, 2009, p. 803). Ambos os dicionários, no verbete *escravatura* citam ainda o tráfico de escravizados relacionado diretamente com a escravidão.

O sistema escravista não nasceu com a escravidão negra no ocidente no século XV. A escravidão está presente na história da humanidade há muito tempo. O Egito antigo, Babilônia, Assíria, Grécia antiga, Roma antiga, Índia, China e reinos da Europa medieval são exemplos de povos e civilizações que vivenciaram a escravidão e elaboraram arcabouços jurídicos e políticos que definiam o escravo como um objeto, como uma coisa (Silva; Silva, 2015). A principal diferença dos modelos de escravidão é que antigamente, os motivos eram principalmente por dívidas ou despojo de guerras e conflitos, diferente da questão étnico-racial da modernidade. A violência é o elemento marcante em todos os processos de escravidão.

Na Idade Antiga a escravidão não era desconhecida dos diferentes povos europeus (gregos, romanos) e sociedades ameríndias na América. No entanto, é crível salientar que a escravidão praticada pelas distintas sociedades africanas era totalmente diferente e singular da praticada pelos muçulmanos e europeus (Lopes, 2011). Tal singularidade residia em que o uso da mão de obra escravizada nas sociedades africanas era de modo coletivo e, em muitos casos, os escravizados ou mesmo seus filhos poderiam ser incorporados nas linhagens por meio dos casamentos (Silva, 2011).

Desse modo, a escravidão foi conhecida por diferentes civilizações ao longo da história da humanidade. Na História da África a escravidão já era praticada antes mesmo do contato com os muçulmanos árabes e europeus. Os motivos que levavam à escravização no continente africano se davam pelo controle de rotas comerciais, conflitos religiosos etc. Os grupos vencedores desses conflitos eram transformados em seus cativos (escravizados) e os usavam como trabalhadores serviçais em diferentes trabalhos nos reinos, cidades, aldeias e impérios na África (Silva, 2011).

Na África Subsaariana, muitos pesquisadores, ressaltam o caráter doméstico da escravidão que por muitas vezes os serviços prestados pelos escravizados estavam relacionados à garantia da subsistência da família ou da aldeia (Lopes, 2011). Além disso, é relevante pontuar que a escravidão na África Subsaariana acontecia devido a três fatores: guerras, razias e sequestros (Reis, 2003). A escravidão nesta região não era em larga escala como a praticada pelos europeus na Idade Moderna. Em algumas sociedades africanas (reinos e impérios) o indivíduo que cometesse algum crime/delito poderia se tornar um escravizado de outrem (Silva, 2011).

A escravização de africanos pelos europeus via o tráfico atlântico transformou a vida de milhões de homens e mulheres pelo continente africano. A implementação do sistema colonial, que visava à produção em larga escala de gêneros tropicais (açúcar, tabaco) com uma grande necessidade dos países europeus, só poderia ser gestada e efetivada com mão de obra em larga escala e barata. A solução encontrada pelos europeus foi a de escravizar os africanos das distintas sociedades africanas. A partir do contato de europeus e africanos na Era Moderna pelo advento das expedições marítimas, especialmente os portugueses começaram a estabelecer importantes redes de comércio com as diferentes sociedades africanas.

Os africanos escravizados pelos europeus no início eram trocados por produtos vindos da Europa que interessavam às elites das sociedades africanas, como por exemplo, armas de fogo, pólvora, tecidos, de algodão e seda, porcelana, cachaça, dentre outros. Os portugueses adquiriram um número expressivo de africanos para serem vendidos para outras sociedades europeias respaldados pelo argumento econômico (altos lucros obtidos com o comércio negreiro) e também pela argumentação do discurso religioso da Igreja Católica, que via nesse empreendimento uma forma de lutar contra os infiéis (africanos escravizados) e aumentar a sua clientela religiosa (Silva, 2011).

Após a captura nos reinos, cidades, aldeias, impérios, os africanos escravizados eram vendidos e levados para as cidades que possuíam portos no continente africano. A travessia nos tumbeiros era o início de uma longa e áspera vida para milhares de homens e mulheres africanos. A escravidão via o tráfico atlântico para a América foi um dos maiores crimes cometidos contra a humanidade, visto que milhões de seres humanos tiveram suas vidas ceifadas, famílias e afetos separados, violências impostas ao corpo e a mente de homens e mulheres que foram escravizados pelos europeus em nome da ganância por dinheiro e pelas bênçãos religiosas da fé cristã católica.

No final do medievo e início da Idade Moderna, com o início da escravidão negra no ocidente, a Igreja emitiu diversos documentos papais que legitimavam o novo regime escravista. Com o passar dos anos, diversos papas passaram a condenar a escravidão. Os estudos não são conclusos sobre o fato de a Igreja possuir escravos, apesar de, comprovadamente, atuar em diversos estados que possuíam negros cativos, produzir documentos que apoiavam a escravidão e atuar ativamente no batismo de escravizados, para tentar amenizar as mazelas da mudança de vida de homens e mulheres arrancados de suas comunidades em África.

O tráfico de escravos transatlântico foi um grande negócio gestado juntamente com o início do capitalismo mercantil. Após o pioneirismo português, ao longo dos séculos várias outras nações investiram e enriqueceram com esse comércio, como Espanha, Inglaterra, França, Dinamarca, Holanda e até mesmo as 13 colônias britânicas que mais tarde se transformaram nos Estados Unidos da América.

O primeiro país da América a abolir a escravidão foi o Haiti em 1793 seguido do Chile em 1823. O Brasil foi o último país ocidental a deflagrar o fim da escravidão em 13 de maio de 1888 (Figura 1). Considerando que, segundo Schwartz (1988), o primeiro navio negreiro chegou em Lisboa em 1441, foram 447 anos de escravidão atlântica. Mais de 12 milhões de africanos atravessaram o oceano na condição de escravizados, sem contar as cifras na casa dos milhões para mortos, perseguidos e afetados pelo tráfico na África.

Figura 1 – Jornal Gazeta de Notícias no Rio de Janeiro em 14 de maio estampando na primeira página a abolição da escravidão no Brasil

Fonte: Gazeta de Notícias (1888)

Atualmente, o termo "situação análoga à escravidão" tem aparecido cada vez mais na mídia após repetidos casos noticiados no Brasil. Como oficialmente a abolição ocorreu no país em 1888, juridicamente não podem ser citados como escravidão, e por isso o termo "situação análoga" foi incorporado ao citar tais casos, em que pese as situações de privações e violência sejam bem similares.

A reverberação do sistema escravista deixa cicatrizes até os dias atuais e a reparação jurídica e social se faz necessária para o combate aos mais diversos tipos de racismo presentes na sociedade. Desse modo, legislações específicas nos mais diversos campos, como a educação, são importantes e ajudam nas práticas antirracistas no tecido social.

Ver também: Açoitamento, África, Banzo, Cais do Valongo, Colonização/Descolonização, Diáspora, Escravo/Escravizado, Migrações, Partilha da África/Conferência de Berlim, Quilombo, Tráfico Atlântico/Tráfico de Escravizados.

REFERÊNCIAS

FERREIRA, Aurélio Buarque de Holanda. **Dicionário Aurélio da língua portuguesa**. Coordenação e edição: Marina Baird Ferreira e Margarete dos Anjos. 5. ed. Curitiba: Positivo, 2010. 2272 p.

GAZETA DE NOTÍCIAS. **Brasil livre**: treze de maio - extincção da escravidão. Rio de Janeiro, p. 1-2. 14 maio 1888. Disponível em: http://memoria.bn.br/docreader/DocReader.aspx?bib=103730_02&pagfis=13781. Acesso em: 28 mar. 2023.

HOUAISS, Antônio; VILLAR, Mauro de Salles. **Dicionário Houaiss da língua portuguesa**. Rio de Janeiro: Objetiva, 2009. 1986 p.

LOPES, Nei. **Enciclopédia Brasileira da Diáspora africana**. 4. ed. rev. e ampliada. São Paulo: Selo Negro, 2011. 747 p.

REIS, João José. **Rebelião escrava no Brasil**: a história do levante dos Malês em 1835. ed. rev. e ampliada. São Paulo: Companhia das letras, 2003. 665 p.

SCHWARTZ, Stuart. **Segredos internos**: engenhos e escravos na sociedade colonial, 1550 – 1835. São Paulo: Companhia das Letras, 1988.

SILVA, Alberto da Costa e. **A manilha e o libambo**: a África e a escravidão de 1500 a 1700. Rio de Janeiro: Nova Fronteira, 2011. 1071 p.

SILVA, Kalina Vanderlei; SILVA, Maciel Henrique. **Dicionário de Conceitos Históricos**. São Paulo: Contexto, 2015.

ESCRAVO / ESCRAVIZADO

Laryssa da Silva Machado
Manuel Alves de Sousa Junior

A escravidão é uma prática comum na humanidade desde o princípio da organização das civilizações. Uma sociedade ao subjugar uma outra, transformava seus membros em escravos e podia os manter em seus domínios ou vendê-los para outros povos. Escravos, cativos e escravizados são palavras sinônimas nessa situação. O dicionário Aurélio (Ferreira, 2010) traz os seguintes significados para esses termos: *Escravo* é o "Que está sujeito a um senhor, como propriedade dele" (p. 838); *Cativo* é o "que não goza de liberdade; encarcerado, preso. [...] Forçado à escravidão" (p. 453). Já o dicionário Houaiss (Houaiss; Villar, 2009) cita *Escravo* como sendo "que ou aquele que, privado da liberdade, está submetido à vontade de um senhor, a quem pertence como propriedade" (p. 803) e *Cativo* como "que ou quem perdeu sua liberdade; preso, encarcerado. [...] indivíduo que foi forçado à escravidão" (p. 424). O termo *escravizado* passou a ser utilizado nos últimos anos para designar os sujeitos envolvidos no processo escravista. Isso porque existe diferença entre *ser* escravo e *estar* escravizado.

> Escravo conduz ao efeito de sentido de naturalização e de acomodação psicológica e social à situação, além de evocar uma condição de cativo que, hoje, parece ser intrínseca ao fato de a pessoa ser negra, sendo desconhecida ou tendo-se apagado do imaginário e das ressonâncias sociais e ideológicas a catividade dos eslavos por povos germânicos, registrada na etimologia do termo (Harkot-de-La-Taille; Santos, 2012, p. 8).

A palavra "escravo" vem do latim *slavus*, servia para designar os eslavos, referindo-se a povos da região dos Bálcãs no leste europeu, local "grande fornecedor de mão de obra cativa para o Oriente Médio e o Mediterrâneo até o início do século XVIII. Ou seja, nesse caso, os escravos geralmente eram pessoas brancas, de cabelos loiros e olhos azuis" (Gomes, 2019, p. 66).

O termo escravo reduz o ser humano à condição de mercadoria, submissa e sem consciência, uma espécie de desumanização. Escravizado, por sua vez, dá lugar ao sujeito que sofreu com a escravidão, foi submetido de forma obrigatória ao cárcere (Harkot-de-La-Taille; Santos, 2012). Esses novos conceitos entraram em cena nos últimos anos, quando negras e negros da América passaram a questionar termos considerados racistas e produzir conteúdo acadêmico que visassem seu ponto de vista descolonizador.

Segundo Schwartz (1988), o primeiro navio negreiro chegou em Lisboa em 1441. Já no Brasil, a escravização começou com a consolidação da colonização portuguesa ainda na primeira metade do século XVI. Povos nativos foram os primeiros a serem escravizados pelos europeus, mas gradativamente, a mão de obra africana substituiu a indígena. Entre os séculos XVI e XIX a América Portuguesa e o Império Brasileiro podem ter recebido aproximadamente 40% dos quase 12,5 milhões de africanos embarcados para o continente americano em aproximadamente 40 mil viagens realizadas entre a África e a América, com cerca de 4,8 milhões desembarcados vivos nos portos brasileiros em três séculos (Alencastro, 2018; Gomes, 2019). "A maior parte dos 10,6 milhões que sobreviveram foi despejada nas entranhas sangrentas de um sistema de plantation assassino, ao qual esses cativos resistiram de todas as formas imagináveis" (Rediker, 2020, p. 13).

Muitos desembarcaram em péssimas condições físicas e de saúde, devido aos maus tratos e condições desumanas apresentadas nas viagens. Havia também aqueles que morriam ainda no cativeiro africano e durante a travessia do Atlântico. Como afirma Edgar Conrad (1985), nunca se saberá o número exato de africanos trazidos para o Brasil, uma vez que aqueles que morreram não foram contados. Com o avanço das pesquisas e análise de documentações, as cifras continuam aumentando.

No século XVIII, o porto do Rio de Janeiro se tornou o principal ponto de distribuição de africanos para as províncias do centro-sul (Rio Grande do Sul, Santa Catarina, Paraná, São Paulo, Espírito Santo e Norte Fluminense) (Alencastro, 2000). Os escravizados encaminhados ao Brasil eram procedentes principalmente dos portos da baía de Benin, golfo do Biafra, Angola, Senegâmbia e Golfo da Guiné. "Grandes portos negreiros se situavam na proximidade de bacias hidrográficas extensas, como a do rio Senegal, do Gâmbia (Senegâmbia), dos rios Níger e Volta (Golfo da Guiné), do rio Congo e do Cuanza (Congo-Angola), do Zambeze e do Limpopo (Moçambique)" (Alencastro, 2018, p. 60). Entender o escoamento de africanos escravizados pelos rios é importante, pois era a forma de escoamento do centro do continente ao litoral para posterior envio às Américas.

Manolo Florentino (1997), ao estudar a escravidão brasileira, observou como funcionava o tráfico de cativos na província do Rio de Janeiro.

Pelo porto carioca, principal local de desembarque de africanos até 1831, desembarcaram milhares de africanos que eram de fundamental importância para uma sociedade dependente da mão de obra escravizada. Também é importante destacar os interesses dos africanos envolvidos no comércio e como os contrabandistas cariocas enriqueceram com essa atividade, que era controlada por brasileiros.

As relações escravistas eram parte fundamental da colonização portuguesa e permaneceram como herança após a independência. Com a aprovação da Igreja Católica, tanto o sistema escravista quanto o comércio negreiro duraram mais de trezentos anos, onde contrabandistas apoiados por estrangeiros aumentaram seus lucros após mudanças de estratégias no nefasto comércio durante as tentativas do Império de impedir o tráfico de almas (Conrad, 1985). A rede de tráfico de pessoas era complexa, com participação ou conivência de boa parte da sociedade, era parte das relações coloniais e comerciais portuguesas e brasileiras estabelecidas na África e africanos, europeus e brasileiros enriqueceram com a prática. Fome e seca nas terras africanas, doenças, cotidiano nos navios e viagens, naufrágios, motins e mortes naturais ou por suicídios que afetavam tripulantes e cativos (Rodrigues, 2000; Rodrigues, 2005).

A expectativa de vida dos cativos era baixa por causa das condições de vida e alta mortalidade por doenças. A relação escravista no Brasil foi dotada de diversos fatos curiosos. Ter um escravizado era sinal de *status*, mas existiam senhores proprietários de escravarias com centenas de cativos. Quanto maior a escravaria de uma determinada pessoa, mais bem vista ela era na sociedade. Os cativos, enquanto mercadorias, podiam ser leiloados, comprados, vendidos, emprestados ou alugados para as mais variadas funções, além de poderem ser oferecidos como garantia para empréstimos e atuarem na zona urbana ou rural. Em alguns documentos, principalmente após 1850, os cativos eram os bens mais valiosos de uma fazenda, com valor superior aos bens de terra.

Mary del Priore (2016) relata que os escravizados recém-chegados de África eram chamados de *boçais*. Os *ladinos* eram africanos já aculturados e que entendiam o português, já os *criolos* eram os nascidos no Brasil, muitos deles já miscigenados. Os *boçais* eram facilmente reconhecidos. Não compreendiam bem o português e falavam dialetos africanos. Por estarem "sozinhos" nesse novo território, uma vez que não conheciam ninguém, podiam ser mais facilmente dominados pelos escravocratas.

Após sua ambientação no Brasil, esses cativos chamados de *boçais* se tornavam *ladinos*. Já eram conhecedores da língua e dos costumes e, por conta disso, podiam estabelecer melhores relações sociais, tanto com outros cativos quanto com seus senhores e outros livres e libertos que faziam parte de seu convívio social. Essas novas relações eram estratégias de sobrevivência desses cativos. Nos documentos oficiais, esses africanos podiam ser classificados como "de nação", ou "africanos", ou até o porto de embarque destes, como "Moçambique", "Angola", "Congo", "Benguela", dentre outras denominações.

Quanto aos crioulos eram aqueles nascidos no Brasil. Podiam ser filhos de africanos e africanas ou de outros crioulos e crioulas. Eram os filhos do cativeiro. Inúmeras pesquisas sobre famílias cativas e sobre a criulização no Brasil, em províncias localizadas de norte a sul do território nacional, revelam que a presença crioula era forte nas escravarias e uma das estratégias de abastecimento da mão de obra. Além disso, foram os crioulos que perpetuaram a cultura afro-brasileira e fizeram com que ela chegasse na atualidade, uma vez que eles herdaram as tradições dos seus antepassados africanos e participaram do processo de aculturação e sincretismo cultural ocorrido no país.

Muitos desses crioulos eram classificados como pardos, fruto da miscigenação que ocorreu no Brasil. Roberto Guedes (2008) identificou que o termo pardo era designado como *status social* dessa comunidade cativa. Muitas famílias de escravizados procuravam deixar descendentes mais "claros", e o termo "pardo" era o ponto inicial para que, nos registros das futuras gerações dessa família, não aparecesse termo relacionado à cor. Quanto ao trabalho, tanto africanos quanto crioulos desempenhavam tarefas semelhantes nas escravarias das fazendas. O que diferenciava a especialização dos trabalhos eram as habilidades individuais de cada cativo. Mulheres habilidosas costumavam trabalhar nos serviços domésticos ou em tarefas específicas como rendeiras, doceiras, costureiras, dentre outros. As crianças podiam ocupar cargos como mucamas ou pajens dos senhores e senhoras. E quanto aos homens, em cada tipo de produção (cana de açúcar, minas, café, dentre outras), havia alguns trabalhadores especializados. No geral, a massa de cativos ocupava os trabalhos pesados nas roças ou minas, de acordo com a produção.

Os cativos e cativas de ganho eram aqueles que saíam para vender os produtos de seu senhor ou prestar serviço para um outro, com conivência do dono e no fim do dia retornavam para prestar contas. Jornaleiros eram os escravizados que cumpriam uma jornada de trabalho nas cidades para o senhor, podendo inclusive, ser alugados como prestadores de serviço. Tigres eram os escravizados encarregados de recolher e levar os dejetos fisiológicos de seus senhores para longe de suas casas. Esse nome era dado em decorrência das marcas claras que se formavam em listras na pele preta ocasionadas por reações químicas causadas pela ureia, amônia e demais substâncias presentes na urina e fezes que escorriam pelos recipientes.

Os escravizados que sabiam realizar algum ofício, exerciam sua atividade laborativa ao longo do dia e o lucro ficava para seu senhor.

> Na infinidade de ocupações urbanas delegadas aos negros no Brasil escravista, os homens eram artesãos, dentistas, barbeiros, cirurgiões, músicos, alfaiates, sapateiros, pescadores, remadores, açougueiros, padeiros, escultores, pedreiros, marceneiros, carpinteiros, ferreiros, funileiros, fornecedores de capim para os animais, caseiros e guardiões de casas e chácaras, responsáveis pelo bom funcionamento da iluminação pública a óleo de baleia, e uma infinidade de outras ocupações. Entre as mulheres, havia parteiras, enfermeiras, costureiras, cozinheiras, lavadeiras, vendedoras ambulantes, mucamas, amas de leite, damas de companhia e prostitutas. Existiam também os escravos, de maior confiança, encarregados de supervisionar o trabalho de outros escravos (Gomes, 2021, p. 302).

Existiu, inclusive, cativos senhores de outros cativos, ou seja, existem relatos de escravizados que conseguiram comprar um escravo antes mesmo de comprar sua alforria. Esse fato causava um imbróglio jurídico, pois como poderia uma propriedade ser dona de outra propriedade? São diversos também os casos de negros alforriados que juntavam dinheiro para comprar escravizados, tanto para servir e aumentar lucros quanto para comprar a liberdade de membros da família, por exemplo.

Gomes (2021, p. 83) traz uma importante reflexão ao afirmar que

> Além de seres humanos acorrentados e marcados a ferro quente, os porões dos navios negreiros transportavam conhecimentos e habilidades tecnológicas desenvolvidas na África que seriam cruciais na ocupação europeia do Novo Mundo.

Afinal, cada etnia e povo do continente africano eram dotados de experiências, informações, tecnologias e habilidades diferentes. Ao entrarem em um novo continente, recriaram suas memórias culturais, criaram e inventaram outras, estabeleceram novos laços de identidade, cooperação e solidariedade, ainda que suas tradições fossem represadas e aniquiladas. Múltiplas culturas africanas se espalharam pelo mundo, algumas desapareceram, outras preservaram seus traços e ligações étnicas. Nos ritmos musicais, nas danças, na culinária, nas sabedorias ancestrais dos conhecimentos de fauna e flora tropical, nas crenças religiosas, a cultura reprimida se reinventou em vários lugares do planeta (Tavares, 2010).

Apesar de, oficialmente a escravidão brasileira ter sido encerrada em 13 de maio de 1888, no cotidiano das casas de famílias, nas fazendas e nos galpões das indústrias instaladas no século XX, a escravidão continuou e, inclusive, continua em vigor. Na atualidade, para se escolher um cativo é usado o critério da origem, da condição econômica e social do trabalhador.

> O trabalhador escravo de hoje assemelha-se ao escravo negro, no tocante ao trabalho forçado ou obrigatório, em que sua liberdade é tolhida e o seu direito de ir e vir é monitorado por pistoleiros ou gatos armados, feito os capitães do mato de outrora. E, ainda, é semelhante em relação às condições degradantes de habitação, onde os alojamentos de lona de plástico ou palha são espécies de senzalas, cuja alimentação é deficiente, as instalações sanitárias são precárias e a água bebida não é potável. A diferença marcante que vislumbramos no trabalho escravo do negro do século XVII em relação ao trabalho escravo branco do século XXI é que a escravidão negra era legalizada até ser abolida em 1888, porém a de hoje, apesar de não ser legalizada, na maioria das vezes, a sua prática permanece impune, mesmo com o combate ostensivo dos órgãos governamentais (Tavares, 2010, p. 130).

A Organização das Nações Unidas, desde 1930, combate a prática que, segundo a instituição "é uma grave violação de direitos humanos, que tem levado milhões de seres humanos a serem explorados e submetidos a condições desumanas, causando o enriquecimento ilícito de outras" (ONUBR, 2016, p. 2). Em 1995, o Brasil reconheceu perante a comunidade internacional que ainda havia escravidão em seu território, sendo considerado um avanço no combate à escravidão. A partir de então, inúmeros acordos internacionais e políticas públicas foram implantadas no país a fim de se combater tal prática milenar e o Brasil se tornou referência no combate a escravidão. Muitos avanços ocorreram principalmente após 2003, quando se implantou nova legislação criminal, e o conceito moderno de trabalho escravo foi inserido na lei (ONUBR, 2016). Muitos avanços retrocederam a partir do *impeachment* da presidenta Dilma Rousseff em 2016 e começaram a ser retomados em 2023.

Ao se debruçar sobre o tema escravidão, observa-se que o sistema existe a milênios, com mudanças em suas configurações, mas sem jamais deixar de ter como princípio a violação dos direitos humanos dos escravizados, foco deste verbete, e o enriquecimento ilícito daqueles que os exploram. E, como se percebe, o mundo ainda não aboliu tal prática nefasta. Ao reconhecer seu passado escravista e a permanência do problema nos séculos XX e XXI, o Brasil se tornou referência no combate ao escravismo. Muitas mudanças na legislação precisam acontecer, mas principalmente no cotidiano e costumes da sociedade. A normalização da precarização do trabalho faz com que essas práticas sejam corriqueiras e os questionamentos sobre a exploração malvistos. A luta pelo abolicionismo não se encerrou em 1888 e, infelizmente, está longe de ter uma data para ter como ponto final.

Ver também: Açoitamento, África, Banzo, Cais do Valongo, Colonização/Descolonização, Consciência Negra, Diáspora, Direitos Humanos, Escravidão, Malungo, Migrações, Partilha da África/Conferência de Berlim, Quilombo, Reparação Histórica, Resistência Negra.

REFERÊNCIAS

ALENCASTRO, Luiz Felipe de. **O trato dos viventes**: a formação do Brasil no Atlântico Sul. São Paulo: Companhia das Letras, 2000.

ALENCASTRO, Luiz Felipe de. África, números do tráfico atlântico. *In:* SCHWARCZ, Lilia Moritz; GOMES, Flávio dos Santos (org.). **Dicionário da escravidão e liberdade**: 50 textos críticos. São Paulo: Companhia das Letras, 2018. p. 57-63.

ONUBR – NAÇÕES UNIDAS NO BRASIL. Trabalho escravo. **ONUBR**, Brasília, abr. 2016. Disponível em: https://brasil.un.org/sites/default/files/2020-07/position-paper-trabalho-escravo.pdf. Acesso em: 5 fev. 2023.

CONRAD, Robert Edgard. **Tumbeiros**: o tráfico de escravos para o Brasil. São Paulo: Editora Brasiliense, 1985.

DEL PRIORE, Mary. **Histórias da gente brasileira**: colônia, v. 1. São Paulo: Leya, 2016. 432 p.

FERREIRA, Aurélio Buarque de Holanda. **Dicionário Aurélio da língua portuguesa**. Coordenação e edição: Marina Baird Ferreira e Margarete dos Anjos. 5. ed. Curitiba: Positivo, 2010. 2272 p.

FLORENTINO, Manolo. **Em costas negras**: uma história do tráfico de escravos entre a África e o Rio de Janeiro: séculos XVIII e XIX. São Paulo: Companhia das Letras, 1997.

GOMES, Laurentino. **Escravidão**: do primeiro leilão de cativos em Portugal até a morte de Zumbi dos Palmares. Rio de Janeiro: Globo Livros, 2019. v. 1.

GOMES, Laurentino. **Escravidão**: da corrida do ouro em Minas Gerais até a chegada da corte de dom João ao Brasil. Rio de Janeiro: Globo Livros, 2021. v. 2.

GUEDES, Roberto. **Egressos do cativeiro**: trabalho, família, aliança e mobilidade social: (Porto Feliz, São Paulo, c. 1798 – c.1850). Rio de Janeiro: Mauad X: FAPERJ, 2008.

HARKOT-DE-LA-TAILLE, Elizabeth; SANTOS, Adriano Rodrigues. Sobre escravos e escravizados: percursos discursivos da conquista da liberdade. *In*: SIMPÓSIO NACIONAL DISCURSO, IDENTIDADE E SOCIEDADE (SIDIS), 3., **Anais** [...]. Campinas: III SIDIS, 2012.

HOUAISS, Antônio; VILLAR, Mauro de Salles. **Dicionário Houaiss da língua portuguesa**. Rio de Janeiro: Objetiva, 2009.

REDIKER, Marcus. **O navio negreiro**. São Paulo: Companhia das Letras, 2020.

RODRIGUES, Jaime. **O infame comércio**: propostas e experiências no final do tráfico de africanos para o Brasil (1800-1850). Campinas: Editora da UNICAMP/CECULT, 2000.

RODRIGUES, Jaime. **De costa a costa**: escravos, marinheiros e intermediários do tráfico negreiro de Angola ao Rio de Janeiro (1780-1860). São Paulo: Companhia das Letras, 2005.

SCHWARTZ, Stuart. **Segredos internos**: engenhos e escravos na sociedade colonial, 1550 – 1835. São Paulo: Companhia das Letras, 1988.

TAVARES, Julio Cesar. Diáspora africana: a experiência negra de interculturalidade. **Cadernos Penesb**, Niterói: EdUFF, n. 10, p. 77-85, 2010.

ESTATUTO DA IGUALDADE RACIAL

Tauã Lima Verdan Rangel

O *Estatuto da Igualdade Racial* foi instituído pela Lei nº. 12.288, de 20 de julho de 2010, e nos termos de seu artigo 1º, tem como escopo "garantir à população negra a efetivação da igualdade de oportunidades, a defesa dos direitos étnicos individuais, coletivos e difusos e o combate à discriminação e às demais formas de intolerância étnica" (Brasil, 2010). De igual modo, o Estatuto, em seu artigo 2º, reconhece enquanto dever do Estado e da sociedade garantir a igualdade de oportunidades, reconhecendo a todo cidadão brasileiro, independentemente da etnia ou da cor da pele, "o direito à participação na comunidade, especialmente nas atividades políticas, econômicas, empresariais, educacionais, culturais e esportivas, defendendo sua dignidade e seus valores religiosos e culturais" (Brasil, 2010).

Em termos jurídicos, o Estatuto se enquadra na categoria das normas que instrumentalizam a denominada "igualdade material". Isto é, com vistas a assegurar a concretização do inciso III do artigo 1º (a dignidade da pessoa humana como fundamento da república brasileira) e dos incisos III e IV do artigo 3º (objetivos fundamentais: III - erradicar a pobreza e a marginalização e reduzir as desigualdades sociais e regionais; IV - promover o bem de todos, sem preconceitos de origem, raça, sexo, cor, idade e quaisquer outras formas de discriminação), estabelece um mecanismo legislativo voltado para grupo formacional da sociedade brasileira que se encontra, devido a aspectos históricos, em vulnerabilidade e comprometimento de acesso a direitos fundamentais.

Estruturalmente, o Estatuto apresentou disposições específicas acerca de acesso aos direitos fundamentais, apresentando uma divisão topográfica nos seguintes eixos: direito à saúde (art. 6º ao 8º); à educação, à cultura, ao esporte e ao lazer (art. 9º ao 22); à liberdade de consciência e de crença e ao livre exercício dos cultos religiosos (art. 23 ao 26); ao acesso à terra e à moradia adequada (art. 27 ao 37); ao trabalho (art. 38 ao 42); e aos meios de comunicação (art. 43 ao 46). Além disso, o Estatuto foi responsável por instituir, entre os artigos 47 e 57, o Sistema Nacional de Promoção da Igualdade Racial (SINAPIR), com objetivos específicos e ouvidorias permanentes.

Nos termos do artigo 47, o SINAPIR consiste em uma forma de organização e de articulação voltadas à implementação do conjunto de políticas e serviços destinados a superar as desigualdades étnicas existentes no País, prestados pelo poder público federal, sendo que os Estados, o Distrito Federal e os Municípios poderão participar mediante adesão. Incumbe, neste contexto, ao poder público federal incentivar a sociedade e a iniciativa privada a participar do SINAPIR.

Como objetivos, pode-se enumerar; promover a igualdade étnica e o combate às desigualdades sociais resultantes do racismo, inclusive mediante adoção de ações afirmativas; formular políticas destinadas a combater os fatores de marginalização e a promover a integração social da população negra; descentralizar a implementação de ações afirmativas pelos governos estaduais, distrital e municipais; articular planos, ações e mecanismos voltados à promoção da igualdade étnica; garantir a eficácia dos meios e dos instrumentos criados para a implementação das ações afirmativas e o cumprimento das metas a serem estabelecidas.

Assim, de acordo com Silva (2012), há que se reconhecer que os pontos mais concretos e que substancializavam demandas centrais do Movimento Negro, com relevante potencial de imediata intervenção da vida social, foram suprimidos, quando da tramitação do projeto de lei, a exemplo das bases da regulamentação do sistema de cotas e do caráter cogente de parte relevante do texto. Na avaliação de parte dos defensores das políticas afirmativas, "foram permitidos recuos em demasia em nome da aprovação de um texto que traz, no formato atual, poucas inovações e benefícios concretos" (Silva, 2012, p. 23).

Ver também: Ações Afirmativas, Cotas Raciais, Direitos Humanos, Discriminação Estrutural, Discriminação Racial, Resistência Negra.

REFERÊNCIAS

BRASIL. **Lei nº 12.288, de 20 de julho de 2010**. Institui o Estatuto da Igualdade Racial; altera as Leis nos 7.716, de 5 de janeiro de 1989, 9.029, de 13 de abril de 1995, 7.347, de 24 de julho de 1985, e 10.778, de 24 de novembro de 2003. Disponível em: https://www.planalto.gov.br/ccivil_03/_ato2007-2010/2010/lei/l12288.htm. Acesso em: 26 fev. 2023.

SILVA, Tatiana Dias. **O estatuto da igualdade racial**. Rio de Janeiro: IPEA, 2012.

ESTEREÓTIPOS DE GÊNERO

Simone Andrea Schwinn

Os conceitos de feminino e masculino trazem consigo diferentes REFERÊNCIAS enquanto o feminino faz menção a delicadeza e capacidade reprodutiva, o masculino faz referência à força, à capacidade física. Partindo destas definições se pressupõe que as mulheres possuem função específica e taxativa na sociedade e de certa forma os homens também, apesar de estes estarem em posição privilegiada, haja vista o conceito de masculino lhes trazer menos limitações, os colocando na posição de poder, comando e força.

Essas definições estão dentro do escopo do que se convencionou chamar de estereótipos de gênero, ou seja, opiniões ou preconceitos sobre atributos ou características que mulheres e homens possuem ou deveriam possuir, ou quais funções sociais ambos deveriam desempenhar.

O conceito fixado de feminino e masculino norteou a vida das mulheres e homens em todos os setores, definindo o que poderiam fazer e quais profissões poderiam seguir. A história da ciência demonstra essas limitações quando no século XX deixava-se claro que a ciência era carreira para homens sendo inapropriada para mulheres. Contudo, não é necessário buscar no passado o quanto os estereótipos de gênero afetaram e afetam as mulheres de forma negativa. Basta analisar o número de alunas que cursam Pedagogia e o número de mulheres que estão cursando Engenharia Mecânica, por exemplo. Percebe-se que a maioria das mulheres estão direcionadas a profissões que envolvem o cuidado e o ensino e os homens estão em profissões que lhes colocam em posição de destaque, poder e chefia (Chassot, 2004).

Essa distinção entre mulheres e homens é "justificada" pelas diferenças biológicas entre os dois sexos, diferenças essas estabelecidas por homens que consideram essas particularidades algo inato de ambos os sexos e assim, por conseguinte criando os estereótipos de gênero (Piscitelli, 2009).

O estudo intitulado *Global Early Adolescent Study* elaborado pela WHO (2018) e pela Universidade John Hopkins, afirma que estereótipos de gênero afetam meninas e meninos de todo o mundo, e são incentivados pela sociedade em geral, desde pais até professores. O que pode parecer algo inocente, na verdade tem consequências nos padrões de comportamento de meninas e meninos, sendo que no caso das meninas, reduz suas ambições e limita as opções profissionais, ao passo que nos meninos, pode gerar uma expectativa de sucesso, poder e força, muitas vezes em uma linha tênue com comportamentos violentos.

Moreno (1999) entende que a discriminação contra mulheres inicia muito cedo, desde o nascimento ou até anteriormente. Deste modo, quando as crianças, meninas e meninos, chegam à escola, já internalizaram a maioria dos padrões de conduta discriminatória. E seguem modelos de comportamento e de conduta pré-estabelecidos. Entende-se por modelos de conduta, as "diretrizes que guiam o comportamento dos indivíduos, suas atitudes e sua maneira de julgar os fatos e os acontecimentos que os rodeiam" (Moreno, 1999, p. 29-30), enquanto modelos de comportamento "atuam como organizadores inconscientes da ação, e é esta característica de inconsciência que os torna mais dificilmente modificáveis".

De acordo com Adichie (2015), mulheres e homens são diferentes em vários aspectos: física, hormonal e biologicamente. Tanto mulheres, quanto homens são inteligentes e inovadores, mas as ideias de gênero são insuficientes. Mesmo sendo mais da metade da população mundial, mulheres são minoria nos cargos de poder e prestígio; e são constantemente compelidas a se preocupar mais com o que os homens pensam a seu respeito, do que com a satisfação e realização pessoal.

Trata-se de um processo que reforça estereótipos de gênero que faz homens manterem padrões de masculinidade e mulheres padrões de feminilidade. Esse reforço tende a ser danoso a ambos, uma vez que os padrões de masculinidade dizem respeito ao que é "ser homem", baseado na virilidade, força física e padrões de comportamento violentos, ao passo que o "ser mulher" tem a ver com fragilidade, docilidade, submissão e uma natural habilidade para a maternidade e a vida doméstica.

Quando os estereótipos de gênero se entrecruzam com os estereótipos de raça, em geral, prevalecem os juízos negativos sobre mulheres e homens negras e negros. Cabe lembrar que "ao estereotipar alguém, o indivíduo pode estar marcando sua diferença em relação ao outro e esta diferença pode ser de classe social, de cor/raça, de orientação sexual, entre outras" (Brasil, [2011?], p. 1).

Importante ainda, distinguir preconceito e discriminação: enquanto o primeiro faz menção a percepções mentais negativas dirigidas a indivíduos e grupos socialmente inferiorizados e também representações sociais que se conectam a essas percepções; a discriminação é a materialização no plano concreto das relações sociais de atitudes arbitrárias, ou por ação ou omissão, relacionados ao preconceito, que acarretam violações aos direitos de indivíduos ou grupos. Via de regra, os dois são intensificados pelos estereótipos, por exemplo, de que homens negros são mais violentos, ou de que mulheres negras são promíscuas.

Se, de maneira geral, os estereótipos de gênero pesam mais sobre as mulheres, uma vez que podem ser causa de diferentes violências, quando se direcionam às pessoas negras, é possível pensar em lugares estabelecidos para estas pessoas, por exemplo, no mercado de trabalho. Basta observar os lugares ocupados: de menor escolaridade, menor prestígio e menores rendimentos.

Os estereótipos que recaem sobre diferentes grupos sociais que integram a sociedade, "abrangendo sexo, orientação sexual, cor/raça, classe, entre outros, tornaram-se características definidoras de lugares na sociedade – lugar social, econômico, simbólico" (Brasil, [2011?], p. 2). Dizem respeito "às oportunidades e às dificuldades que cada um deles vai encontrar cotidianamente nas diversas esferas da vida social" (Brasil, [2011?], p. 2).

Estereótipos, ou seja, o "pré-conceito" que se tem sobre como as pessoas, em razão de suas características devem ser ou agir, agem de maneira diferente sobre mulheres e homens, e são ainda mais danosos quando entrecruzados pela raça. Homens brancos são lidos de maneira totalmente distinta de homens negros pela sociedade; assim como mulheres brancas e negras. É como se a cor/raça estivesse dentro de uma concepção moral e social que diz que pessoas negras têm um estatuto natural que determina seu lugar na sociedade. Que não é o mesmo das pessoas brancas.

Ver também: Direitos Humanos, Discriminação Interseccional, Empoderamento, Violência obstétrica.

REFERÊNCIAS

ADICHIE, Chimamanda N. **Sejamos todos feministas**. Tradução de Christina Baum. São Paulo: Companhia das Letras, 2015.

BRASIL. Ministério da Educação. **Estereótipos, preconceito e discriminação racial**. Formação de Professores em Gênero, sexualidade, orientação sexual e relações étnico-raciais. Curso Gênero e diversidade na escola. [s.d.]. Disponível em: https://grupos.moodle.ufsc.br/pluginfile.php/1706/mod_resource/content/0/modulo4/mod4_unidade2_texto5.pdf. Acesso em: 9 abr. 2023.

CHASSOT, Attico. **A ciência é masculina? É sim, senhora**. Ijuí: Unijuí, 2004.

MORENO, Montserrat. **Como se ensina a ser menina**: o sexismo na escola. Tradução: Ana Venite Fuzatto. São Paulo: Moderna; Campinas: Editora Unicamp, 1999.

PISCITELLI, Adriana. **Gênero, a história de um conceito**. São Paulo: Berlendis & Vertecchia Editores, 2009.

WHO – WORLD HEALTH ORGANIZATION. **Global early adolescent study**. 2018. Disponível em: https://www.who.int/publications/m/item/global-early-adolescent-study. Acesso em: 10 abr. 2023.

EUGENIA

Manuel Alves de Sousa Junior

A eugenia é um tema pouco conhecido e divulgado no Brasil, porém de grande importância para entendermos alguns elementos presentes na sociedade brasileira racista atual. Diwan (2007) cita que muitas vezes o estudo da eugenia gera desconforto, pois lida o tempo todo com o desprezo, a segregação e a tentativa de controle de um grupo sobre outro.

A eugenia surgiu em 1883 por Francis Galton (1822-1911), primo de Charles Darwin (1809-1882). O cientista se dedicou a diversas áreas como antropologia física, meteorologia, matemática, estatística, entre outras. Na segunda metade do século XIX desenvolveu pesquisas na área de hereditariedade humana aplicando conhecimentos que vinham sendo gestados por cientistas para verificar a transmissão das características humanas a partir das gerações. A palavra eugenia surgiu inspirada em uma palavra grega que significava "Bem-nascido" para "designar os usos sociais dos novos conhecimentos da ciência sobre evolução e hereditariedade, a fim de aperfeiçoar racialmente o ser humano" (Bonfim, 2017, p. 74).

A eugenia foi uma doutrina política que pregava o melhoramento da raça humana a partir do controle sobre a população por meio da sexualidade, casamentos e reprodução. Em pouco tempo adquiriu status de ciência e se espalhou por diversos países em todo o mundo.

Stepan (2005) destaca a criação das sociedades eugênicas com o pioneirismo alemão com a *German Society for Racial Hygiene* (Berlin, 1905), seguida da *Eugenics Education Society* (Londres, 1907-1908), *Eugenics Record Office* (New York, 1910) e *Société Eugénique Française* (Paris, 1912). Diversos eventos ocorreram para difundir, divulgar e discutir a ciência galtoniana, como o *Primeiro Congresso Internacional de Eugenia* (Londres, julho/1912) por iniciativa da *Eugenics Education Society* sob liderança de Leonard Darwin (1850-1943), filho de Charles Darwin e o *Congresso Mundial das Raças* (Londres, 26 a 29 de julho/1911).

A árvore da eugenia foi um símbolo que esteve presente em documentos, como os certificados emitidos de participações notáveis na exposição. Ele trazia a inscrição em tradução livre "Eugenia é a autodireção da evolução humana. Como uma árvore, a eugenia retira seus materiais de muitas fontes e os organiza em um ambiente harmonioso". Nas raízes da árvore encontravam-se todas as áreas que a eugenia utilizava para conseguir seus objetivos, como genética, biologia, anatomia, fisiologia, psicologia, antropometria, história, geologia, arqueologia, etnologia, geografia, antropologia, direito, estatística, política, economia, biografia, educação, economia, sociologia, religião, genealogia, psiquiatria, cirurgia e testes mentais (Figura 1).

Figura 1 – Símbolo do 2° Congresso Internacional de Eugenia em 1921 com a analogia da árvore

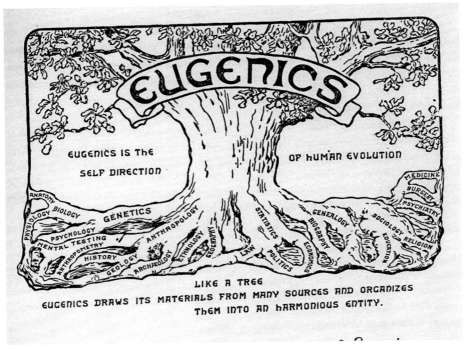

Fonte: University of Missouri (2011)

Embora legitimada no final do século XIX enquanto ciência, a eugenia enquanto prática já estava presente em diversas civilizações e povos, desde em Esparta, cidade-estado grega antiga até povos indígenas na América, passando pelos vikings (nórdicos) da Escandinávia medieval, quando por exemplo, deficientes físicos ou crianças nascidas com alguma anomalia eram sacrificados, diferenciando os aptos dos inaptos em categorias de superiores e inferiores.

O progresso e a ciência eram dependentes entre si e essa associação era amplamente divulgada e difundida em eventos e exposições internacionais e nacionais. As atividades científicas na Europa possuem destaque para as ações lideradas por Césare Lombroso (1835-1909) na Itália com a antropologia criminal e Francis Galton na Inglaterra com a eugenia e o darwinismo social. Já as ações em solo brasileiro foram lideradas por Renato Kehl (1889-1978), nome de destaque pela difusão da eugenia no Brasil, como a criação da *Sociedade Eugênica de São Paulo - SESP* (1918), do periódico *Boletim de Eugenia* (1929) e do *Primeiro Congresso Brasileiro de Eugenia* (1929) (Bonfim, 2017; Darmon, 1991). No bojo dessas difusões científicas a raça era criada e o racismo era cada vez mais consolidado na estrutura da sociedade

A eugenia negativa defendia o controle estatal diretamente na reprodução dos indivíduos. Diversos países aprovaram leis de esterilização de indivíduos inaptos, impuros e inferiores devido a aspectos físicos, mentais e comportamentais. Em 1928, a Suíça teve um pioneirismo na Europa nesse sentido no Cantão de Vaud. Em 1929 foi a vez da Dinamarca, que promoveu quase 9 mil esterilizações entre 1930 e 1949. A partir de 1935 mais de 15 mil pessoas foram esterilizadas pelo *Instituto para Raça e Biologia* (fundado em 1921) da *Universidade de Uppsala* (Bonfim, 2017).

Bonfim (2017) afirma que os Estados Unidos possuem grande destaque no processo de esterilização involuntária eugênica com diversas legislações aprovadas antes da década de 30. Em meados dos anos 30 já eram cerca de 30 mil indivíduos esterilizados, até o final da Segunda Guerra Mundial já eram mais de 70 mil. Stepan (2005) traz o dado de que a Alemanha Nazista foi o destaque absoluto em legislação de esterilização e sua consequente efetividade a partir de 1933, quando cerca de 1% da população do país chegou a ser involuntariamente esterilizada (mais de 400 mil pessoas).

A eugenia no Brasil, foi do tipo positiva, aquela que se baseava principalmente no ato de educar a sociedade. Esse fato é evidenciado em um dos objetivos da Sociedade Eugênica de São Paulo (SESP) fundada em 2018 que se baseava na educação por meio da "divulgação, entre o publico, de conhecimentos hygienicos e eugenicos para o bem do individuo, da collectividade e das gerações futuras" (Correio Paulistano, 1917, p. 5).

A eugenia e a higiene estiveram entrelaçadas em diversos momentos de suas atuações nas primeiras décadas da república no Brasil, assumindo contornos diferentes da eugenia europeia e estadunidense. Apesar de flertar com a política em diversos momentos, o país não teve legislações eugênicas propriamente ditas. Quando se fala em educação eugênica, esta esteve presente até nas Constituições Brasileiras de 1934 e 1937. Contudo, a eugenia esteve presente, muitas vezes escondida ou mascarada, em diversos atos higiênicos e sanitários.

No Brasil, o movimento eugênico teve muitos adeptos na elite branca intelectual nas primeiras décadas do século XX tendo atuado em território nacional principalmente a partir da educação eugênica para eliminação ou desaparecimento dos não brancos, a partir de um embranquecimento da população a partir da miscigenação em busca da raça brasileira. No campo da educação eugênica, a doutrina esteve relacionada com educação moral, educação sexual, educação física e aconselhamento matrimonial sempre em prol do melhoramento humano.

Enquanto ciência que se firmava no meio científico, a eugenia utilizou o debate científico no campo da biologia, para isso, flertou com diversas teorias em voga à época. O movimento eugênico também inferiu no campo social por meio de medidas eugênicas para o melhoramento humano atuando

> [...] sobretudo nas ações de cunho repressivo, às populações pobres, aos enfermos, negros e mulatos, indivíduos com deficiências físicas, doentes mentais, imigrantes de nacionalidades consideradas inferiores, viciados e infratores (Bonfim, 2017, p. 89).

Conferências públicas, pesquisas variadas, literatura especializada, periódicos, congressos e eventos diversos, ligas, sociedades e concursos eugênicos foram algumas das ações e atividades que a eugenia promoveu no Brasil em várias frentes de intelectualidade, antropologia, direito e medicina. Muitos eugenistas conseguiram realizar contatos políticos afinados e participaram ativamente na conformação de políticas sociais em áreas como saúde, educação, política imigratória, higiene social e sanitarismo.

A eugenia no Brasil produziu uma intensa atividade política de grupos sociais e intelectuais diversos, muitas vezes ligados à experiência urbana que buscavam atender às demandas de uma reduzida elite nacional. Foram diversas polêmicas e divergências, numerosos médicos e outros intelectuais se debruçando nos ideais eugênicos sob diversas vertentes possíveis atreladas às demandas por educação e saúde públicas. O movimento eugênico no Brasil foi marcado por debates de distintas perspectivas com relação à sua fundamentação teórica, propostas de intervenção social e cultural, além do apelo nacionalista que precisava se firmar na jovem república, ou seja, não houve um movimento eugênico unificado no país.

Ver também: Biopolítica, Branqueamento da População, Direitos Humanos, Necropolítica, Racismo, Relações Étnico-Raciais, Supremacia Racial Branca.

REFERÊNCIAS

BONFIM, Paulo Ricardo. **Educar, Higienizar e Regenerar**: uma história da eugenia no brasil. Jundiaí: Paco Editorial, 2017.

CORREIO PAULISTANO. A sessão de hontem - varias communicações - a necessidade da cultura physica. **Jornal Correio Paulistano**, São Paulo, ed. 19542, p. 5, 2 dez. 1917.

DARMON, Pierre. **Médicos e assassinos na Belle Époque**. Rio de Janeiro: Paz e Terra, 1991.

DIWAN, Pietra. **Raça pura**: uma história da eugenia no brasil e no mundo. São Paulo: Editora Contexto, 2007.

STEPAN, Nancy Leys. **A hora da eugenia**: raça, gênero e nação da América Latina. Rio de Janeiro: Editora FIOCRUZ, 2005.

UNIVERSITY OF MISSOURI. **Controlling hereditary**: International Eugenics Congresses. 2011. Curadoria de Michael Holland. Disponível em: https://library.missouri.edu/specialcollections/exhibits/show/controlling-heredity/america/congresses. Acesso em: 3 dez. 2022.

INDÍGENA

Natália Barreto da Costa (Natália Goitacá)
Carine Josiéle Wendland

O termo "Índio" não existe, é uma invenção. Essa palavra não revela a identidade indígena, revela uma ideia trazida pela colonização que denota na maioria das vezes um olhar cristalizado e romantizado de um ser que vive nu no meio da mata e, além disso, pelo aspecto ideológico, que somos preguiçosos e atrapalhamos o progresso. Chamar alguém de índio não ofende apenas a pessoa, mas também as culturas que existem há milhares de anos em nosso território. Hoje, nossa (re)existência conta com mais de 305 povos e mais de 274 línguas vivas, que não cabem numa única denominação. Somos Goitacá, Bororó, Krenak, Guató, Jê, Carajá, Maxacali, Ofayé, Yatê, Guajajara etc. Os dicionários ainda trazem o termo como alguém que é originário de um grupo indígena, mas ele também reconhece que "a denominação provém de um equívoco de [Cristóvão] Colombo, que ao tocar a ilha de Guana(h)ani, pensou em ter chegado às Índias" (Houaiss; Villar, 2009, p. 1.074), ao mesmo tempo, a melhor definição para índio é o elemento químico de número atômico 49 (aquele da tabela periódica).

Para além do equívoco histórico, ainda nos perguntamos, quem são os indígenas, quem foram os indígenas no passado, quem são os indígenas no presente e que espaços ocupam? Muitas dessas respostas podem vir com estereótipos e estigmas impostos há mais de 500 anos. É importante, contanto, ressaltar que, em se tratando do Brasil, este é terra indígena. As raízes são indígenas, ainda que presas, por vezes, às amarras de um inconsciente europeu e de um orgulho desconectado com a terra.

O termo "índio", por isso, descaracteriza e é fruto de um processo histórico de colonização, vindo erroneamente dos europeus que no momento da invasão, pensavam ter chegado às Índias. Nós, populações indígenas, somos ancestrais neste país, mas ficamos invisíveis há tanto tempo, que só por volta de 1970 começamos a ser reconhecidos por meio dos nossos movimentos políticos e a visibilidade começa a ser conquistada a partir da Constituição de 1988. Ademais, destaca-se o processo de invisibilidade histórica, quando os invasores consideravam os povos indígenas como pessoas sem alma.

A partir de Leonardo Boff, Walter Boechat (2018) traz à tona os quatro complexos culturais ou as quatro sombras da cultura brasileira. No que concerne aos povos indígenas destaca-se o holocausto indígena, a exemplo do instrumento nazista de morte deslocado ao genocídio indígena na América, tanto por guerras quanto por doenças desconhecidas e a talvez mais sutil e destruidora: conquista de almas - perpetuada pelo apagamento das memórias, narrativas e línguas. Vivenciamos até os dias atuais processos de dolorosos etnocídios, sofrendo processos de invisibilização, descredibilidade e silenciamento de nossa cultura ancestral.

O impulso de higienização provocado pela ansiedade cultural vem ao encontro da negação do que é nosso. A "ansiedade, a incompreensão, o temor pelo desconhecido e pela dificuldade de lidar com isso levam ao caminho mais fácil, que é a negação ou, em uma condição mais drástica, a obliteração ou, mesmo, a eliminação do outro, fática ou simbólica" (Souza, 2019, p. 173).

A Lei nº 14.402, de 8 de julho de 2022 institui o Dia dos Povos Indígenas e revoga o Decreto-Lei nº 5.540, de 2 de junho de 1943 (Brasil, 2022a). A data de 19 de abril é dedicada a celebrar a cultura e herança indígena em todo o continente desde o 1º Congresso Indigenista Interamericano realizado no México em 1940.

No Brasil, na época da invasão dos portugueses, "a população indígena [...] representava em torno de cinco milhões de indivíduos, falando cerca de 1.300 línguas diferentes" (Boechat, 2018, p. 79). Foi somente a partir de 1991 que o Instituto Brasileiro de Geografia e Estatística – IBGE incluiu indígenas no censo nacional.

O Censo Demográfico de 2022, mostra que o número de pessoas indígenas é aproximadamente 84% maior do que no último censo, em 2010, quando somavam quase 900 mil. Agora, o número aproximado de indígenas no Brasil é de 1.652.876 (Brasil, 2022b). Destacamos que as "comunidades indígenas estão presentes nas cinco regiões do Brasil, sendo que a Região Norte é aquela que concentra o maior número de indivíduos, 305.873 mil habitantes, aproximadamente 37,4% do total. Na Região Norte, o estado com o maior número de indígenas é o Amazonas, representando 55% do total" (Brasil, 2022b).

Apesar de passarmos boa parte da história invisibilizados e, do sintoma da colonização de extermínio e genocídio indígena, estamos ocupando todos os espaços da sociedade: no território indígena, no movimento indígena, na universidade, na cidade e nas mais diversas profissões: grandes escritores e escritoras, médicos e médicas, professores e professoras, ocupando lugares importantes na política como exemplos Joenia Wapichana na presidência da Fundação Nacional dos Povos Indígenas (Funai), o advogado Ricardo Weibe Tapeba na Secretaria Especial de Saúde Indígena (Sesai) e Sônia Guajajara no Ministério dos Povos Indígenas (Senado, 2023).

O encontro com um ou uma indígena em diversos espaços e principalmente em espaços da universidade são sempre um momento de interculturalidade, de aprendizagens e transformações pois os indígenas são a terra da universidade. E na histórica tentativa de extermínio dos povos indígenas, permanece a força e a resistência indígena, a espiritualidade e a sensibilidade, os modos de fazer e a potência de estar sendo indígena.

A demarcação das terras é uma das principais pautas indígenas na atualidade. É contínua como retomada de direitos e ação política e espiritual com a terra. O Marco Temporal, defendido por muitos, ameaça os direitos originários, reconhecendo apenas terras ocupadas na data da promulgação da Constituição Federal em 1988, por isso dizemos não ao Marco Temporal!

As mais de 300 etnias indígenas, hoje, no Brasil, demonstram de forma prática a diversidade cultural do nosso território nos modos de musicar, de fazer as artes, os grafismos, de trazer nossas narrativas ancestrais, como marcas. Com nossas mais de 270 línguas, buscamos ter nossos modos de estar em linguagem respeitados. Mas apesar de cada etnia manter sua rica especificidade como povo, nos assemelhamos na (re)existência e lutamos para que a sociedade reaprenda a ser intercultural.

Este verbete representa, de certo modo, essa interculturalidade, ao ser escrito por duas mulheres pesquisadoras, uma indígena e uma não indígena. A autora indígena pertence ao povo Goitacá, que habita tradicionalmente as regiões do sul do Espírito Santo, norte de São Paulo e diversas regiões do Rio de Janeiro e Minas Gerais.

O povo Goitacá ficou conhecido como os tapuias mais bravos e selvagens do norte do estado do Rio de Janeiro. Existem diversos relatos dessa bravura quanto à defesa do território hoje conhecido como região dos lagos, assim como descrições feitas pelo povo do tronco tupi, de que éramos pouco amigáveis e extremamente ferozes, não nos "misturando" com etnias vizinhas e muito menos cedendo espaço aos colonizadores. Por sermos grandes corredores e exímios nadadores, além de manejar com destreza o arco e flecha, éramos conhecidos também por caçar tubarão apenas com um pedaço de pau medindo cerca de um palmo. Nossos colares e setas eram adornados com os dentes desses animais. Corríamos atrás da caça alcançando veados e outras presas. Éramos altos e de pele mais clara que as demais etnias ao nosso redor. Os homens tinham um corte de cabelo em que o raspavam da testa até o centro da cabeça, deixando o resto do cabelo bem longo e solto.

A resistência Goitacá era tão feroz que não permitia aproximações dentro do nosso território. Então, os colonizadores junto com os guias indígenas locais que identificavam nossas trilhas, espalharam roupas contaminadas com varíola, o que desencadeou uma grande epidemia, nos fazendo recuar, nos espalhar e até mesmo nos aproximar dos que possuíam recursos para ajudar no processo de cura. Esse episódio nos deixou vulneráveis a ponto de alguns de nós sermos "capturados" pelos jesuítas.

Minha tataravó viveu em um aldeamento jesuíta situado em São Pedro da Aldeia/RJ, onde foi laçada por um português, atrocidade histórica narrada por milhares de famílias do nosso e de outros territórios acometidos pela colonização. Início de um apagamento em que o governo tenta nos desculturalizar para tirar nosso direito ao território, apagando também nossa cultura.

O movimento de retomada identitária nos tira desse coma colonial em que fomos submetidos a olhar para nossa própria história com distanciamento. Precisamos mais do que nunca unir forças reivindicando nosso pertencimento. O pertencimento é mais amplo do que saber a língua mãe, ou as práticas ancestrais, ele nos permite realdear – mesmo nas cidades – com nosso propósito de vida, com nosso bem viver, com a defesa da floresta em pé, nos reconectando com a nossa natureza interna.

Ver também: Branquitude, Colonização/Descolonização, Discriminação Racial/Preconceito, Interculturalidade, Leis n°. 10639/2003 e 11.645/2008. Relações Étnico-Raciais.

REFERÊNCIAS

BOECHAT, Walter Fonseca. Complexo cultural e brasilidade. In: OLIVEIRA, Humbertho (org.). **Desvelando a alma brasileira**. 1. ed. Petrópolis: Vozes, 2018. v. 1, p. 68-87.

BRASIL. **Lei nº 14.402, de 8 de julho de 2022**. 2022a. Disponível em: https://www.planalto.gov.br/ccivil_03/_ato2019-2022/2022/lei/l14402.htm. Acesso: 7 maio 2023.

BRASIL. Último censo do IBGE registrou quase 900 mil indígenas no país; dados serão atualizados em 2022. 2022b. Disponível em: https://www.gov.br/funai/pt-br/assuntos/noticias/2022-02/ultimo-censo-do-ibge-registrou-quase-900-mil-indigenas-no-pais-dados-serao-atualizados-em-2022. Acesso: 7 maio 2023.

HOUAISS, Antônio; VILLAR, Mauro de Salles. **Dicionário Houaiss da língua portuguesa**. Rio de Janeiro: Objetiva, 2009. 1986 p.

SENADO, Agência. **19 de abril**: povos indígenas lutam por mais visibilidade e valração. 2023. Disponível em: https://www12.senado.leg.br/noticias/infomaterias/2023/04/19-de-abril-povos-indigenas-lutam-por-mais-visibilidade-e-valorizacao. Acesso: 7 maio 2023.

SOUZA, Fátima Rosane Silveira. **A lei n. 11.645/2008 e a experiência formativa de professores na escola** - imagens alquímicas da história e da cultura indígena para unus mundus. 189 f. Tese (Doutorado em Educação) – Universidade de Santa Cruz do Sul, Santa Cruz do Sul , 2019.

INTERCULTURALIDADE

Carine Josiéle Wendland

O termo não está presente nos dicionários comuns. Para algumas etnias indígenas a palavra, na língua, não existe, todavia, é vivenciada enquanto uma experiência de relação. Para estes, a interculturalidade está na ancestralidade, na memória, nas narrativas, na mitologia, na artesania. O ato de nomear para eles, supõe dominação. Sabemos, todavia, que para os não-indígenas a ação de nomear é ainda importante, porque faz-nos lembrar da existência, valorar. E, assim, está neste dicionário.

A palavra interculturalidade nasceu da combinação do prefixo latim "inter" com o sentido de entre, e da palavra cultura. Do latim cultura, *colere*, que significa cultivar, cuidar. A primeira ideia que nos vem é de algo entre culturas, mas podemos expandir, a partir da etimologia, para um cuidado entre culturas até compreensões mais complexas.

Diversidade cultural, identidade cultural, multiculturalidade, transculturalidade, pluriculturalidade, interculturalidade podem ser palavras parecidas, confundíveis e até mesmo tomadas como sinônimos. É sim, um conceito complexo e polissêmico, todavia se trata de concepções diferentes. A palavra pode estar ligada a lógica da internacionalização - na interação com outras culturas, visando um lugar melhor no mercado de trabalho e na sociedade capitalista; também pode nos lembrar de uma visão mais culturalista sem considerar a história, mas pode abordar o que de fato buscamos.

O termo advém no solo da América Latina no contexto educacional, particularmente na educação escolar indígena. Em especial, a partir das décadas iniciais do século XX, com o advento das escolas bilíngues para a população indígena, "diferentes línguas foram o passo inicial para a proposição de um diálogo entre diferentes culturas" (Candau; Russo, 2010, p. 158). Quando então trocou a nominação "educação bilíngue bicultural" para "educação intercultural bilíngue" (Walsh, 2010).

Também os movimentos negro latino-americanos contribuíram para a reflexão sobre o interculturalismo ou a interculturalidade, em especial com propostas que "questionam o discurso e as práticas eurocêntricas, homogeneizadoras e monoculturais dos processos sociais e educativos e colocam no cenário público questões referidas à construção de relações étnico-raciais nos contextos latino-americanos" (Candau; Russo, 2010, p. 160). Outra contribuição se dá com a educação popular, sobretudo a partir dos anos 60 na "intrínseca articulação entre processos educativos e os contextos socioculturais em que estes se situam" (Candau; Russo, 2010, p. 161).

Por isso, considerando a América Latina, as noções de interculturalidade começam a aparecer em torno de 1970 com a educação escolar indígena. É é com os e as indígenas que o conceito é mais relacionado, apesar de ter tido também as contribuições negra e popular. Já a partir dos anos 90, a interculturalidade virou um tema de moda, fez parte de políticas públicas e reformas constitucionais e educacionais. Todavia é importante observar quando concerne a servir ao sistema dominante, capitalista e de mercado e quando seu viés é como "projeto político de descolonização, transformação e criação" (Walsh, 2010, p. 76, tradução nossa).

Catherine Walsh (2010), exemplifica três modos de conceber a interculturalidade. A primeira diz respeito à concepção mais básica e geral dita como "relacional" e tomada como "intercâmbio entre culturas", o que faz-nos perceber que sempre estivemos entre culturas na relação com outros povos, não obstante, nesse modo de compreendê-la, ocultam-se as questões de poder, colonialidade e dominação, além de trazer uma perspectiva mais individualizada de relação. Outro modo de perceber a interculturalidade é "funcional", que busca promover o diálogo ao sistema atual. É funcional não tocando nas questões de desigualdades social e cultural e perpetuando as estruturas de poder.

Finalmente, Walsh assume e contextualiza a interculturalidade crítica, na qual funciona como uma ferramenta para transformação das "estruturas, instituições e relações sociais, e a construção de condições de estar, ser, pensar, conhecer, aprender, sentir e viver distintas" (Walsh, 2010, p. 78, tradução nossa). Esta perspectiva ainda não existe, está no desafio de ser construído e isso ocorre justamente de baixo para cima. Vejamos: acima está a "matriz colonial de poder racializado e hierarquizado" em contraponto aos de baixo e das margens - indígenas e afrodescendentes. Trata-se, assim, de uma "estratégia, ação e processo permanentes de relação e negociação *entre*, em condições de respeito, legitimidade, simetria, equidade e igualdade" e por isso

> [...] como projeto político, social, ético e epistêmico – de saberes e conhecimentos-, que afirma a necessidade de mudar não apenas as relações, mas também estruturas, condições e dispositivos de poder que mantém a desigualdade, a inferiorização, racialização e discriminação (Walsh, 2010, p. 78, tradução nossa).

Esta última perspectiva, traz a interculturalidade como uma composição central das sociedades latino-americanas, auxiliando na construção de democracias a partir do seu caráter ético e político, para que enfim haja justiça social (Candau; Russo, 2010). Mas, em um retorno histórico, partindo da educação intercultural bilíngue, chegou-se em um momento de entendimento e direção da língua indígena para a dita "nacional", ou seja, o intercultural passou a ser o relacionamento dos indígenas com a sociedade dominante, mas não o contrário. A seguir vieram as reformas educacionais, sobretudo na década de 90 do século passado, numa compreensão de inclusão de todos, dos excluídos. O paradigma que se instaura é o de representação, sem maiores mudanças, apenas o reforço de estereótipos e ideias de racialização para se chegar às políticas educativas do século XXI. Apesar de calcar no bem-estar individual, também trouxe para alguns vários países latino-americanos a interculturalidade crítica. No Brasil, advindo dessa época, temos a Lei nº. 11.645, de 10 março de 2008, que tornou obrigatório o estudo da história e cultura indígena e afro-brasileira na Educação Básica. Na convivência, na escola, aldeia, quilombo e universidade.

A questão intercultural não se baseia somente no ato de reconhecer e incluir, mas transformar estrutural, social e historicamente uma sociedade. Por isso, na nossa latino-américa abarca-se os aspectos ético, epistemológico e político na interculturalidade.

Interculturalidade supõe *o com*. É deslocamento e ação. É ir em direção ao outro. Um outro assumido como eu. Quando este *outro* subalternizado passa a ser escutado expandem-se os mundos em relação. Interculturalidade parte de uma perspectiva do Sul, em detrimento do Norte global. Descoloniza. Pode estar em qualquer lugar - no ser e no estar, trata-se de uma experiência educativa de si em convivência ao assumir que a cultura é um estar e a interculturalidade "um espaço de aprendizagens e transformações" (Menezes; Moretti, 2018, p. 26).

Mais de 300 etnias indígenas, hoje, no Brasil, buscam ser diferentes umas das outras com mais de 270 línguas. Já na África, mais de 1.700 línguas e dialetos tentam ser diferentes uns dos outros. Buscam ser diferentes e esperam de nós que saibamos ser interculturais. Ao reconhecer que o próprio pensamento ocidental é intercultural advindo das "culturas egípcia, grega, romana, árabe, semita, hindú, anglosaxónica, etc" (Estermann, 2008, p. 24 *apud* Tavares, 2013, p. 203), porém negado, damo-nos conta de que a supremacia do pensamento ocidental como único, nada mais é do que uma invenção que escondeu a sua interculturalidade ao longo dos séculos de modo a representar a inexistência de culturas puras.

O colonialismo precursor do poder político, econômico, epistemológico continua na América Profunda como colonialidade. Esta última é mais profunda e por estar ainda conosco, duradoura. Produz não-existências. Há, pois, que descolonizar as relações.

Baseadas em relações de reciprocidade, que, em uma conversa intercultural, mostram-se como caminhos de possibilidades reais e utópicas no reconhecimento da própria pobreza frente a diferentes modos de viver, as culturas ameríndia, africana e popular nos abrem caminhos à escuta dos modos de estar-sendo.

O termo aqui pensado, enquanto vivência, pode ser refletido na possibilidade de subjetivar o que este outro da relação diz. Enquanto não tiver sentido produzido em mim não há sentido de interculturalidade. Porque, muito além de um encontro de culturas, é aquilo que vai constituindo sentido a partir do outro à medida que este passa a se reconhecer igualmente.

Finalmente a interculturalidade não se ensina, mas é aprendida: na convivência, na alteridade. E, por mais bonita e poética que pareça ser, é carregada de conflitos. Em complementaridade com Kusch (2007), a interculturalidade não acontece apenas no nível entre culturas. Qualquer diálogo é intercultural, nos unimos pela linguagem. Ele reflete que, uma vez que há diálogo, há o problema da interculturalidade, não do grau de culturação – um mais, outro menos, mas no estilo cultural de cada ser, de modo que, o que é dito por um lado, por outro está emaranhado culturalmente, toda (*com*)vivência com qualquer forma de vida é, assim, intercultural. Somos seres interculturais. Sempre estamos em-cultura-com. Talvez, como sentido utópico de vivermos a interculturalidade crítica, precisemos mais do que nunca do respeito, do latim *respectare*, olhar novamente, com um olhar do coração e de amor mútuo (*joayhu*), sem ele há a destruição da terra (Melià, 1991) e a destruição da vida. Sejamos interculturais!

Ver também: Colonização/Descolonização, Empoderamento, Leis nº. 10639/2003 e 11.645/2008, Relações Étnico-Raciais.

REFERÊNCIAS

CANDAU, Vera Maria Ferrão; RUSSO, Kelly. Interculturalidade e educação na América Latina: uma construção plural, original e complexa. **Revista Diálogo Educacional**, Curitiba, v. 10, n. 29, p. 151-169, jan./abr. 2010. Disponível em: http://educa.fcc.org.br/pdf/de/v10n29/v10n29a09.pdf. Acesso: 22 fev. 2023.

KUSCH, Rodolfo. **Obras completas**. 1. ed. Rosário: Fundación A. Ross, 2007. v. 3, t. 3.

MELIÀ, Bartolomeu. **El guarani**: experiencia religiosa. Asunción: CEADUC – Centro de Estudios Antropológicos, 1991.

MENEZES, Ana Luísa Teixeira de; MORETTI, Cheron Zanini. Aprendendo com os guarani: geocultura através do ensino, pesquisa, extensão na universidade comunitária. **Revista Sinergias**: Diálogos educativos para a transformação social, [S. l.], n. 6, jan. 2018.

TAVARES, Manuel. A filosofia andina: uma interpelação ao pensamento ocidental. Colonialismo, colonialidade e descolonização para uma interdiversidade de saberes (J. Estermann). **EccoS**: Revista Científica, São Paulo, n. 32, p. 197-252, set./dez. 2013.

WALSH, Catherine. Interculturalidad crítica y educación intercultural. *In:* VIAÑA, Jorge; TAPIA, Luis; WALSH, Catherine. **Construyendo interculturalidad crítica**. La Paz: Instituto Internacional de Integración del Convenio Andrés Bello (III CAB), 2010.

INTOLERÂNCIA RELIGIOSA

Nilvaci Leite de Magalhães Moreira

A intolerância religiosa consiste na ideia de aversão a outra religião manifestada pelo indivíduo por meio de atitudes ofensivas, condutas e discursos fundados em preconceitos. É uma expressão caracterizada pela falta de respeito às diferenças de credos religiosos praticados por terceiros, contudo, "resultam em atos discriminatórios e violentos dirigidos a indivíduos específicos ou em atos de perseguição religiosa, cujo alvo é a coletividade" (Silva Júnior, 2009a, p. 128). O relatório da Secretaria de Direitos Humanos (SDH, 2016) define a intolerância religiosa como uma violência religiosa marcada por um conjunto de ideologias e atitudes ofensivas a diferentes crenças e religiões, chegando a ser considerada um crime de ódio de extrema gravidade, inclusive quando culminam em atos que atentam à vida.

O Brasil é um país que contempla múltiplas culturas, e, embora haja uma diversidade religiosa, algumas religiões são marcadas pela inviolabilidade da liberdade. Dentre as crenças e práticas religiosas que historicamente foram/são alvos de intolerância religiosa estão as religiões de matrizes africanas, a qual retrata o racismo cultural presente desde a época da colonização. Os africanos trazidos para o Brasil e colocados na condição de escravos, eram originários de diferentes regiões, povos e tradições culturais. Desde o processo de escravidão, a cultura africana passou por um processo de negação, invisibilidade e desvalorização em decorrência da visão eurocêntrica que ainda é muito marcante em nosso país. Apesar do Brasil ser um país laico, as religiões afro-brasileiras como o Candomblé e a Umbanda sempre foram intensa e historicamente perseguidas, que de forma equivocada, lhes são atribuídos como sendo do mal ou diabólicos.

Cada país tem seu dispositivo legal específico que define a liberdade de manifestação de culto religioso. No Brasil, o princípio da liberdade religiosa e de expressão à crença está prevista na Constituição Federal, promulgada em 1988, a qual garante em seu artigo 5º, a igualdade de direitos e consolida no inciso VI, a inviolabilidade à liberdade de consciência e crença, assegurando o livre exercício dos cultos religiosos e garantindo, na forma da lei, a proteção aos locais de culto e suas liturgias. Embora a legislação preconize o respeito e a tolerância, a manifestação da fé e da prática religiosa aos cultos dos orixás tem sido barbaramente desrespeitados. Exemplo, foi o fato da invasão do terreiro de Candomblé Ilê Asé Abassá de Gildásia dos Santos e Santos, conhecida como Mãe Gilda, ocorrido em 2007 em Salvador. O templo religioso foi atacado por grupos de pessoas que apresentavam condutas reveladoras de discriminação e preconceito às religiões de matrizes africanas, destruindo objetos sagrados do seu altar. Em homenagem à líder religiosa falecida em 21 de janeiro de 2000, foi instituído nessa data o Dia Nacional de Combate à Intolerância Religiosa.

Em decisão proferida pelo Supremo Tribunal Federal, a discriminação religiosa configura-se como prática de racismo, consagrada na Lei n°. 7.716/89 conhecida como Lei Caó, incidindo em crime inafiançável (o acusado não pode pagar fiança para responder em liberdade) e imprescritível (o acusado pode ser punido a qualquer tempo), com pena que pode atingir até 5 anos de reclusão.

A Declaração Universal dos Direitos Humanos, proclamada pela Assembleia Geral das Nações Unidas em 1948, traz em seu bojo o direito à liberdade de manifestação da religião ou crença, e a prática ao culto em público ou em particular, alertando que a intolerância religiosa fere a dignidade da pessoa humana e configura-se como uma violação aos direitos humanos.

Com a criação do Estatuto da Igualdade Racial pela lei n°. 12.288, de 20 de julho de 2010, reforçou a garantia à liberdade de consciência e de crença e ao livre exercício dos cultos religiosos de matriz africana, e ainda, a denúncia ao Ministério Público em face de atitudes e práticas de intolerância religiosa em qualquer circunstância. No campo da educação, a lei n°. 10.639/03 traz explicitamente a obrigatoriedade de inclusão da História e Cultura Afro-brasileira e Africana nos currículos da Educação Básica, constituindo ações fundamentais de valorização e reconhecimento das religiões de matrizes africanas como um panteão cultural, contribuindo na desconstrução de uma ideia preconceituosa e intolerante.

As legislações vigentes contribuem para coibir quaisquer situações de preconceito em relação às religiões de matrizes africanas, pois o racismo imprime marcas negativas na subjetividade e dignidade de seus adeptos.

Na perspectiva de Durkheim (2000) a função da religião é fazer o homem agir, auxiliando-o a viver, é nela que o homem sente em si mais força seja para suportar as dificuldades da existência para vencê-las de qualquer mal. "As crenças religiosas são representações que exprimem a natureza das coisas sagradas e as relações que têm entre si e com as coisas profanas" (Durkheim, 2000, p. 30). Portanto, não existe religião superior e nem inferior, cada indivíduo ou coletivo estabelece uma relação com aquilo que acredita e tem a liberdade de manifestar.

A religião e a religiosidade estão estreitamente ligadas a um sistema cultural revelados de diversas formas e matizes, contudo, a intolerância religiosa não atinge somente uma religião, mas há religiões que são mais afetadas, por isso, a manifestação da fé tanto individual como coletiva deve ser respeitada (Silva Júnior, 2009b). A intolerância religiosa é um assunto que deve ser discutido em todos os espaços sociais, em especial, nas escolas, tendo em vista que se trata de uma questão de formação humana.

Ver também: África, Candomblé, Colonização/Descolonização, Direitos Humanos, Escravidão, Estatuto da Igualdade Racial, Racismo, Umbanda.

REFERÊNCIAS

BRASIL. **Constituição Federal**. Constituição Federal da República Federativa do Brasil. Promulgada em 5 de outubro de 1988. Brasília: Senado Federal, 2006.

BRASIL. **Lei 10.639 de 9 de janeiro de 2003**. D.O.U. de 10 de janeiro de 2003.

DURKHEIM, Émile. **As formas elementares da vida religiosa**. São Paulo: Martins Fontes, 2000.

ONU – ORGANIZAÇÃO DAS NAÇÕES UNIDAS. **Declaração Universal dos Direitos Humanos**. Paris: ONU, 1948.

SDH – SECRETARIA ESPECIAL DE DIREITOS HUMANOS. Ministério das Mulheres, da Igualdade Racial, da Juventude e dos Direitos Humanos. **Relatório sobre Intolerância e Violência Religiosa no Brasil (2011 – 2015)**: resultados preliminares. Brasília: SDH/PR, 2016.

SILVA JÚNIOR, Hédio. Intolerância religiosa e direitos humanos. *In*: SANTOS, Ivanir dos; ESTEVES FILHO, A. (org.). **Intolerância religiosa x democracia**. Rio de Janeiro: CEAP, 2009a.

SILVA JÚNIOR, Hédio. **Liberdade religiosa**: a proteção da fé. São Paulo: CEERT, 2009b.

LEI DE VADIAGEM (1941)

Miguel Lucio dos Reis

Para contar a história da *Lei de Vadiagem* do ano de 1941, é preciso contar outras histórias, partes complementares de um mesmo projeto de exclusão das populações negras e mais pobres do Brasil, especialmente no momento de pós-abolição do regime escravocrata e reestruturação dos ideais nacionalistas e republicanos. De acordo com Borges (2019), pesquisadora da política criminal e das relações raciais no país, discutir o sistema judicial brasileiro é, invariavelmente, retornar ao processo de hierarquização racial promovido pelo sequestro das populações negras do continente africano por parte da instituição colonial escravista, modelo que estruturou o funcionamento da nossa organização social, política e econômica.

Brevemente, controle e punição são categorias que sempre habitaram o sistema criminal no país. Em 1500, no sistema penal fundamentado pelas *Ordenações Filipinas* (1603-1830), em particular seu quinto livro, predominava a relação de proprietário e propriedade, as violentas práticas de tortura, os denominados castigos exemplares e a diferenciação de penas entre pessoas escravizadas e livres. É no final deste período, já em 1830, que o conceito de vadiagem surge pela primeira vez no Código Penal. Na legislação, era considerado vadio o indivíduo sem ocupação ou renda, além de criminalizados aqueles que praticassem atividades de mendicância ou ociosidade (Fraga Filho, 1996).

Ainda no prolongado processo de abolição do século XIX, a vadiagem também é aspecto preocupante das legislações abolicionistas. Entre 1885 e 1871, sabe-se que as leis do *Ventre Livre* e dos *Sexagenários*, consideravam vadios ou vagabundos os antigos escravizados sem ocupação ou moradia. Além de detenção, as penas eram revertidas em força de trabalho para os espaços públicos. Em contrapartida, é possível observar, desde 1850, o custeio de passagens, a liberação de auxílios financeiros ou aberturas de crédito para a entrada de estrangeiros brancos no país.

Difundido como *Projeto nº. 33*, proposto pelo Ministro de Justiça Antônio Ferreira Vianna (1834-1905), em 1888, um mês depois de assinada a abolição geral do sistema de escravização, a vadiagem retorna ao Código Penal de 1890. No início do período republicano, criminalizando as ocupações ilegais, manifestações políticas, pessoas embriagadas, endurecimento das penas para reincidentes, repressão à ociosidade e as expressões culturais, a exemplo da capoeira, características consideradas pela autora Akotirene (2020), como racismo da lei e estratégias de punição à ancestralidade.

Para o historiador Chalhoub (2001), essas medidas referentes à vadiagem na passagem para o século XX, se apresentam como tentativas de controle sobre as relações de trabalho, em um contexto em que os trabalhadores negros eram frequentemente rejeitados aos novos e, ao mesmo tempo, antigos padrões de nacionalismo, industrialização e ocupação das cidades. Ainda assim, as populações negras se inseriram no mercado de trabalho, principalmente na prestação de serviços e atividades informais.

Nesse sentido e de acordo com Borges (2019), o sistema judicial republicano promoveu poucas rupturas com o período imperial e agenciou uma série de ações para a intensificação da vigilância dos corpos negros e mais pobres, aspectos que auxiliaram a materialização no imaginário social sobre o ser criminoso: Nas primeiras décadas do século XX, são relançadas obras de cunho darwinista social, eugenista e higienista, especialmente do criminólogo italiano Cesare Lombroso (1835-1909) e do médico brasileiro Nina Rodrigues (1862-1906), tentativas de influir as novas legislações e reafirmar possíveis aspectos raciais como determinantes para o desenvolvimento das sociedades modernas (Flauzina, 2008).

Apesar desse histórico complexo, o Decreto-Lei nº 3.688/41, art. 59, conhecida como *Lei de Vadiagem*, é conservada e assinada no Estado Novo (1937-1945). Pela legislação, seriam punidas pessoas consideradas ociosas, que estivessem aptas para o trabalho ou desempregadas. A vadiagem, portanto, passou a integrar a *Lei das Contravenções*, ou seja, as infrações de menor potencial lesivo. Dos seus 72 artigos, mantém dois decretos exclusivos que abordam questões sobre a vadiagem (art. 59 e 60). Assim como no século anterior, a falta de renda, o ócio, as ocupações ilícitas e as situações de mendicidade retornaram em forma de penalização, seja por multa ou pena simples de 15 dias a 3 meses de detenção.

Em conjunto, são criadas as denominadas *Delegacias da Vadiagem* e os cargos de *Delegados de Costumes e Diversões*, encarregados também de averiguar e punir praticantes de jogos de azar. Neste período, são frequentes as demonstrações violentas de poder policial nas abordagens e nos desdobramentos dos processos e julgamentos, elementos que colaboram para a compreensão sobre a seletividade racial do sistema penal brasileiro. Além disso, são contestáveis as estratégias de mediação de uma situação criada pelo próprio Estado brasileiro, fomentado a partir do abandono e repressão das populações mais vulneráveis e do racismo sistêmico no tecido social. Assim, em concordância com Nogueira (1992), é possível assimilar as questões em torno da vadiagem bem mais em seu caráter moral e sociológico, que de fato, jurídico.

Uma proposta que retira a vadiagem da *Lei de Contravenções Penais* tramita no Plenário do Senado Federal, sendo analisada pela Comissão de Constituição e Justiça e de Cidadania, o projeto de lei n°. 3158/21. Criada por deputadas do Partido Socialismo e Liberdade (PSOL), a proposta revoga a abordagem punitivista do termo, além de refletir o agravamento do desemprego no país e suas consequências às populações mais pobres e marginalizadas. Apesar de raramente ser aplicada, é necessário compreender o peso do termo e da história sobre a vadiagem no país. Como descrito pela historiadora Beatriz Nascimento (1942-1995), o racismo no Brasil se mostra nas sutilezas e nas subjetividades (Ratts, 2006), de modo que as violências criadas contra as populações negras não são temporárias, nem tampouco, desarticuladas.

Nas últimas décadas, autores e pesquisadores de diferentes áreas, principalmente do direito, publicaram obras sobre a descriminalização da vadiagem. Um exemplo recente, é o livro *Vadiagem: infortúnio ou privilégio? Do contexto histórico da contravenção penal às decisões contemporâneas dos Tribunais de Justiça do Brasil*, do advogado e professor Barros (2021). Nele, o autor levanta historicamente aspectos sobre a vadiagem, a evolução jurídica do termo, os empasses de sua legitimidade frente aos Direitos Humanos, além de questionar a validação do Estado na condenação de desempregados brasileiros.

Ver também: África, Colonização/Descolonização, Diáspora, Escravidão, Escravo/Escravizado, Eugenia, Lei do Ventre Livre, Leis Antitráfico, Migrações, Partilha da África/Conferência de Berlim, Relações Étnico-Raciais.

REFERÊNCIAS

AKOTIRENE, Carla. Ó pa í, prezada: racismo e sexismo institucionais tomando bonde nas penitenciárias femininas. São Paulo: Editora Jandaíra, 2020.

BARROS, Lúcio Mauro Paz. **Vadiagem**: infortúnio ou privilégio? do contexto histórico da contravenção penal às decisões contemporâneas dos Tribunais de Justiça do Brasil. Rio de Janeiro: Dialética, 2021.

BORGES, Juliana. **Encarceramento em massa**. São Paulo: Sueli Carneiro: Pólen, 2019.

CHALHOUB, Sidney. **Trabalho, lar e botequim**: o cotidiano dos trabalhadores no Rio de Janeiro da Belle Époque. Campinas: Editora da Unicamp, 2001.

FLAUZINA, Ana Luiza Pinheiro. **Corpo negro caído no chão**: o sistema penal e o projeto genocida do Estado brasileiro. Rio de Janeiro: Contraponto, 2008.

FRAGA FILHO, Walter. **Mendigos, moleques e vadios na Bahia do século XIX**. São Paulo: Hucitec Editora, 1996.

NOGUEIRA, Paulo Lúcio. **Contravenções penais controvertidas**. Rio de Janeiro: LEUD, 1992.

RATTS, Alex. **Eu sou Atlântica**: sobre a trajetória de vida de Beatriz Nascimento. São Paulo: Imprensa Oficial, 2006.

LEI DO VENTRE LIVRE (1871)

Natália Garcia Pinto

Em 1871, o Senado na Corte do Império brasileiro promulgou a lei n°. 2.040, denominada de Lei do Ventre Livre. Esse projeto de lei aprovado determinava que a partir da data do dia 28 de setembro de 1871 todas as crianças nascidas de ventre escravizado estariam livres em território nacional. A lei do ventre livre apesar de denotar votos humanitários em prol da libertação das crianças nascidas do ventre escravo escondia uma artimanha cruel e de exploração desses sujeitos infantes, visto que os deputados e senadores do Império estavam empenhados em defender a extinção gradual da escravidão da maneira mais segura e lenta possível (Chalhoub, 2003).

A Lei do Ventre Livre estabelecia prerrogativas que garantiam cuidados às crianças e que elas não seriam separadas do colo materno, todavia todos os proprietários deveriam ficar com os recém-nascidos até eles completarem a idade de oito anos. A partir do momento que a criança completasse esta idade, o proprietário da mãe poderia a seu bel-prazer optar em receber uma indenização do governo no valor de 600.000 mil réis e dar a tão sonhada liberdade a criança ou explorar os serviços dessa criança até ela atingir a idade de vinte e um anos (Chalhoub, 1990). Situação essa que causou grande desgosto às mães escravizadas e, além disso, ocasionou muitas críticas nos abolicionistas do Império. Os deputados que defendiam a lei em questão estavam preocupados em não prejudicar o *status quo* vigente dos proprietários escravistas, pois uma emancipação geral poderia ocasionar prejuízos altíssimos na economia do país.

A lei aprovada no dia 28 de setembro de 1871 ainda reconheceu que todo escravizado que tivesse amealhado um pecúlio necessário, poderia comprar sua carta de liberdade (alforria), independentemente da vontade do proprietário de conceder a manumissão. É um ponto crucial da lei n°. 2.040, pois ela interferia nos limites aos direitos dos senhores escravistas, uma vez que o Estado se intrometia no poder privado de decisão considerado sagrado pelos senhores escravistas: a defesa da propriedade (Pena, 2001).

A Lei de 1871 também determinava a criação de um Fundo de Emancipação de Escravos no Império. Esse Fundo tinha como intuito principal de arrecadar verbas (dinheiro) para a compra da carta de alforria de escravizados selecionados por uma junta de classificação. Cada município deveria ter a sua própria junta de classificação. O dinheiro recolhido para a compra da manumissão dos escravizados era obtido de diferentes maneiras tais como: por meio de impostos, doações, loterias e multas. A comissão da junta de classificação era composta pelas autoridades municipais. Ela deveria administrar os recursos arrecadados e contemplar os sujeitos que receberiam a dádiva da carta de liberdade (Moreira, 2003).

A Lei do Ventre Livre trazia à tona uma nova nomenclatura para o cenário da escravidão brasileira. Os filhos de mulheres escravizadas seriam chamados de "ingênuos". Como salienta o historiador Chalhoub. "Apelidar de 'ingênuo' ao filho da mãe escrava significava encarar a instituição da escravidão como um universo de ficções ou invenções do direito positivo" (Chalhoub, 2003, p. 172).

Nesse sentido, a lei de 1871 tentou prover os senhores de mecanismos que tornassem possível manter uma relação de domínio para além dos limites da liberdade. Assim, a liberdade que produzisse indivíduos dependentes de seus senhores era a liberdade com que a classe senhorial sonhava para seus dependentes. No entanto, ainda que as condições de liberdades garantidas e assistidas pela Lei do Ventre Livre permitissem que os senhores utilizassem para o trabalho os filhos de suas escravizadas por um tempo expressivo, por outro lado, oportunizou a garantia do Estado brasileiro sobre a liberdade de todos os brasileiros nascidos após a aprovação da lei (28 de setembro de 1871), deu força e coragem aos abolicionistas para criticar e expor as fragilidades da lei como também permitiu às mães escravizadas a luta pela liberdade de seus filhos pelas brechas da própria Lei do Ventre Livre (Chalhoub, 1990).

De maneira especial, a lei de 1871 esteve fortemente vinculada a um projeto de controle da população negra liberta e livre por intermédio da regulamentação de contratos de trabalhos, que resultou mais tarde, em 1879, na Lei de Locação de Serviços, com dispositivos de obrigatoriedade dos contratos. Na realidade, os contratos, segundo Paulo Moreira (2009), eram uma forma de implementação de uma escravidão disfarçada, com o intuito de sempre manter em controle esses indivíduos, sob a ótica de combater a ociosidade e a vadiagem desses trabalhadores.

Além disso, a Lei do Ventre Livre trouxe ao cenário da emancipação o reconhecimento de direitos legais dos escravos, tidos antes como direitos costumeiros, como por exemplo, o direito ao pecúlio para a obtenção da liberdade, o qual significou uma derrocada nos planos de dominação senhorial (Chalhoub, 1990). Com essa lei ficou claro o destaque da interferência do Estado nas relações entre senhores e escravos, que anteriormente ficavam restritas apenas ao domínio do proprietário, ferindo e até mesmo agredindo o direito da propriedade privada. Vale destacar ainda que na década de 1870 os tribunais foram palco de luta e embate em torno da liberdade dos escravizados (Azevedo, 2010).

A Lei em questão foi utilizada pela classe senhorial como meio de postergar ao máximo o fim da escravidão no Império, contudo, é inegável que essa lei trouxe o reconhecimento "legal de uma série de direitos que os escravos haviam adquirido pelo costume e pela aceitação de alguns objetivos das lutas dos negros" (Chalhoub, 1990, p. 159). Os escravizados souberam interpretar essa lei por intermédio de suas experiências de escravidão e liberdade.

O próprio movimento de libertar o ventre das mulheres escravizadas já era uma luta dos negros escravizados antes da aprovação da lei. Assim sendo, se por um lado a Lei do Ventre Livre adiou para a classe senhorial o fim da escravidão (ou um novo tipo de escravidão pela exploração dos ingênuos até a idade de 21 anos), ela também "pode ser interpretada como exemplo de lei cujas disposições mais importantes foram 'arrancadas' pelos escravos às classes proprietárias" (Chalhoub, 1990, p. 160).

A eficácia da Lei do Ventre Livre não pode ser entendida nos termos apenas da concessão senhorial da liberdade aos escravizados ou aos ingênuos (Pinto, 2018). Ao contrário, ela deve ser entendida e interpretada pela utilização dos sujeitos históricos (dentre eles os próprios escravizados) que lutaram pela conquista dessa liberdade. Mulheres escravizadas que acionaram a arena da justiça em prol do reconhecimento da liberdade de seus filhos contemplados pela lei, ou por homens e mulheres escravizados que amealharam com muito suor do seu trabalho o pecúlio para a compra da alforria e tornaram-se senhores de si. Agiram dentro das possibilidades que a lei ofertava, atuando e construindo a liberdade com seus próprios anseios.

Ver também: África, Colonização/Descolonização, Escravidão, Escravo/Escravizado, Leis Antitráfico, Lei Eusébio de Queiróz (1850), Lei Feijó (1831), Raça, Racismo, Tráfico Atlântico/Tráfico Negreiro.

REFERÊNCIAS

AZEVEDO, Elciene. **O direito dos escravos**: lutas jurídicas e abolicionismo na Província de São Paulo. Campinas: UNICAMP, 2010.

CHALHOUB, Sidney. **Visões da liberdade**: uma história das últimas décadas da escravidão na corte. São Paulo: Cia. das Letras, 1990.

CHALHOUB, Sidney. **Machado de Assis, historiador**. São Paulo: Cia. das Letras, 2003.

MOREIRA, Paulo Roberto Staudt. **Os cativos e os homens de bem**: experiências negras no espaço urbano: Porto Alegre, 1858-1888. Porto Alegre: EST Edições, 2003.

PENA, Eduardo Spiller. **Pajens da Casa Imperial**: jurisconsultos, escravidão e a Lei de 1871. Campinas: Editora da UNICAMP, 2001.

PINTO, Natália Garcia. **Gerações de senzalas, gerações de liberdade**: experiências de liberdade em Pelotas/RS, 1850/1888. Tese (Doutorado em História) – Universidade Federal do Rio Grande do Sul, Porto Alegre, 2018. 253 p.

LEI EUSÉBIO DE QUEIRÓZ (1850)

Laryssa da Silva Machado

Após forte tensão internacional, em 4 de setembro de 1850, enfim, aboliu-se o tráfico atlântico definitivamente no Brasil e se adotaram severas leis contra os traficantes, além do aumento da fiscalização e expulsão de comerciantes estrangeiros (Costa, 1999). A Lei nº 581 estabelecia

> medidas para a repressão do trafico de africanos neste Império. Art. 1º As embarcações brasileiras encontradas em qualquer parte, e as estrangeiras encontradas nos portos, enseadas, ancoradouros, ou mares territoriais do Brasil, tendo a seu bordo escravos, cuja importação é proibida pela Lei de sete de Novembro de mil oitocentos trinta e hum, ou havendo-os desembarcado, serão apreendidas pelas Autoridades, ou pelos Navios de guerra brasileiros, e consideradas importadoras de escravos. Aquelas que não tiverem escravos a bordo, nem os que houverem proximamente desembarcado, porém que se encontrarem com os sinais de se empregarem no trafico de escravos serão igualmente apreendidas, e consideradas em tentativa de importação de escravos (Brasil, 1850).

A Lei conhecida como Eusébio de Queirós, autor do texto e ministro da justiça imperial, reafirmava a Lei Feijó promulgada em 1831, e previa a repreensão ao contrabando e julgamento dos vendedores e transportadores dos envolvidos por juízes de direito. Já os fazendeiros, que por sua vez tivessem denúncias de contrabando em seu nome, como compradores, seriam julgados por júri popular. Também autorizava a apreensão dos africanos boçais no interior do país, o que dificultou que aqueles que entraram ilegalmente após 1831 fossem identificados como livres, uma vez que o senhor poderia alegar que eram ladinos (Vainfas, 2002).

Acreditava-se que a lei seria burlada novamente, mas as medidas tomadas pelo governo imperial tornaram efetivo o fim do tráfico no país. Contudo, surgiu uma nova fonte de comércio de mão de obra cativa. O Nordeste passou a fornecer mão de obra cativa para as lavouras cafeeiras do Sul, o que fez ampliar consideravelmente o valor dos indivíduos escravizados. Traficantes percorriam o nordeste brasileiro atrás de escravos, que eram comprados e vendidos aos cafeicultores do Sudeste a altos preços (Costa, 1999).

A década de 1850 viu os desembarques caírem drasticamente. Denúncias de desobediência à lei continuaram a aparecer, em alguns locais até o ano de 1860 (Pereira, 2015). A partir de 1856, o número de africanos desembarcados foi quase zerado. Os *africanos livres* apreendidos após 1850 continuaram sendo alvo de controvérsias. Em 1853 um decreto imperial estabeleceu que eles deveriam prestar serviços a particulares por 14 anos. Foi apenas em 1864 que foram liberados dessa obrigação (Vainfas, 2002).

Apenas na década de 1860, o fim da escravidão se viabilizou como ação política. Cresceram no país ações emancipacionistas como a criação de associações e clubes abolicionistas. As elites engajaram-se de certo modo nessa luta e a liberdade ganhou projetos institucionais. Por outro lado, a elite escravista resistia de modo significativo à nova onda. A crise do regime escravocrata caracterizou-se, na década de 1870, pelo ritmo de declínio demográfico, apesar de lento, e pela perspectiva inevitável do fim do trabalho escravo em um futuro próximo. De 1850-1870, houve uma estabilização do número de cativos, causada pela reprodução endógena (Salles, 2008).

A Lei do Ventre Livre promulgada em 1871 foi o marco da crise do regime escravista, uma vez que gerou declínio demográfico e a inevitável perspectiva do fim da escravidão anos mais tarde. O país, contudo, mantinha-se aferrado à escravidão, embora o perigo das revoltas rondasse a imaginação dos senhores de escravos e os governantes (Carvalho, 2008). Em 1871, na votação da dita lei, as bancadas das províncias cafeicultoras, São Paulo, Rio de Janeiro, Minas Gerais e Espírito Santo, posicionaram-se contra a nova medida (Salles, 2008). A pressão dos movimentos populares na Corte e a pressão inglesa criaram, finalmente na década de 1880, o ambiente necessário à promulgação da Lei Áurea em 13 de maio de 1888.

Ver também: Colonização/Descolonização, Diáspora, Escravidão, Escravo/Escravizado, Lei Feijó (1831), Lei do Ventre Livre (1871), Leis Antitráfico, Migrações, Reparação Histórica, Resistência Negra, Tráfico Atlântico/Tráfico Negreiro.

REFERÊNCIAS

BRASIL. **Lei nº 581 de 4 de setembro de 1850**. Estabelece medidas para a repressão do trafico de africanos neste Imperio. Secretaria d'Estado dos Negocios da Justiça. Registrada a fl. 135 v. do Lv. 1º de Leis em 27 de Setembro de 1850.

CARVALHO, José Murilo de. **A construção da ordem**: a elite política imperial. **Teatro de Sombras**: a política imperial. Rio de Janeiro: Civilização Brasileira, 2008.

COSTA, Emília Viotti. **Da monarquia** à república: momentos decisivos. São Paulo: Fundação Editora da UNESP, 1999.

PEREIRA, Walter Luiz C. M. A trama do tráfico ilegal de africanos na província do Espírito Santo (1850-1860). *In*: CONGRESSO BRASILEIRO DE HISTÓRIA ECONÔMICA, 11.; CONFERÊNCIA INTERNACIONAL DE HISTÓRIA DE EMPRESAS, 12., 2015, Vitória. **Anais** [...]. Vitória: ABPHE/UFES, 2015. Disponível em: http://www.abphe.org.br/arquivos/2015_walter_luiz_carneiro_mattos_pereira_a-trama-do-trafico-ilegal-de-africanos-na-provincia-do-espirito-santo-1850_1860.pdf. Acesso em: 8 abr. 2023.

SALLES, Ricardo. **E o vale era escravo**: Vassouras, século XIX. Senhores e Escravos no coração do Império. Rio de Janeiro: Civilização Brasileira, 2008.

VAINFAS, Ronaldo (org.). **Dicionário do Brasil Imperial**. Rio de Janeiro: Objetiva, 2002.

LEI FEIJÓ (1831)

Laryssa da Silva Machado

A pressão pelo fim do tráfico tornou-se quesito necessário para o reconhecimento diplomático da independência do Brasil. Porém, para a sociedade brasileira, o fim da escravidão não ocorreu como planejado nos primeiros anos da década de 1830. Mesmo as revoltas regenciais, que contavam com a participação de cativos, não cogitavam a abolição de maneira imediata.

Em 1831, o Brasil promulgou a Lei Feijó, que designava o comércio negreiro como pirataria.

> Declara livres todos os escravos vindos de fôra do Imperio, e impõe penas aos importadores dos mesmos escravos [...]
> Art. 1º Todos os escravos, que entrarem no territorio ou portos do Brazil, vindos de fóra, ficam livres (Brasil, 1831).

Sobre os meandros dessa lei, o parlamento brasileiro aprovou disposições mais severas que as originais, uma vez que dava liberdade aos africanos que desembarcassem no Brasil, além de prever julgamento das tripulações por comissões mistas, formada por autoridades brasileiras e inglesas. Os marinheiros poderiam sofrer processo criminal e qualquer pessoa poderia delatar à polícia o desembarque ilegal e a existência de africanos contrabandeados (Parron, 2009).

Africanos livres era o nome dado aos que foram capturados junto com suas embarcações negreiras por navios ingleses. Os africanos, após julgamento realizado pela comissão, eram considerados livres, mas por serem "boçaes", deveriam trabalhar um período, acompanhados por tutores, até terem condições de serem reexportados à África. Poucos conseguiram o título de *africanos livres*, e ainda assim, tinham seu trabalho explorado, semelhante aos escravizados. Além disso, a maioria dos africanos que desembarcavam no Brasil foram designados para o trabalho escravo (Mamigonian, 2017).

Em muitas praias do litoral brasileiro os desembarques continuaram a acontecer. Estes passaram a ocorrer em praias próximas aos engenhos e afastados dos grandes portos (Pereira, 2013). Para isso, embarcações menores passaram a ser utilizadas, tornando-se "berçários infernais", uma vez que negreiros passaram a transportar grande número de crianças para servirem de mão de obra no Brasil. A presença de infantes africanos foi notada por vários viajantes, e eles tinham entre 5 e 6 anos de idade, no Rio de Janeiro e no Recife (Carvalho, 2018). A associação para o tráfico de escravos não se cingia aos limites provinciais.

O sacrifício para desembarcar cativos em praias mais isoladas ocorria porque a lei permitia que qualquer um fosse denunciado. Mas isso não impediu que milhares de africanos continuassem a ser desembarcados como escravizados. A minoria que teve sua embarcação apreendida tinha seus serviços cobiçados por tutores, já que, a concentração de africanos livres era refletida em prestígio social. Muitos proprietários de cativos adquiriam a tutela de um africano livre para que seus serviços fossem utilizados como o dos escravizados, e alguns senhores ainda registravam a morte de africanos livres no lugar de cativos falecidos. Alguns reclamavam na justiça dos maus tratos enquanto outros fugiam. Parte dessa mão de obra foi enviada para trabalhar em instituições públicas, muito semelhante ao trabalho cativo (Mamigonian, 2017).

Decerto, a lei de 1831 sofreu grande pressão dos cafeicultores brasileiros, uma vez que o período de sua promulgação coincidia com os avanços vantajosos do café. Enquanto o algodão brasileiro sofria com o monopólio norte-americano e o açúcar com a concorrência com as Antilhas, que por conta disso estavam em queda, o café do Brasil florescia, graças a falta de concorrência internacional, uma vez que, a produção do Suriname estava em declínio e a Jamaica sofria com o fim do tráfico de almas. Além disso, ocorreu a abertura irrestrita do mercado para França, Inglaterra e Estados Unidos, onde o aumento do consumo do café brasileiro chegou a 980% entre 1821-1842. "O futuro político da escravidão e do tráfico se associou intimamente a esse formidável deslanche produtivo" (Parron, 2009, p. 77).

A cultura cafeeira necessitava de mão de obra cativa e o contrabando permaneceu na costa brasileira. Havia a convicção de que o fim da escravidão levaria as lavouras à ruína absoluta, e, por conta disso, o tráfico ilegal prosseguiu após 1831. "Os negros, apesar de juridicamente livres, eram vendidos como escravos. Os interesses ligados à grande lavoura desafiavam a lei. Resistiam à pressão britânica e desrespeitavam as autoridades" (Carvalho, 2008, p. 283). A expansão das lavouras cafeeiras no Brasil fez com que os fazendeiros pressionassem o governo imperial para a reabertura do tráfico transatlântico. Assim, segundo o autor, entre 1835 e 1850, cerca de 550.000 africanos desembarcaram no Centro-Sul do Brasil, o que contribuiu para a expansão da Segunda Escravidão (Marquese, 2013).

Entre 1831 e 1834, o fluxo do comércio escravista oscilou entre 100 e 1200 cativos, número bem abaixo dos anos anteriores à lei. Já entre 1838 e 1839 os valores oscilaram em mais de 40 mil africanos, cifra que oscilou de 14 mil a 23 mil anuais durante a primeira metade da década de 1840. Entre 1846 e 1850, a média anual pode ter sido de quase 50 mil africanos desembarcados (Florentino, 1997). Apesar dessa lei ser apelidada de "para inglês ver", nos anos iniciais de sua promulgação o número de desembarques despencou, mas a pressão econômica falou mais alto.

Entre 1840 a 1853, entraram no Brasil cerca de 361 mil africanos (Carvalho, 2008). O desequilíbrio entre o número de cativos e livres no país gerava receio entre os políticos brasileiros e donos de cativos, uma vez que temiam um conflito racial aos moldes haitianos, ideia rebatida por Euzébio de Queirós. Por essa razão, o fim do tráfico era defendido por parte importante da elite política. Quase todos os políticos brasileiros, nos anos finais da década de 1840, reconheciam o dever moral e legal de acabar com o tráfico de escravizados, mas temiam as consequências econômicas. "Ficava então o governo entre a cruz da violência e a pressão moral de um país estrangeiro e a espada do sentimento nacionalista, da força dos traficantes e dos interesses dos donos de escravos" (Carvalho, 2008, p. 300). A permanência da escravidão era importante para cultura do café, pois, não só fornecia mão de obra barata, como também ditava o modelo de cultura a ser seguido até mesmo por classes subalternas e escravos alforriados (Salles, 2008).

Em 1845, o Parlamento inglês votou o *Bill Aberdeen*, que autorizava a marinha britânica a abordar navios brasileiros envolvidos no comércio clandestino (pirataria) e aos tribunais ingleses a permissão para julgá-los. Com isso, o Brasil foi isolado das demais nações modernas, uma vez que era um Estado pirata, bárbaro e pilhador (Parron, 2011). As incursões inglesas pelo território brasileiro aumentaram e inúmeros incidentes envolveram os navios brasileiros e as autoridades britânicas. O brasileiro desenvolveu um forte sentimento antibritânico e defendia a permanência do tráfico e a legitimidade da escravidão.

Ver também: África, Colonização/Descolonização, Diáspora, Escravidão, Escravo/Escravizado, Leis Antitráfico, Resistência Negra, Tráfico Atlântico/Tráfico Negreiro.

REFERÊNCIAS

BRASIL. **Lei de 7 de novembro de 1831**. Declara livres todos os escravos vindos de fôra do Imperio, e impõe penas aos importadores dos mesmos escravos. Secretaria de Estado dos Negocios da Justiça. 1º de Leis a fl. 98 em 15 de Novembro de 1831.

CARVALHO, José Murilo de. **A construção da ordem**: a elite política imperial. **Teatro de sombras**: a política imperial. Rio de Janeiro: Civilização Brasileira, 2008.

CARVALHO, Marcus J. M. A rápida viagem dos "Berçários Infernais" e o desembarque nos engenhos do litoral de Pernambuco depois de 1831. *In*: OSÓRIO, Helen; XAVIER, Regina C. L. **Do tráfico ao pós-abolição**: trabalho compulsório e livre e a luta por direitos sociais no Brasil. São Leopoldo: Oikos, 2018.

FLORENTINO, Manolo. **Em costas negras**: uma história do tráfico de escravos entre a África e o Rio de Janeiro: séculos XVIII e XIX. São Paulo: Companhia das Letras, 1997.

MAMIGONIAN, Beatriz Gallotti. **Africanos livres**: a abolição do tráfico de escravos no Brasil. São Paulo: Companhia das Letras, 2017.

MARQUESE, Rafael Bivar. Estados Unidos, segunda escravidão e a economia cafeeira do Império. **Almanack**, Guarulhos, n. 5, p. 51-60, 2013.

PARRON, Tâmis Peixoto. **A política da escravidão no Império do Brasil (1826-1865)**. Rio de Janeiro: Civilização Brasileira, 2011.

PARRON, Tâmis Peixoto. **A política da escravidão no Império do Brasil (1831-1865)**. Dissertação (Mestrado em História) – Faculdade de Filosofia, Letras e Ciências Humanas, Universidade de São Paulo, São Paulo, 2009.

PEREIRA, Walter Luiz C. M. Tráfico ilegal de africanos ao sul da província do Espírito Santo, depois da Lei de 1850. *In*: ENCONTRO ESCRAVIDÃO E LIBERDADE NO BRASIL MERIDIONAL, 6., 2013, Florianópolis. **Anais** [...]. Florianópolis: UFSC, 2013. Disponível em: http://www.escravidaoeliberdade.com.br/site/images/Textos.6/walterpereira.pdf. Acesso em: 17 nov. 2022.

SALLES, Ricardo. **E o vale era escravo**: Vassouras, século XIX. Senhores e Escravos no coração do Império. Rio de Janeiro: Civilização Brasileira, 2008.

LEIS ANTITRÁFICO

Laryssa da Silva Machado

Podemos considerar como *Leis Antitráfico* o conjunto de medidas tomadas pelo Império Brasileiro ao longo do século XIX para proibir, definitivamente, o comércio de cativos para o Brasil. Para entender melhor essas leis, no entanto, é preciso voltar aos anos finais do século XVIII, quando o Brasil ainda era colônia de Portugal. A Europa das décadas finais do Setecentos, começava a questionar a liberdade e igualdade dos homens, ideia trazida pelo liberalismo. Na Inglaterra a repressão ao tráfico tornou-se política de Estado após a proibição do tráfico atlântico de escravizados nas colônias inglesas em 1807 (Vainfas, 2002).

O continente americano recebeu milhões de africanos nos séculos de colonização. Apenas a América Portuguesa e o Império Brasileiro receberam 40% dos quase 12 milhões de africanos importados pelo continente entre os séculos XVI e XIX. "Embora nenhuma outra área no Novo Mundo tenha dependido tanto do tráfico de escravos quanto a América portuguesa, a história do comércio negreiro para o Brasil é, talvez, a menos conhecida dentre os grandes tráficos da Época Moderna" (Florentino, 2014, p. 177). Outros números apontam para 12 mil viagens foram realizadas entre a África e a América portuguesa e mais de 4 milhões de cativos desembarcaram vivos nos portos brasileiros em três séculos (Alencastro, 2000). No século XVIII, o porto do Rio de Janeiro se tornou o principal ponto de distribuição de africanos para as províncias do centro-sul (Rio Grande do Sul, Santa Catarina, Paraná, São Paulo, Espírito Santo e Norte Fluminense) (Florentino, 1997).

No Brasil, as pressões para o fim do tráfico se iniciaram com a chegada da família real portuguesa em 1808. O Tratado de Comércio e o de Aliança e Paz, assinados entre Portugal e Inglaterra em 1810 deu início às pressões para o fim do tráfico. D. João se comprometeu a findar o comércio negreiro em futuro indeterminado. Nova negociação entre as duas nações ocorreu no Congresso de Viena, em 1815, onde portugueses se comprometeram a proibir o tráfico na costa africana ao norte do Equador.

Em 1817, os agentes diplomáticos portugueses ofereceram aos ingleses a Convenção Adicional, que previa a montagem de comissões mistas anglo-portuguesas para apreensão de navios contrabandistas (Parron, 2011). A insistência inglesa se deu graças à desobediência luso-portuguesa em relação aos acordos firmados. A economia luso-brasileira, dependente da escravidão e do tráfico de cativos, não concebia acabar com o infame comércio.

A independência do Brasil, em 1822, não foi reconhecida imediatamente pelos ingleses e portugueses. Para ambos era necessário que a recém-criada nação brasileira abdicasse das possessões da costa africana, o que não era tarefa fácil, visto que homens afortunados controlavam o tráfico negreiro. Em 1823, o Brasil se comprometeu com o fim do tráfico, mas não com a abolição da escravidão e em 1825 a Inglaterra reconheceu a separação de Brasil e Portugal (Parron, 2011). O receio pelo fim do tráfico de cativos assustava os brasileiros, uma vez que a economia agrária era dependente dessa mão de obra. Mas a pressão para que essa prática fosse extinta fez com que o Brasil iniciasse as legislações antitráfico que marcariam o século XIX.

Ver também: África, Banzo, Cais do Valongo, Colonização/Descolonização, Escravidão, Escravo/Escravizado, Lei do Ventre Livre (1871), Lei Euzébio de Queiróz (1850), Lei Feijó (1831), Malungo, Migrações, Pequena África/Conferência de Berlim, Reparação Histórica, Resistência Negra, Tráfico Atlântico/Tráfico Negreiro.

REFERÊNCIAS

ALENCASTRO, Luiz Felipe de. **O trato dos viventes**: formação do Brasil no Atlântico Sul. São Paulo: Companhia das Letras, 2000.

FLORENTINO, Manolo. Aspectos sociodemográficos da presença dos escravos em Moçambique no Rio de Janeiro (1790-1850). *In:* FRAGOSO, João; FLORENTINO, Manolo; SAMPAIO, Antônio Carlos Jucá de; CAMPOS, Adriana Pereira (org.). **Nas rotas do Império**: eixos mercantis, tráfico e relações sociais no mundo português. Vitória: EDUFES, 2014.

FLORENTINO, Manolo. **Em costas negras**: uma história do tráfico de escravos entre a África e o Rio de Janeiro: séculos XVIII e XIX. São Paulo: Companhia das Letras, 1997.

PARRON, Tâmis. **A política da escravidão no Império do Brasil**, 1826-1865. Rio de Janeiro: Civilização Brasileira, 2011.

VAINFAS, Ronaldo (org.). **Dicionário do Brasil Imperial**. Rio de Janeiro: Objetiva, 2002.

LEIS JIM CROW

Ewerton Batista-Duarte

As leis Jim Crow, que vigoraram por volta de 1870 a 1964 no sul dos Estados Unidos da América, refletiam a segregação racial fortemente consentida no país. Tais leis estaduais e locais propiciaram a manutenção da hierarquia racial, a fim de manter as ideologias combatidas após a Guerra de Secessão (Guerra Civil dos Estados Unidos). Pautadas na discriminação explícita, os referidos marcos legais privilegiavam os direitos civis à população branca, promovendo a exclusão e submetendo os afrodescendentes a humilhações constantes na esfera pública (Blakemore, 2020). Esse conjunto de leis segregacionistas promovia a criminalização e a proibição dos negros de frequentarem os mesmos locais que os brancos, por exemplo: trens, ônibus, escolas, teatros, cinemas, clínicas médicas, entre muitos outros. Os opressores, desconfortáveis com a presença dos afrodescendentes, afirmavam que os negros exprimiam retrocesso, sendo, portanto, incompatíveis com a sofisticação e a modernização do ambiente (Archer, 2017; Brito, 2019).

De acordo com Blakemore (2020), o termo "Jim Crow" surgiu em torno de 1820 e teve origem em um personagem que se popularizou graças ao comediante estadunidense Thomas Rice. Carregado de estereótipo racial, num período em que os atores pintavam seus rostos de tinta preta (*blackface*), as personagens eram caracterizadas com vestimentas velhas e desenvolviam uma postura que transmitia a "malandragem", característica essa atribuída aos traços da personalidade negra.

Durante o período das leis Jim Crow, uma de suas principais características era a promoção de movimentos racistas, com o emprego de forte violência física contra os afro-estadunidenses. Segundo Brundage (1993), a prática fazia parte do cotidiano dos cidadãos, e o linchamento possuía o intuito de punir e servir de exemplo corretivo para indivíduos que, de qualquer forma, "desafiassem" as normas sociais impostas. Um dos casos mais impactantes e de repercussão internacional foi o assassinato do ativista Martin Luther King Jr., em 1968, enquanto estava hospedado em um hotel na cidade de Memphis, no Tennessee. Essas manifestações violentas, que expressavam o racismo presente na sociedade, faziam parte da busca pela "institucionalização da supremacia branca" (Stephens, 1999), um fator que acarreta desigualdades sociais, preconceito, exclusão e segregação racial.

Antes que as leis Jim Crow adentrassem o contexto de vida dos afrodescendentes, ocorreram diferentes medidas posteriormente à Guerra Civil dos EUA (1861-1865), com o intuito de apresentar aos negros o modo como deveriam ser tratados após o esquecimento da rivalidade entre a União e os Estados Confederados (Nascimento, 2019). Após a vitória de Abraham Lincoln (1809-1865) à presidência dos EUA, em 1861, sete estados localizados ao sul se uniram contra o novo presidente antiescravista. Os Estados Confederados da América eram compostos pelos seguintes territórios: Alabama, Carolina do Sul, Flórida, Geórgia, Louisiana, Mississippi e Texas.

Os senhores donos de terra buscaram reduzir o máximo possível os direitos adquiridos pela população negra. A autonomia dos afrodescendentes nas negociações trabalhistas representava um risco iminente aos senhores da região, uma vez que a economia dos estados do Sul era baseada no sistema agrário (Archer, 2017). Nas palavras de Du Bois (2021, p. 52-53), "O Sul acreditava que um negro instruído era um negro perigoso. E o Sul não estava totalmente errado: a educação de qualquer tipo de homem sempre teve, e sempre terá, um elemento de perigo e revolução [...]". É pertinente mencionar que este pensamento do intelectual estadunidense entra em perfeita consonância com as ideias do líder sul-africano Nelson Mandela (1918-2013).

Na conjuntura de eventos históricos, eis que surge, na década de 1920, o movimento cultural denominado *Harlem Renaissance* (Renascimento do Harlem), também conhecido como *New Black Movement*, por meio do trabalho de professores, escritores e artistas negros estadunidenses, com o objetivo de se distanciar dos estereótipos empregados a eles. Esteve presente de forma mais intensa no bairro *Harlem*, em Nova Iorque, devido ao palco efervescente da cultura negra por lá (Tyler, 1992). Embora se concentrasse em Nova Iorque, Hillstrom (2008) declara que o movimento não se restringiu a essa região, causando intervenções socioculturais e políticas também em outras localidades, como New Orleans, Atlanta, Washington D.C. e Chicago.

O Renascimento do Harlem é tido como uma das épocas mais significativas e de grande influência na história dos EUA. O movimento contribuiu para a expressão artística nacional (na música, literatura e cultura, em geral) de inúmeros artistas afrodescendentes (Hillstrom, 2008). Para Nganga (2021), o fenômeno cultural em questão possibilitou a "autoescrita", no qual homens e mulheres negras faziam uso da arte para exalar uma voz que falava de si mesmo, retratando suas vivências, perspectivas, angústias, medos e vitórias. Em outras palavras, a manifestação artístico-cultural dava voz à subjetividade, aos sentimentos de um povo historicamente silenciado; vítima, dentre muitos outros eventos, do sistema legal de segregação racial no sul dos EUA, promulgado pelas cruéis leis Jim Crow.

Notoriamente, há muitas figuras históricas que se opuseram à segregação racial nos Estados Unidos, destacamos: Harriet Tubman (1822-1913); Ida B. Wells (1862-1931); Mary Church Terrell (1863-1954); W.E.B. Du Bois (1868-1963); Asa Philip Randolph (1889-1979); Roy Wilkins (1901-1981); Langston Hughes (1902-1967); Ella Josephine Baker (1903-1986); Dorothy Height (1912-2010); Rosa Parks (1913-2005); James Leonard Farmer Jr. (1920-1999); Malcolm X (1925-1965); Maya Angelou (1928-2014); Martin Luther King Jr. (1929-1968); Dick Gregory (1932-2017); Claudette Colvin (1938-); John Lewis (1940-2020) e bell hooks (1952-2021).

Em 1964, o presidente Lyndon Johnson aprovou a Lei de Direitos Civis, que vedava "a discriminação em estabelecimentos públicos, como hotéis e restaurantes, e proibiu a discriminação no emprego" (Embaixada dos Estados Unidos da América, 2013, p. 2). Ainda, o referido documento menciona que a Lei do Direito ao Voto foi sancionada um ano após o marco da proibição de leis segregatórias no âmbito racial, garantindo, aos afro-estadunidenses o direito de exercer livremente o voto.

É importante enfatizar que este verbete aborda, especificamente, a segregação racial institucionalizada no contexto dos Estados Unidos da América, por meio das leis Jim Crow. Entretanto, sabe-se que a segregação racial assume diferentes formas conforme a conjuntura histórico-social e política de cada nação. Possuir o conhecimento de tal episódio atroz, inscrito na história dos EUA, pode contribuir para o entendimento acerca das lutas antirracistas na contemporaneidade, como o movimento internacional *Black Lives Matter*, por exemplo.

Ver também: Blackface, Black Lives Matter, Discriminação Estrutural, Raça, Racismo, Racismo Estrutural, Supremacia Racial Branca.

REFERÊNCIAS

ARCHER, Richard. **Jim Crow North**: the struggle for equality in Antebellum New England. New York: Oxford University Press, 2017.

BLAKEMORE, Erin. As Leis Jim Crow criaram 'Escravatura com Outro Nome'. **National Geographic**, 2020. História. Disponível em: https://www.natgeo.pt/historia/2020/02/as-leis-jim-crow-criaram-escravatura-com-outro-nome. Acesso em: 7 jun. 2022.

BRITO, Luciana da Cruz. "Mr. Perpetual Motion" enfrenta o Jim Crow: André Rebouças e sua passagem pelos Estados Unidos no pós-abolição. **Estudos Históricos**, Rio de Janeiro, v. 32, n. 66, p. 241-266, jan./abr. 2019. Disponível em: https://doi.org/10.1590/S2178-14942019000100012. Acesso em: 24 maio 2022.

BRUNDAGE, William Fitzhugh. **Lynching in the New South**: Georgia and Virginia, 1880-1930. Urbana/Chicago: University of Illinois Press, 1993.

DU BOIS, W. E. B. **As almas do povo negro**. Tradução de Alexandre Boide. São Paulo: Veneta, 2021.

EMBAIXADA DOS ESTADOS UNIDOS DA AMÉRICA. Departamento de Estado dos EUA. Bureau de Programas de Informações Internacionais. **O sonho continua vivo, o trabalho continua**. 2013. Disponível em: https://static.america.gov/uploads/sites/8/2016/03/Civil-Rights-Series_The-Dream-Lives-On_Portuguese_508.pdf. Acesso em: 11 dez. 2022.

HILLSTROM, Kevin. **Defining moments**: the Harlem renaissance. New York: Omnigraphics, 2008.

NASCIMENTO, Carlos Alexandre da Silva. Uma era de contradições: segregação e resistência afro-americana no período progressista, 1890-1920. **Revista Eletrônica da ANPHLAC**, [S. l.], n. 27, p. 103-143, ago./dez. 2019. Disponível em: https://doi.org/10.46752/anphlac.27.2019.3434. Acesso em: 20 mar. 2022.

NGANGA, João Gabriel do Nascimento. Harlem renaissance: "Morrer para nascer e escrever a partir de si". **História, Debates e Tendências**, [S. l.], v. 21, n. 2, p. 117-129, maio/jul. 2021. Disponível em: https://doi.org/10.5335/hdtv.21n.2.11096. Acesso em: 20 mar. 2022.

STEPHENS, Judith L. Racial violence and representations: performance strategies in lynching dramas of 1920s. **African American Review**, [S. l.], v. 33, n. 4, p. 655-671, 1999. Disponível em: https://doi.org/10.2307/2901345. Acesso em: 19 maio 2022.

TYLER, Bruce M. **From Harlem to Hollywood**: the struggle for racial and cultural democracy – 1920-1943. New York: Garland, 1992.

LEIS N°. 10.639/2003 E 11.645/2008

Roberto Carlos Oliveira dos Santos

A Lei n°. 10.639, foi aprovada em 9 de janeiro de 2003 e tornou obrigatório o ensino de História e Cultura Afro-brasileira e Africana nas escolas do país. Essa lei alterou a lei n°. 9394/96, chamada de Lei de Diretrizes e Bases da Educação Nacional (LDB), que é a legislação que estabelece as diretrizes para a educação no Brasil. No ano de 2008, em 10 de março, veio a ser complementada pela sanção da Lei n°. 11.645 que estabeleceu a obrigatoriedade do ensino da História e Cultura Afro-brasileira e Indígena e dos povos tradicionais nas instituições de ensino pública e privada em todo território nacional.

Essas leis estão em vigor e têm como principal objetivo combater o racismo e a discriminação, valorizando a diversidade cultural presente na sociedade brasileira a partir do reconhecimento do estatuto civilizatório das matrizes africanas, afro-brasileiras e indígenas para a formação da sociedade brasileira.

Ao incluir temas de valorização das matrizes afro-brasileiras e indígenas nos currículos escolares da educação brasileira apresenta-se uma nova perspectiva, ainda que tardia, para a promoção da igualdade e da problematização a respeito das diferenças étnico-raciais, além de garantir a preservação e valorização da história e cultura desses grupos.

O dispositivo estabelece ainda a inclusão do dia 20 de novembro como "Dia Nacional da Consciência Negra" no calendário escolar. A data é alusiva à morte de Zumbi dos Palmares, líder da luta e resistência quilombola contra o sistema escravocrata português no Brasil. Zumbi foi perseguido e assassinado em 20 de novembro de 1695 na região da Serra da Barriga, atual estado de Alagoas.

A lei n°. 10.639/2003, em seus artigos 26 e 79, respectivamente, afirmam que:

> § 1° - O conteúdo programático a que se refere o caput deste artigo incluirá o estudo da História da África e dos Africanos, a luta dos negros no Brasil, a cultura negra brasileira e o negro na formação da sociedade nacional, resgatando a

> contribuição do povo negro nas áreas social, econômica e política, pertinentes à História do Brasil;
>
> § 2º - Os conteúdos referentes à História e Cultura Afro-brasileira serão ministrados no âmbito de todo o currículo escolar, em especial nas áreas de Educação Artística e de Literatura e História Brasileira (Brasil, 2003).

A aprovação das leis n°. 10.639/2003 e n°. 11.645/2008 foi um passo importante para a efetivação de uma política pública resultante da mobilização e organização da sociedade, em especial, a luta do Movimento Negro Unificado que por meio de pressões e mobilizações denunciou, por décadas, as condições de vida das populações pretas, pardas e indígenas e suas demandas por políticas de reparação histórica.

Destarte, um dos objetivos das leis, que nasce da vontade coletiva expressa no consenso dos legisladores, é garantir que a força comum da sociedade aja como obstáculo à injustiça. Portanto, uma lei passa a ser justa na medida em que exerce seu direito de defender os segmentos mais fracos naquilo que atenta contra suas garantias pessoais e individuais.

Com isso, espera-se que os estudantes tenham acesso a uma educação mais plural e inclusiva, que os ajude a compreender melhor a realidade social e cultural do país em que vivem. Além disso, a inclusão desses temas nos currículos escolares pode contribuir para a formação de uma consciência crítica e para a construção de uma sociedade mais justa e igualitária.

Para balizar a implementação do arcabouço legal da lei n°. 10.639/2003, o Conselho Nacional de Educação (CNE), instância de assessoramento do Ministério da Educação, instituiu em 17 de junho de 2004 as Diretrizes Curriculares Nacionais para a Educação das Relações Étnico-raciais e para o Ensino de História e Cultura Afro-brasileira e Africana. O CNE é formado por representantes da educação nomeados pelo Presidente da República e o parecer favorável às Diretrizes teve como relatora a conselheira Petronilha Beatriz Gonçalves e Silva, da Câmara de Educação Superior do CNE.

As Diretrizes propuseram ainda em seu texto,

> a divulgação e produção de conhecimentos, a formação de atitudes, posturas e valores que eduquem cidadãos orgulhosos de seu pertencimento étnico-racial - descendentes de africanos, povos indígenas, descendentes de europeus, de asiáticos – para interagirem na construção de uma nação democrática, em que todos, igualmente, tenham seus direitos garantidos e sua identidade valorizada (Brasil, 2004, p. 6).

No entanto, a mera existência da lei e de diretrizes curriculares não garantem que elas sejam efetivamente implementadas e cumpridas em todos os seus objetivos ou em parte deles, pois ainda há na sociedade uma disputa social por diferentes interesses que se expressam, ora na resistência dos que defendem um pensamento conservador e assentado na premissa da imposição da desigualdade como norma.

Por outro lado, os educadores precisam estar cada vez mais preparados para abordar temas diversos em suas aulas, o que exige investimentos em formação permanente e continuada. Além disso, é importante garantir que haja uma fiscalização e monitoramento efetivos para que as escolas cumpram as exigências dessas leis, e que haja consequências para aqueles que descumprirem a legislação.

Nesse contexto, educadores comprometidos com a educação antirracista precisam adotar uma postura crítica e de enfrentamento dessas questões tratando a temática do preconceito racial na escola sob o aspecto político, social, afetivo e metodológico. E ainda, como propõe Santos (2021, p. 50), educar igualmente não apenas quem sofre a ação discriminatória, mas principalmente os discriminadores, sem perder de vista a recuperação do afeto atingido do sujeito vitimado pelo ato racista e discriminatório.

A aplicabilidade das leis garante questões importantes que, se tratadas na sociedade e no ambiente escolar, passam a configurar como estratégias emancipatórias, não apenas na dimensão material para efetivação de um senso de pertencimento social, mas atingem outras subjetividades da dimensão humana da vida nacional. É o caso daqueles que sofrem ataques cotidianos à sua dignidade por serem marcados por carregar a marca da diferença e o desprestígio social imposto à sua cor de pele, trazendo como consequência o rebaixamento da autoestima e a sensação de impotência diante dos obstáculos impostos por toda ordem de adversidade.

Diante desses pressupostos, é possível fazer a seguinte pergunta: será que a partir dos marcos legais das leis n°. 10.639/2003 e n°. 11.645/2008 e da implementação das ações afirmativas na educação básica, o preconceito e as desigualdades tiveram o seu estado alterado de modo significativo?

É possível que não, pois não basta a lei para que essa realidade se altere. Essas contradições são amplamente evidenciadas nas relações sociais do cotidiano e, principalmente, nas práticas educativas antirracistas. É exatamente nesse componente social que o jogo de tensões entre o sujeito que discrimina e o que é discriminado pode ser alterado. Penso que seja na sociedade que o preconceito racial se legitima ou não. Por essa razão ainda temos muito o que fazer.

Desta maneira, pode-se pontuar que há um lastro determinante da Constituição Brasileira que apoia em seu artigo 205, ao afirmar que "a educação é direito de todos e dever do Estado e da família, será promovida e incentivada com a colaboração da sociedade, visando o pleno desenvolvimento da pessoa, seu preparo para o exercício da cidadania". A carta magna, em seu artigo 206, ratifica princípios de igualdade de condições, liberdade de divulgar o pensamento e o pluralismo de ideias.

Embora haja muito a ser feito no campo das práticas pedagógicas antirracistas, sobretudo a partir de mudanças curriculares e oferta de formação qualificada para os educadores serem capazes de reconhecer e valorizar as diversas visões históricas, geográficas e culturais dos diferentes povos que contribuíram para a formação da cultura brasileira, devemos valorizar e continuar na perseverança de plana implementação desses marcos jurídicos civilizatórios da sociedade brasileira, contidos na potência e assertiva dos objetivos e propósitos das Leis n°. 10.639/2003 e n°. 11.645/2008.

Ver também: Ações Afirmativas, Consciência Negra, Discriminação Racial/Preconceito, Educação Antirracista, Escravidão, Movimento Negro Unificado, Quilombo, Reparação Histórica, Resistência Negra.

REFERÊNCIAS

BRASIL. **Lei n° 9394 de 20 de dezembro de 1996**. Estabelece as diretrizes e bases da educação nacional. Brasília, DF: Presidência da República, 1996.

BRASIL. **Lei nº 10.639, de 09 de janeiro de 2003**. Altera a Lei no 9.394, de 20 de dezembro de 1996, que estabelece as diretrizes e bases da educação nacional, para incluir no currículo oficial da Rede de Ensino a obrigatoriedade da temática "História e Cultura AfroBrasileira", e dá outras providências. Brasília, DF: Presidência da República, 2003.

BRASIL. **Lei nº 11.645, de 10 de março de 2008**. Altera a Lei no 9.394, de 20 de dezembro de 1996, modificada pela Lei no 10.639, de 9 de janeiro de 2003, que estabelece as diretrizes e bases da educação nacional, para incluir no currículo oficial da rede de ensino a obrigatoriedade da temática "História e Cultura Afro-Brasileira e Indígena". Brasília, DF: Presidência da República, 2008.

BRASIL. **Resolução CNE/CP nº 1, de 17 de junho de 2004**. Institui Diretrizes Curriculares Nacionais para a Educação das Relações Étnico-Raciais e para o Ensino de História e Cultura Afro-Brasileira e Africana. Brasília, DF: Conselho Nacional de Educação, 2004.

SANTOS, Roberto Carlos Oliveira dos. **Aluno negro em sala branca**: representações sociais sobre relações étnico-raciais na escola. São Paulo: Editora Liter-África, 2021.

MALUNGO

Natália Garcia Pinto

A palavra malungo foi cunhada na experiência da diáspora africana por meio do tráfico transatlântico que vigorou por séculos no Ocidente. Após a captura no continente africano os negros escravizados eram levados para as cidades em que havia um porto marítimo para serem embarcados nos tumbeiros (navios negreiros). O momento do embarque em um navio negreiro era um dos momentos mais temidos por homens e mulheres capturados à força em sua terra natal. Muitas sociedades africanas acreditavam que o mar separava o mundo dos vivos do mundo dos mortos, por isso, esse temor, visto que a travessia significava a morte (Slenes, 2011).

Nos porões dos tumbeiros, os escravizados africanos passavam a maior parte da travessia amontoados uns aos outros. Nesses compartimentos a palavra *malungo* foi gestada com um significado simbólico de pertencimento/companheirismo/família entre aqueles que vivenciaram a experiência traumática dentro dos navios negreiros através do oceano Atlântico. Malungo significava companheiro, camarada. "A etimologia tradicionalmente aceita prende-se a vocábulos bantos correspondentes ao português 'barco'" (Lopes, 2011, p. 424).

Apesar de todo o sofrimento dentro do navio negreiro, muitos africanos conseguiram construir laços de solidariedade durante a travessia atlântica. A amizade, como uma irmandade de laços familiares, e a solidariedade construída entre os africanos escravizados definiram a palavra *malungo* (Reis, 2003). Palavra esta que tinha vários significados nas diferentes línguas africanas, porém assumiu um significado todo especial para homens e mulheres que sobreviveram à diáspora africana: companheiro de travessia/ou parceiro de travessia.

Embora muitas vidas de homens e mulheres escravizados pelo tráfico atlântico fossem perdidas nesse empreendimento, a amizade solidificada nos tumbeiros permitiu que muitos desses africanos escravizados tenham conseguido refazer suas vidas na América. Por intermédio da cumplicidade do companheirismo entre os *malungos* foi possível construir os projetos de liberdade, as relações familiares, as religiosidades (irmandades) e a luta contra o cativeiro no Brasil e em vários países da América (Souza, 2002). Viva aos companheiros *malungos* e toda a sua cumplicidade!

Ver também: África, Diáspora, Escravidão, Tráfico Atlântico/Tráfico Negreiro.

REFERÊNCIAS

LOPES, Nei. **Enciclopédia Brasileira da Diáspora africana**. 4. ed. rev. e ampliada. São Paulo: Selo Negro, 2011.

REIS, João José. **Rebelião escrava no Brasil**: a história do levante dos Malês em 1835. ed. rev. e ampliada. São Paulo: Companhia das letras, 2003.

SLENES, Robert. **Na senzala uma flor**: esperanças e recordações na formação da família escrava. 2. ed. corrigida. Campinas: Editora UNICAMP, 2011 [1999].

SOUZA, Marina de Mello e. **Reis negros no Brasil escravista**: história da festa de coroação de Rei Congo. Belo Horizonte: Editora UFMG, 2002.

MIGRAÇÕES

Caroline da Rosa Couto
Sandra Verónica Barzallo Mora

Uma palavra de origem latina: migrações, etimologicamente, deriva do latim e significa a passagem de um lugar a outro. A passagem de um lugar a outro pode ser de toda a ordem: de diferentes espécies e de diferentes arranjos, por isso o termo aparece nas mais diversas áreas do conhecimento, mas em todo o caso aponta um movimento. Os movimentos são constituidores de mundos, fugas e possibilidades, e quando associados aos fluxos migratórios apontam também para composições, transições e transformações. Em outros termos, ainda, a migração é uma história do mundo e disto que chamamos por humanidade, cuja produção discursiva se transforma ao longo do tempo, ancorada nas mudanças sociais, geográficas, econômicas e políticas dos diferentes períodos. Assim, neste verbete vamos tratar sobre um recorte específico: as migrações humanas internacionais contemporâneas.

As fundações legais e administrativas que caracterizam as migrações, nos moldes como conhecemos hoje, são recentes e correlatas aos movimentos característicos da modernidade, justamente por terem suas raízes emaranhadas com a emergência dos Estados-nação. Isso não desconsidera os movimentos migratórios anteriores a este momento, mas parece importante destacar que algumas construções são recentes para, assim, desnaturalizá-las. Foi após a Segunda Guerra Mundial que alguns organismos internacionais puderam e precisaram ser estabelecidos, como a Organização da Nações Unidas (ONU), que instituiu uma série de comissões de trabalho naquele momento, entre elas: uma Comissão dos Direitos Humanos, que culminou com a publicação da Declaração Universal dos Direitos Humanos em 1948 e a Organização Internacional para as Migrações (OIM), criada em 1951. E em que pese as organizações internacionais não terem autoridade executiva, algumas definições administrativas foram estabelecidas e passaram a compor a forma de compreensão sobre os processos de circulação de pessoas no mundo.

A Declaração Universal dos Direitos Humanos, pelo artigo 13º define que: "1. Toda a pessoa tem o direito de livremente circular e escolher a sua residência no interior de um Estado, 2. Toda a pessoa tem o direito de abandonar o país em que se encontra, incluindo o seu, e o direito de regressar ao seu país"; e pelo 14º que: "1. Toda a pessoa sujeita a perseguição tem o direito de procurar e de se beneficiar de asilo em outros países" (ONU, 1948). Com a OIM, define-se que a migração é o movimento populacional que compreende qualquer deslocamento de pessoas; e a migração internacional é todo o movimento de pessoas que implica na transposição de fronteiras internacionais – entre estes há muitas regulações específicas: emigrantes, como aqueles que saem dos países de origem; imigrantes, como aqueles que chegam aos países de destino; há os asilados, por questões políticas, os exilados, por questões de segurança individual, os apátridas, aqueles não são considerados nacionais de nenhum Estado, os refugiados, assim considerados pela necessidade de proteção internacional, e outros marcadores específicos (OIM, 2009).

Mas a migração contemporânea é, também, produto das relações internacionais – dos sufocamentos e dos esgotamentos produzidos pelos modos de produzir o mundo que compartilhamos, de diferentes lugares há muito tempo. Hoje, com os dispositivos econômicos mais apurados, habitamos um tempo no qual o capital financeiro passou a prescindir gradativamente dos territórios e das pessoas. Nas últimas décadas, a leitura dos fluxos migratórios como uma crise humanitária, vêm, gradativamente, ocupando mais espaço, especialmente, por meio de números recordes de populações em deslocamento, com saltos estatísticos importantes a cada ano, chegando em 2021 à marca de 281 milhões de pessoas em situação de deslocamento (UN DESA, 2021). Ao ser transformada em crise humanitária, ao longo da última década, a migração passou a figurar como uma dessas coisas inaceitáveis, com as quais convivemos e sobre as quais há muitas regulações e poucos enfrentamentos.

O cenário das migrações internacionais nas primeiras décadas do século XXI vem sendo marcado por processos migratórios que incluem percursos entre os países do Sul Global – uma dinâmica recente que desconfigura, em parte, a obviedade dos fluxos em relação ao eixo Sul-Norte. Em parte, porque o movimento também denuncia as restrições impostas pelos países do Norte para a entrada e a permanência de migrantes indesejados. As migrações Sul-Sul entre e em direção à América latina demonstram a complexidade da migração internacional contemporânea, bem como os desafios teórico-metodológicos para a análise e a compreensão do fenômeno migratório como um todo. São processos que permeiam o processo amplo das migrações internacionais, das mudanças no mundo do trabalho e do capital, que impactam os discursos sobre a migração no âmbito de cada país e em todo o mundo. Vale destacar que a ideia de Sul Global está ligada à divisão epistêmica estabelecida pelas mudanças socioeconômicas que articulam o modelo do mundo dividido entre a metade norte, ocupada pelos países considerados industrializados e desenvolvidos, e a metade sul ocupada pelos países considerados em desenvolvimento, incluindo as ex-colônias. Desse modo, embora a linha do equador seja a base, há uma série de territórios que mesmo localizados geograficamente no hemisfério norte, compõem geopoliticamente o Sul Global (Jarochinski-Silva; Baeninger, 2021).

Por isso é importante entender que os processos migratórios são um fenômeno amplo, complexo e heterogêneo. Assim, não podemos ignorar os cenários que compõem os movimentos de saída e chegada, visto que há especificidades em cada fluxo. Mas há também discursos que unem os processos contemporâneos, marcados por estatísticas avassaladoras e trágicas, que fazem temer às migrações. As migrações Sul-Sul articulam alguns pontos que unem esses fluxos, consolidando-se como efeitos da crise humanitária, delineando outras rotas na dinâmica migratória, que se articulam às práticas e políticas anti-imigração do Norte Global, que circulam, espreitam e atravessam os nossos modos contemporâneos de dizer as migrações. Há um contorno de medo e recusa instalado, que nos alcança.

Zygmunt Baumann (2017) alertava sobre como lidamos com os *estranhos que batem à nossa porta* a partir do pânico moral que a diferença instala quando ameaça questionar os nossos modos de vida. As chamadas que intensificam a coisa em si sob os nomes: crise, onda e tragédia, chocam, causando um espanto e um receio que atravessam os continentes, mas também produzem um distanciamento que arrefecem as angústias e colocam as coisas como algo que só precisamos não deixar se aproximar.

Pânicos morais variam em intensidade, duração e impacto social, alguns episódios são menores e passageiros, outros são maiores, e transformam cenários sociais inteiros, mas contemporaneamente funcionam muito mais no sentido de manter a lógica moderna. Mais um inaceitável com o qual convivemos, "o destino dos choques é transformar-se na rotina tediosa da normalidade – e o dos pânicos é desgastar-se e desaparecer da vista e das consciências" (Bauman, 2017, p. 8).

Junto ao contexto da globalização econômica, vemos ganhar força, primeiro na Europa e nos Estados Unidos, uma aversão ao estrangeiro, como aquele que produz o desemprego e o medo. O terrorismo se estabelece como algo do outro, do estrangeiro. As migrações, já associadas à questão da segurança nacional, passam a ser temidas – notem que a segurança nacional pode tanto precisar dos migrantes, para o desenvolvimento da força produtiva de um território, quanto prescindir deles. A ideia de segurança nacional não é natural, nem poderia, mas forjada nos arranjos de cada tempo e lugar. E mesmo na América Latina, em que pese toda a sua formação costurada aos movimentos migratórios de sua colonização, os contornos securitários também se estabelecem.

Da povoação à invasão, de estátuas com braços abertos aos migrantes e para a liberdade passando por muros e outras barreiras, da possibilidade de sair à impossibilidade de ficar, temos as migrações como fenômenos centrais, acompanhando os diferentes arranjos de produção que foram se estabelecendo, especialmente, com a ascensão do capitalismo, em seus diferentes formatos. Como pode servir a tão distintos finais? Ou estariam estes finais (povoação-invasão, liberdade-cercamentos, desejo de sair-expulsões) mais próximos do que gostaríamos de entender? O tempo parece separar a forma como entendemos as migrações, nessa passagem da comemoração ao temor, bem como a geopolítica dos territórios, na construção dos migrantes que são desejáveis e indesejáveis. Como não perpetuar encobrimentos?

As migrações não vão parar.

Ver também: Biopolítica, Diáspora, Direitos Humanos, Discriminação Racial/Preconceito, Necropolítica, Racismo.

REFERÊNCIAS

BAUMAN, Zygmunt. **Estranhos à nossa porta**. Tradução de Carlos Alberto Medeiros. Rio de Janeiro: Zahar, 2017.

JAROCHINSKI-SILVA, João Carlos; BAENINGER, Rosana. O êxodo venezuelano como fenômeno da migração Sul-Sul. **Remhu**: Revista Interdisciplinar da Mobilidade Humana, [S. l.], v. 29, n. 63, p. 123-139, set. 2021.

ONU – ORGANIZAÇÃO DAS NAÇÕES UNIDAS. **Declaração Universal dos Direitos Humanos**. Paris: ONU, 1948. Disponível em: https://nacoesunidas.org/direitoshumanos/declaracao/. Acesso em: 15 fev. 2023.

OIM – ORGANIZAÇÃO INTERNACIONAL PARA MIGRAÇÕES. **Glossário sobre Migração**. Genebra: Organização Internacional para Migrações, 2009.

UN DESA – UNITED NATIONS DEPARTMENT OF ECONOMIC AND SOCIAL AFFAIRS, POPULATION DIVISION. **International Migration 2020 Highlights** (ST/ESA/SER.A/452). 2021.

MITO DA DEMOCRACIA RACIAL

Rafaela Rech

O conceito de mito da democracia racial pressupõe a convivência harmoniosa entre as diferentes populações que viviam no Brasil. De acordo com essa crença o país teria "escapado" da discriminação racial que existia em outros países, como nos Estados Unidos no final do século XIX e início do século XX. Para estudiosos, os sujeitos brasileiros não se viam como racistas e alegavam que não excluíam outros sujeitos baseados em sua cor ou raça.

A democracia racial estava associada à ideia de que as relações entre escravizados e senhores eram cordiais e as relações raciais no Brasil eram pacíficas e amigáveis. A discriminação no Brasil estaria associada às classes sociais e não ao preconceito racial. Acreditava-se que a disparidade entre negros e brancos, seja em relação à questão financeira ou social estava relacionada ao fato de os negros pertencerem às classes sociais mais baixas e não pelo fato de serem negros.

As raízes históricas do mito da democracia racial remontam, principalmente, ao século XIX, antes da abolição da escravatura, quando viajantes europeus registravam e divulgavam suas impressões sobre o Brasil, pela direção do movimento abolicionista e pelo próprio processo de mestiçagem. Mesmo após a abolição, alguns aspectos seguiram reforçando o mito da democracia racial, como a imprensa negra brasileira, o relacionamento aparente entre negros e migrantes e o legado da mentalidade paternalista.

Tal conceito é associado ao sociólogo Gilberto Freyre na primeira metade do século XX. Em seu livro *Casa-Grande e Senzala* de 1933 (Freyre, 2006), mesmo que o autor não tenha utilizado o termo, ele trata da formação sociocultural brasileira a partir da relação entre a casa-grande e a senzala e a participação de portugueses, negros e indígenas nesse processo. A sua preocupação era apontar os elementos positivos da formação cultural brasileira oriundos da miscigenação entre os diferentes povos.

É importante salientar que as condições sociais para os negros não foram alteradas mesmo após a abolição da escravatura. A cor seguiu como um fator restritivo aos negros. A Constituição de 1891 proibia o voto aos analfabetos, condição da maioria da população negra, o que mostra que mesmo sendo reconhecidos como cidadãos juridicamente, na prática essa condição não existia.

Assim,

> [...] o mito da democracia racial era uma distorção do padrão das relações raciais no Brasil, construído ideologicamente por uma elite considerada branca, intencional ou involuntariamente, para maquiar a opressiva realidade de desigualdade entre negros e brancos (Domingues, 2005, p. 118).

De acordo com Guimarães, o primeiro brasileiro que utilizou o termo "mito da democracia racial" foi o sociólogo Florestan Fernandes:

> Em 1964, no contexto do rompimento da democracia brasileira justamente em nome da preservação dos valores e ideais democráticos, estava finalmente madura a ideia de que a "democracia racial" mais que um ideal era um mito; um mito racial, para usarmos as palavras de Freyre. O autor dessa expressão foi justamente alguém que já dialogava criticamente com a obra e as ideias de Freyre desde o início de sua formação acadêmica: Florestan Fernandes (Guimarães, 2001, p. 154).

Em 1950, a UNESCO (Organização das Nações Unidas para a Educação, a Ciência e a Cultura) propõe uma pesquisa sobre as relações raciais no Brasil em meio ao desenvolvimento do nacionalismo brasileiro com o intuito de determinar os fatores sociais que viabilizavam a existência de relações raciais pacíficas em um período posterior a Segunda Guerra Mundial em que os conflitos internacionais se deram em boa parte pela questão racial.

Desde o início do século XX, em especial após os anos 1930 no Governo Vargas, se desenvolveram no Brasil políticas e estratégias nacionalistas com o intuito de constituir uma identidade nacional, que até então, de acordo com intelectuais, não existia. Foi no Governo Vargas que "a mestiçagem adquiriu *status* conformativo no país, ou seja, a mestiçagem era possível se acompanhada de medidas eugênicas" (Santos, 2013, p. 27).

Após a publicação dos resultados, a pesquisa foi apontada por alguns intelectuais como fracassada em seu propósito inicial, porém

> Na esperança de encontrar a chave para a superação das mazelas raciais vividas em diversos contextos internacionais, a agência intergovernamental teria acabado por se ver diante de um conjunto de dados sistematizados sobre a existência do preconceito e da discriminação racial no Brasil (Maio, 1999, p. 151).

De acordo com Maio (1999), a pesquisa da UNESCO contribuiu para o desenvolvimento de novas leituras acerca da sociedade brasileira em um momento de expansão do capitalismo, bem como possibilitou a análise da trajetória dos intelectuais envolvidos na pesquisa e o desenvolvimento das ciências sociais no Brasil.

Até os dias atuais, o mito da democracia racial segue presente no imaginário social brasileiro contribuindo para o racismo disfarçado, que ao mesmo tempo que dificulta a compreensão do problema, contribui para a sua manutenção. Ao negar o preconceito racial, se contribui para desarticular a luta política antirracista, afinal, não se combate o que não existe.

Ver também: Biopolítica, Discriminação Estrutural, Escravidão, Eugenia, Migrações, Raça, Racismo, Racismo Estrutural.

REFERÊNCIAS

DOMINGUES, Petrônio. O mito da democracia racial e a mestiçagem no Brasil (1889-1930). **Diálogos Latinoamericanos**, Aarhus, v. 10, n. 6, p. 116-131, 2005. Disponível em: https://www.redalyc.org/pdf/162/16201007.pdf. Acesso em: 28 mar. 2023.

FREYRE, Gilberto. **Casa grande & senzala**: formação da sociedade brasileira sob o regime da economia patriarcal. 51. ed. São Paulo: Global, 2006.

GUIMARÃES, Antonio Sérgio Alfredo. Democracia racial: o ideal, o pacto e o mito. **Novos Estudos Cebrap**, São Paulo, v. 61, n. 1, p. 147-162, nov. 2001.

MAIO, Marcos Chor. O Projeto Unesco e a agenda das ciências sociais no Brasil dos anos 40 e 50. **Revista Brasileira de Ciências Sociais**, [S. l.], v. 14, n. 41, p. 141-158, out. 1999. DOI 10.1590/s0102-69091999000300009.

SANTOS, Fernanda Barros dos. **O Projeto UNESCO 1950**: a questão da raça e a institucionalização das ciências sociais nas perspectivas de Thales de Azevedo (1904-1995) e Florestan Fernandes (1920-1995) & Roger Bastide (1898-1974). 2013. 118 f. Dissertação (Mestrado em História Comparada) – Universidade Federal do Rio de Janeiro, Rio de Janeiro, 2013.

SILVA, Mateus Lôbo de Aquino Moura e. Casa Grande & Senzala e o mito da democracia racial. *In:* ENCONTRO ANUAL DA ANPOCS, 39., 2015, Caxambu. **Anais do GT 28 - Pensamento social no Brasil**. Caxambu: Anpocs, 2015. v. 1, p. 1-24. Disponível em: http://anpocs.org/index.php/encontros/papers/39-encontro-anual-da-anpocs/gt/gt28/9704-casa-grande-e-senzala-e-o-mito-da-democracia-racial/file. Acesso em: 28 mar. 2023.

MOVIMENTO NEGRO UNIFICADO

Cristiane Lourenço

O Movimento Negro Unificado pode ser definido como um movimento de caráter ideológico, histórico, político, social e cultural. Plural em sua forma de atuação, o movimento negro brasileiro tem como objetivo central a superação das desigualdades históricas entre negras/os e brancas/os no Brasil, com vistas à superação de todas as formas de racismo, preconceitos e discriminações de cunho racial. Esta superação se dá sob a forma de valorização das lutas, resistências e memórias negras e de ações voltadas para a equidade política, educacional, social, cultural, de gênero e de todos os indicadores em que a população negra se encontra socialmente subvalorizada.

A partir da significação acima, o desafio é transpor a leitura que comumente é feita sobre os movimentos de cunho racial no Brasil. Equivocadamente visto como algo recente, na realidade, desde a chegada das/os primeiras/os escravizadas/os existem movimentos pautados na luta por sobrevivência, liberdade, resistência e busca por direitos desta população. Ainda hoje, há no Brasil um pensamento equivocado a respeito dos movimentos de luta por igualdade de direitos de negras e negros. A visão de que seriam recentes, reflete o aparelhamento ideológico escravista, que tem no epistemicídio uma de suas principais ferramentas para a manutenção e aperfeiçoamento dos métodos de dominação. Disso resulta a percepção de que, no Brasil, a luta por igualdade racial é algo que data de meados do século XX. Clóvis Moura (1983) ressalta a importância histórica do Movimento Negro para se compreender a formação sócio-histórica brasileira.

> Porque situá-lo historicamente é vê-lo como agente coletivo dinâmico/radical desde a origem da escravidão no Brasil. E, por outro lado, revalorizar a República de Palmares, único acontecimento político que conseguiu por em cheque [grafia no original] a economia e a estrutura militar colonial; é valorizar convenientemente as lideranças negras de movimentos como as revoltas baianas de 1807 a 1844 (Moura, 1983, p. 125).

Desde que aqui pisaram, depois de serem sequestrados em sua terra materna, agredidos por meio de castigos físicos, maus tratos psicológicos e apagamento de suas memórias, o povo negro resistiu e o fez por inúmeras maneiras. Seja nos quilombos no século XVII, nas associações e irmandades presentes no Brasil desde o século XVIII, por meio da chamada imprensa negra que ganha força no século XIX e início do século XX, os movimentos em defesa dos direitos de negras e negros, historicamente buscou um projeto societário em que fosse abarcado liberdade, respeito a diversidade étnico-racial e igualdade de oportunidades.

A partir da segunda metade do século XX, o Movimento Negro brasileiro e suas múltiplas expressões, volta sua atuação para a reivindicação de um novo pacto civilizatório. Questões como reparação pelos crimes cometidos no período escravagista, restituição da historicidade das diásporas e justiça mediante ações do estado brasileiro que por anos fortaleceram estigmas e reforçaram as discriminações e preconceitos sofridos passam a compor as reivindicações do Movimento. Essa multiplicidade de demandas converge para um único desejo: a superação do racismo na sociedade brasileira e o estabelecimento de um novo pacto civilizatório em que negras e negros estejam inseridos em todos os espaços sociais, inclusive os espaços decisórios e de poder.

Não obstante, o Movimento Negro brasileiro não deve ser definido como um movimento engessado, sem contradições e visões diferentes acerca da questão racial no Brasil. A luta de negras e negros se constitui, não somente na perspectiva de resolução dos problemas provenientes do racismo que marginaliza e hierarquiza os espaços políticos, econômicos, sociais e culturais, mas também busca pela valorização do protagonismo negro em inúmeros momentos da história do Brasil. Conforme Lelia Gonzalez (1982, p. 19) afirma "Na verdade, falar do movimento negro implica o tratamento de um tema cuja complexidade, dada a multiplicidade de suas variantes, não permite uma visão unitária. Afinal, nós negros, não constituímos um bloco monolítico de características rígidas e imutáveis".

Por isso, quando se analisa o papel do Movimento Negro Unificado não se pode desconsiderar que se trata, similarmente, de disputa de narrativas a respeito do nosso processo de formação histórica enquanto nação, que, devido ao epistemicídio, ao qual o povo negro foi submetido, o deixa à margem nos livros de história e das gravuras nos museus.

Neste sentido, a inclusão de organizações, instituições, grupos e indivíduos torna-se fundamental para que a defesa e a guarda dos direitos das populações negras e a superação das desigualdades raciais sejam materializadas.

A inserção de temas racialmente orientados na agenda pública, é produto de um longo processo mobilizatório. São as reivindicações históricas dos grupos acima supracitados, capitaneados pelo Movimento Negro que permitiu a criação de uma governamental que abarcasse a formulação e implementação de políticas públicas voltadas para a redução das iniquidades raciais no Brasil.

A denúncia da participação do estado brasileiro – seja por ação, seja por omissão – diante das desigualdades em praticamente todos os marcadores sociais em que a cor se apresenta como indicador, permitiu que a pauta racial conquistasse um maior espaço no debate público. Mesmo ainda sendo objeto de litígio, diante da dificuldade do Brasil em assumir-se como uma nação racista, a peleja dos movimentos que lutam por igualdade racial passa a ser objeto de apreciação pública, sendo visibilizada para que as pautas reivindicatórias sejam socialmente legitimadas.

A organização política do Movimento Negro brasileiro, é destacada por Nilma Lino Gomes (1961-) como um dos principais componentes de articulação em busca da superação de práticas racistas cotidianas. Foi essa organização, na concepção da autora, que permitiu que os entes governamentais passassem a enxergar a questão racial como um fenômeno que faz parte do tecido social brasileiro (Gomes, 2017). Matilde Ribeiro (2018) destaca a importância do Movimento Negro para que as pautas antirracistas se inscrevessem nos debates voltados para a garantia de direitos.

> Assim, torna-se importante reconhecer os vários momentos de protagonismo do Movimento Negro e da organização das mulheres negras na construção de firmes posicionamentos, partindo da herança organizativa desde a luta pela abolição da escravidão; por vida digna, moradia, educação e trabalho para a população negra (destacando o direito das mulheres, crianças e juventude); pelo respeito à religiosidade de matriz africana, entre outros (Ribeiro, 2018, p. 113).

Superar a lacuna existente nos registros sobre as lutas e resistências de negras e negros na história do Brasil, sobretudo antes do século XX, desconstruir a visão equivocada de que o caminho de lutas por justiça racial é parte irrelevante de nossa formação enquanto nação é um dos desafios enfrentados pelo Movimento Negro. Sabe-se que esse apagamento é método de dominação e exclusão, capitaneado pelas elites coloniais que historicamente detêm o poder político e econômico do país, que se recusam que as iniquidades raciais nunca foram admitidas pelo povo negro e sempre foram arduamente combalidas.

Ver também: Açoitamento, Consciência Negra, Discriminação Racial/Preconceito, Escravidão, Quilombo, Raça, Racismo, Reparação Histórica, Resistência Negra.

REFERÊNCIAS

GOMES, Nilma Lino. **O movimento negro educador**: saberes construídos nas lutas por emancipação. Petrópolis: Vozes, 2017.

GONZALEZ, Lélia. O movimento negro na última década. *In:* GONZALEZ, Lélia; HASENBALG, Carlos. **Lugar de negro**. Marco Zero: Rio de Janeiro, 1982. p. 9-66.

MOURA, Clóvis. **Brasil**: raízes do protesto negro. São Paulo: Global Editora, 1983.

RIBEIRO, Matilde. Políticas de igualdade racial e educação superior: perspectivas e desafios. **Novos Olhares Sociais**, [S. l.], v. 1, n. 1, p. 111-130, 2018. Disponível em: https://www3.ufrb.edu.br/ojs/index.php/novosolharessociais/article/view/417. Acesso em: 5 jan. 2021.

NECROPOLÍTICA

Manuel Alves de Sousa Junior

A necropolítica é um conceito criado e popularizado no meio acadêmico e intelectual por Achille Mbembe (1957-) que significa algo como o Estado da morte, a política de morte e/ou as políticas que fazem morrer. O conceito foi proposto pelo filósofo camaronês a partir dos estudos foucaultianos de biopolítica, além da utilização dos conceitos de soberania e estado de exceção, fazendo um deslocamento da análise do eixo do poder para a época colonial em que os europeus promoveram a escravidão com os africanos e genocídios, além de escravidão, com os povos nativos em terras indígenas nas Américas. Para o teórico, o sistema escravista e suas reverberações promoveram um repovoamento do planeta.

O conceito de necropolítica veio inicialmente em um ensaio homônimo, e posteriormente em um livro. O autor considera que a *plantation* foi uma das primeiras experiências biopolíticas da humanidade. A *plantation* era o sistema nas lavouras coloniais, como o que foi adotado no regime escravista no Brasil, sendo utilizado nos engenhos de açúcar do Nordeste nos séculos XVI e XVII e nas ilhas atlânticas em menor proporção.

A violência foi utilizada como regra em todos os sistemas escravistas notificados. A humanidade do escravizado é dissolvida até o ponto em que se pode atribuir a ele o *status* de uma coisa, um objeto e como tal pode ser propriedade de alguém, aliado ao poder soberano do opressor.

> Como instrumento de trabalho, o escravo tem um preço. Como propriedade, tem um valor. Seu trabalho é necessário e usado. O escravo, por conseguinte, é mantido vivo, mas em "estado de injúria", em um mundo espectral de horrores, crueldade e profanidade intensos (Mbembe, 2016, p. 131).

Mbembe ainda diz que a escravidão é forma de morte em vida. O sistema colonial e suas consequências seria o retrato do estado de exceção. "A condição de escravo resulta de uma tripla perda: perda de um "lar", perda de direitos sobre seu corpo e perda de status político. Essa perda tripla equivale a dominação absoluta, alienação ao nascer e morte social" (Mbembe, 2016, p. 131) resultando em um tipo de desumanização.

O poder da necropolítica é o necropoder e geralmente é analisado ao se referir às populações pretas e pobres periféricas, mas não só. Mbembe (2016) além de trazer a discussão da necropolítica para o campo conceitual do povo preto, também fala de outros genocídios, como a questão da Palestina e o *Apartheid* na África do Sul. Esse deslocamento do pensamento pode ser feito também para diversos outros locais onde ocorreram genocídios e sistema colonial pautado no capitalismo, como nas Américas, África e Ásia.

A noção de biopoder é insuficiente para explicar as formas contemporâneas de subjugação da vida ao poder da morte. Por isso, Mbembe (2016) trouxe a noção de necropolítica e necropoder para explicar os mundos de morte da contemporaneidade. Sob o necropoder, as fronteiras entre resistência e suicídio, sacrifício e redenção, martírio e liberdade desaparecem.

Para Negris (2020, p. 90) a necropolítica trata de um

> [...] mecanismo de poder peculiar que emerge do processo histórico de colonização dos povos da África e das Américas, servindo de base para constituição do modelo de Modernidade europeia, que se perpetua até os dias de hoje por meio da globalização, do neoliberalismo e do colonialismo.

Na sociedade atual, o direito soberano de matar não é mais Estatal. Existem "a formação de exércitos privados, grupos de segurança privada, milícias, grupos paramilitares, todos reivindicando o direito de exercer a violência ou o direito de morte" (Negris, 2020, p. 97). Podemos ainda falar das organizações criminosas e das polícias, já que são responsáveis pela morte de pretos periféricos diariamente pelo país. Geralmente, esses grupos, com exceção da polícia, são "constituídos à margem do Estado e que proclamam o direito de governar sobre seus domínios territoriais, exercendo o direito de violência e morte" (Negris, 2020, p. 97).

Mozart Linhares da Silva (2020, p. 280) em seu artigo intitulado *Necropolítica e violência racial no Brasil* afirma que a violência no país "da forma como historicamente foi endereçada, permite ser tratada como desdobramento de uma necropolítica, de uma política de soberania, que decide, de fato, quem deve morrer e quem pode viver". O autor faz um retrato com dados históricos de homicídios e violência no Brasil e comprova que os que mais morrem são os jovens negros, sendo em sua maioria pobres e moradores de comunidades. O historiador traz a seguinte reflexão que utilizo para finalizar este verbete. "É preciso enfrentar o passado escravista, entender sua extensão histórica e sua memória para habitar o contemporâneo de forma intempestiva, desacomodada e problematizadora" (Silva, 2020, p. 297).

Ver também: Biopolítica, Colonização/Descolonização, Diáspora, Escravidão, Escravo/Escravizado, Migrações, Relações Étnico-Raciais.

REFERÊNCIAS

MBEMBE, Achille. Necropolítica. **Arte & Ensaios**, Rio de Janeiro, n. 32, v. 2, p. 122-151, 2016.

NEGRIS, Adriano. Entre biopolítica e necropolítica: uma questão de poder. **Revista Ítaca**, [S. l.], v. 1, n. 36, p. 79-102, 2020. Disponível em: https://revistas.ufrj.br/index.php/Itaca/article/view/31835. Acesso em: 27 maio 2023.

SILVA, Mozart Linhares da. Necropolítica e violência racial no Brasil. *In:* BRAGA, Amanda; SÁ, Israel de (org.). **Por uma microfísica das resistências**: Michel Foucault e as lutas antiautoritárias da contemporaneidade. 1. ed. Campinas: Pontes Editores, 2020. v. 1, p. 275-305.

PAJUBÁ

Jobson Jorge da Silva

Diferentemente do que a maioria diz, o *Pajubá* não é, necessariamente, uma linguagem secreta utilizada por toda a comunidade LGBTQIAPN+. Trata-se na verdade de uma variante linguística resultante da mistura do léxico da língua africana *Yorùbá* (Nigéria) e da Língua Portuguesa falada no Brasil. Nesse contexto, é relevante destacar que já existe um dicionário de termos do *Pajubá* que explica o significado dessas expressões amplamente utilizadas por mulheres transgêneras e travestis. Uma característica relevante e socialmente perceptível em relação ao uso dessa variante por esse grupo específico da sociedade é a exclusão social e perseguição histórica.

Para enriquecer ainda mais a discussão acerca da origem do *Pajubá*, já que se trata de uma expressão que está presente nos estudos linguísticos, faz-se necessário conceituar os termos: dialeto, idioleto, *pidgins* e crioulo, para facilitar a sua comprovação como elemento linguístico. Comecemos com Crystal (1988), o qual nos informa que dialeto é uma variante de uma língua, distinta em termos social ou regional e identificada por um conjunto particular de palavras e estruturas gramaticais. Já idioleto é uma variante individual de um dialeto. Para o conceito de *pidgin*, o mesmo autor revela ser um termo usado na sociolinguística com referência a uma língua que mostra uma redução significativa de estrutura gramatical, lexical e estilística, em comparação com outras línguas, e que não é a língua nativa de ninguém. Por fim, o conceito de crioulo para Calvet (2002), é o de um termo usado na sociolinguística como referência a uma língua que se tornou a língua materna de uma comunidade de fala, como aconteceu na Jamaica, no Haiti, na República Dominicana e em diversas outras partes do mundo, principalmente em ex-colônias.

Indubitavelmente, o *Pajubá* veio para ser trabalhado como uma antilinguagem, já que quebra os conceitos formais característicos de uma língua entendida como aceitável pela sociedade. Embora já tenhamos discutido acerca do fenômeno do *pidgin*, não podemos classificar a referida manifestação da variedade linguística como tal, pois para Hudson (1984), esse fenômeno linguístico aparece em contexto de urgência comunicativa a partir da necessidade de comunicação imediata.

Trata-se, portanto, de uma espécie de "linguagem inventada" para efeitos de comunicação reduzida em contextos multilíngues em que uma das línguas é socialmente dominante, nesse caso o Português. Tendo em vista que as próprias línguas africanas foram proibidas e de igual maneira durante muito tempo o comportamento fora dos padrões de gênero, destacamos que tanto essa variedade linguística como essa variedade de identidade de gênero se comportam como mecanismos de resistência na sociedade moderna.

Ver também: Colonização/Descolonização, Racismo.

REFERÊNCIAS

CALVET, Louis-Jean. **Sociolinguística**: uma introdução crítica. São Paulo: Parábola, 2002.

CRYSTAL, David. **Dicionário de Linguística e Fonética**. Rio de Janeiro: Zahar, 1988.

HUDSON, Richard Anthony. **Sociolinguistics**. Cambridge: Cambridge University Press, 1984.

PAN-AFRICANISMO

Luan Kemieski da Rocha

Pan-africanismo é um movimento político-ideológico e cultural, nascido na diáspora africana dentro da segunda metade do século XIX, que busca uma unificação em comum dos descendentes africanos junto com os nativos do continente. Essa corrente de pensamento tem como base a ideia de que África, os africanos e seus descendentes compartilham uma história e um destino comum. Fundamentando-se na perspectiva que eles são um único conjunto. Tem como objetivo a regeneração e unificação da África, ao mesmo tempo que incentivam redes de solidariedade entre as populações do mundo africano em todo o globo.

O Pan-africanismo é heterogêneo, assumiu diversas formas em seu desenvolvimento histórico e em suas variadas localizações geográficas. Apesar disso, possui o fio condutor que alinha essas diversas perspectivas. O movimento se preocupa com a "emancipação social, econômica, cultural e política dos povos africanos, incluindo os da diáspora africana" (Adi, 2022, p. 38). Ao mesmo tempo, compreende que a história da África e dos afrodescendentes estão interconectados.

O ideário Pan-africano surgiu com ativistas e intelectuais diaspóricos, sobretudo das Américas e do Caribe. Dentro dessa ideologia, fortaleceram-se premissas que irão caracterizar a perspectiva Pan-africanista: Em primeiro lugar está a ideia de *libertação*, ou seja, a defesa pelo fim do colonialismo sob a África e diáspora; na sequência está a consciência de *integração*, isto é, a noção de que os diversos países africanos têm que se unir para formar uma nação forte e um continente poderoso; outro ponto é a regeneração da *personalidade/civilização africana*, assim dizendo, o entendimento de que existem valores civilizatórios, uma personalidade histórica própria ancestral da África, sendo necessária regenerá-la para construir uma modernidade africana. Tal visão, está ligada a tentativas de positivação do continente; o quarto ponto é o sentido de *solidariedade*, entre os povos africanos e descendentes; e por último está a *unidade* conjunta da África e suas diásporas. Ao longo do desenvolvimento histórico do Pan-africanismo, percebe-se uma maior ou menor força desses princípios, acompanha seu contexto e suas discussões.

O que levou ao surgimento do Pan-africanismo? Grande parte dos pesquisadores está de acordo que o que ocasionou o advento Pan-africano é o tráfico escravista atlântico ocorrido entre os séculos XVI-XIX e a racialização. Isto é, o movimento histórico que fez surgir a diáspora africana. Esse processo de tráfico forçado é impactante e traumático por vários motivos. Um deles pode ser exemplificado naquilo que ficou conhecido como "a passagem do meio", em outras palavras, o processo de travessia do atlântico, caracterizado pela violência física, simbólica, religiosa, social e cultural.

No tráfico, as pessoas perdiam o seu nome, os traficantes separavam famílias, etnias, impediam que esses sujeitos falassem suas línguas e exercessem sua religião. Depois que essas pessoas desembarcavam em novas terras, acabavam por perder sua relação com o antigo continente. Esses homens e mulheres já não eram mais africanos iorubás, hauçás ou fulas, eles eram agora caracterizados como negros. Criou-se uma "pólis dividida" (Mbembe, 2001, p. 188). A partir desse dado, de que as sociedades afrodiaspóricas estão ligadas a uma identidade criada no tráfico, que podemos retomar nossa pergunta e entender o que levou o surgimento do Pan-africanismo. Nessa divisão entre identidades e sua formação, começaram a surgir movimentos de aproximações e novas formas identitárias que tentaram abarcar essa nova condição criada, surgindo uma delas, o Pan-africanismo.

Vários eventos históricos contribuíram para a formação do ideário Pan-africanista. Citando alguns temos a Revolução Haitiana, o abolicionismo, as ideias de repatriamento (ou seja, indivíduos que tinham como objetivo retornar para a África) e o colonialismo contra o continente africano, associado posteriormente à Conferência de Berlim.

Ao mesmo tempo, temos um reforço da consolidação da existência de uma raça negra. Nesse caso, o que se formava era um ambiente de positivação que defendia a presença de uma raça negra, não necessariamente vista como algo negativo. Tal ideia servia como uma forma de resistência à opressão criada pelo racismo científico do século XIX, que era utilizado para colocar traços de inferioridade a pessoas negras. Esse pensar, foi usado como uma forma de "unir aqueles que, a despeito de suas especificidades históricas, são assemelhados por sua origem humana e negra" (Hernandez, 2008, p. 138).

Todos esses fatos e acontecimentos proporcionaram o advento do Pan-africanismo. O historiador e sociólogo Muryatan Barbosa (2012), delimita didaticamente o movimento em gerações de Pan-africanistas.

Começando com o período formador (1870-1920), compõe a primeira geração de ativistas e intelectuais que provinham de uma tradição ocidental. Isto é, utilizavam-se de uma "linguagem europeia, atuando em instituições 'modernas', como Igrejas Protestantes, universidades, campos literários e jornalísticos" (Barbosa, 2012, p. 135-136). Nessa primeira geração, tivemos como destaques as figuras de Alexander Crummell (1819-1898), Edward Blyden (1832-1912), J. A. Horton (1835-1883), Martin Delany (1812-1885), Henry Sylvester Williams (1869-1911), Anténor Firmin (1850-1911), Anna J. Cooper (1858-1964), Ella D. Barrier (1852-1945), Fannie Barrier Williams (1855-1944), Marcus Garvey (1887-1940), W.E.B. Du Bois (1868-1963), entre outros. Estes indivíduos começaram a debater ideias que falavam de vários temas como a repatriação, a personalidade africana, a autodeterminação e o orgulho racial.

Uma segunda geração Pan-africanista (1920-1945), carregou uma pluralidade de perspectivas consigo. Barbosa (2012), com o objetivo de didatizar e resumir essa heterogeneidade divide essa geração naqueles que se ligam a uma abordagem cultural e outros com um ponto de vista histórico. O primeiro, cultural, diz respeito a perspectivas culturais que estavam se consolidando nos anos de 1920 e que incorporavam o simbolismo negro à cultura artística ocidental, como modo de enfrentamento a uma realidade racista e violenta. Tal visão alicerçou-se na literatura, música, artes cênicas e visuais e ficou conhecida por movimentos como o *Renascimento do Harlem* e o *Negritude* (Guimarães, 2003). Entre os principais nomes estavam o de Aimé Cesaíre (1913-2008), Claude McKay (1890-1948), Léopold Senghor (1906-2001), entre outros. Sob o ponto de vista histórico, esta geração, se formou na historiografia sobre a escravidão e a formação do mundo atlântico com perspectivas de unidade afro-negra. Esse olhar, colocava a importância do escravismo e das relações étnico-raciais nas discussões sobre a formação e reprodução do capital. Assim como interpretava a África como berço da humanidade e colocava civilizações como a do Egito ou da Núbia enquanto as primeiras civilizações humanas e, portanto, a idealização do surgimento da unidade afro-negra (Barbosa, 2012). Alguns importantes intelectuais e figuras políticas dessa época foram C.L.R. James (1901-1989), Eric Williams (1911-1981) e Cheikh Anta Diop (1923-1986).

Por fim, por meio das influências desses diversos Pan-africanismos, começou a se desenvolver uma perspectiva mais militante, na qual não seria formada propriamente por acadêmicos, mas sim por figuras de ação radical que encaminharam as pluralidades Pan-africanas para a descolonização da África. A partir da prática dessas figuras se construiu o determinante *Congresso de Manchester* em 1945, que conseguiu unificar de certo modo as diversas tendências Pan-africanas que existiam em torno de um só objetivo, a descolonização. E foi com essa caminhada que os intelectuais, ativistas da África passaram a tomar as rédeas do movimento Pan-africano. Esse movimento trouxe à tona figuras importantes como George Padmore (1903-1959), Kwame N'Krumah (1909-1972), Jomo Kenyatta (1894-1978), entre outros.

Atualmente, o movimento Pan-africanista tem como seu principal representante a União Africana (UA), sucessora da antiga Organização de Unidade Africana (OUA). E que tem como objetivo a defesa dos princípios de autodeterminação dos povos e da defesa da independência dos países africanos pós colonização, lutando contra perspectivas coloniais ou neocoloniais e buscando a promoção da solidariedade dos povos e nações africanas.

Ver também: África, Colonização/Descolonização, Diáspora, Eugenia, Raça, Racismo, Racismo Científico, Partilha da África/Conferência de Berlim, Tráfico Atlântico/Tráfico Negreiro.

REFERÊNCIAS

ADI, Hakim. **Pan-africanismo**: uma história. Salvador: EDUFBA, 2022.

BARBOSA, Muryatan Santana. Pan-africanismo e teoria social: uma herança crítica. **Revista África**, [S. l.], v. 31-32, p. 135-155, 2012.

GUIMARÃES, Antonio Sérgio. A modernidade negra. **Teoria e Pesquisa**, São Carlos, v.1, n. 42/43, p. 41-61, jan/jul. 2003.

HERNANDEZ, Leila Leite. **A África na sala de aula**: visita à história contemporânea. São Paulo: Selo Negro, 2008.

MBEMBE, Achille. As formas africanas de auto-inscrição. **Estudos Afro-Asiáticos**, [S. l.], ano 23, n. 1, p. 171-209, 2001.

PARTILHA DA ÁFRICA / CONFERÊNCIA DE BERLIM

Manuel Alves de Sousa Junior

Chamamos de Partilha da África a divisão do continente africano realizada pelas potências europeias no processo histórico do neocolonialismo / imperialismo no final do século XIX. Também conhecida como Conferência de Berlim, diversas reuniões foram realizadas de novembro de 1884 a fevereiro de 1885 definindo regras, acordos e os contornos dos países africanos muito próximo ao que temos nas fronteiras africanas atualmente.

Os principais motivos na exploração africana foram originalmente a curiosidade científica e a ação humanitária. Porém, logo se tomou consciência das ricas possibilidades que o futuro reservava ao comércio, às plantações e às especulações industriais do continente africano. A descoberta de metais preciosos e o canal de Suez, que propiciava navegações mais rápidas e econômicas também estavam entre os motivos de interesse (Brunschwig, 2006).

Desde o século XIV e continuando ao longo do século XIX nações europeias já penetravam os territórios africanos, principalmente em regiões litorâneas em busca de riquezas e escravos, porém sem qualquer ordenamento entre os países exploradores. A Itália e a Alemanha tinham se unificado enquanto nações a poucos anos e tinham interesses desenvolvimentistas e este último, foi o país responsável por convidar os líderes europeus para as discussões. Macedo (2020, p. 139) contribui para a discussão ao afirmar que

> O acirramento da rivalidade pela ampliação de espaço de influência em solo africano produziu algo inédito: uma convenção internacional entre representantes europeus: a Conferência de Berlim, entre 1884 e 1885, na qual a África foi partilhada.

Centenas de tratados foram firmados durante e após a conferência (muitos descumpridos nos anos seguintes) que provocaram um aumento das tensões e ajudaram a provocar, posteriormente, a primeira guerra mundial. Foram estabelecidas regiões de livre circulação por todos os integrantes, como os rios Níger e Congo (Brunschwig, 2006).

A França e a Inglaterra foram as nações mais beneficiadas. Os debates foram realizados segundo interesses dos países europeus, por vezes incluindo ameaças à base de conflitos armados. Portugal, por exemplo, queria o chamado mapa cor de rosa no sul da África, com sua área de atuação ligando Angola, na costa Atlântica, até Moçambique, na costa Índica, atravessando territórios ingleses. Os britânicos não aceitaram e ameaçaram o país Ibérico que desistiu.

A ocupação em solo africano foi embasada em um neocolonialismo/imperialismo disfarçado como uma missão civilizatória. Os homens brancos europeus pensavam ser os responsáveis por levar a civilização, o cristianismo, acabar com a escravidão e conceder as maravilhas do mundo civilizado para os africanos. Os historiadores chamam essa "missão" de Mito do Fardo do Homem Branco. A Ásia e a Oceania também sofreram as consequências desse novo processo colonial em grande parte de seus territórios.

Ademais, as nações europeias estavam em grande expansão industrial e precisavam de novos mercados consumidores, matéria prima barata e manter uma influência político-econômica sobre as demais potências mundiais. Com essas justificativas causaram a destruição de diversas comunidades, promoveram genocídios e saquearam as riquezas dos povos africanos. Estimulados pelo darwinismo social, ideologia que estava em alta em solo europeu, ideologias racistas também foram utilizadas para justificar a conquista da África.

A África não foi totalmente dominada. A Etiópia e a Libéria conseguiram resistir ao processo de neocolonização. A primeira resistiu bravamente a diversos ataques. Um dos principais foi contra os italianos, que chegaram com 17 mil homens esperando encontrar selvagens fáceis de dominar. Encontraram mais de 100 mil etíopes com armas modernas e o massacre italiano foi realizado com sucesso. "O resultado dessa batalha, a maior vitória de um africano contra um exército europeu desde a época de Aníbal, teve profunda influência na história das relações entre a Europa e a África. A Etiópia ganhou prestígio em toda a região do Mar Vermelho" (Akpan, 2010, p. 307).

"Tecnicamente, a Libéria era uma colônia da *American Colonization Society* (SAC), que a fundara em 1822 com o auxílio do governo norte-americano, para nela estabelecer afro-americanos 'livres', desejosos de fugir da escravatura e do racismo dos brancos" (Akpan, 2010, p. 282). Os africanos recapturados pela marinha norte-americana pelos navios negreiros também eram enviados ao novo país. O País da Liberdade como era conhecido, recebeu os primeiros navios com negros em 1821. Em 1847 os liberianos ficaram independentes e sua relação com o país americano ajudou a conseguirem se manter fora do alcance das potências europeias, apesar de ter perdido parte do território para França e Inglaterra. Akpan (2010, p. 299) afirma que "A Libéria sobreviveu, sim, à agressão britânica, mas ao preço da amputação de seu território e de cruéis inquietações".

Braick e Mota (2016, p. 11) afirmam que "a conquista europeia na África foi marcada pela violência e pelo racismo, instituídos, por exemplo, na desapropriação de terras, na cobrança de impostos, em formas de trabalho compulsório e no desrespeito às tradições estrangeiras, dando origem a prolongados conflitos". A exploração do continente africano pelos europeus não foi aceita de forma pacífica. Houve muitas revoltas, guerras e resistência. Foram colocadas etnias diferentes, muitas vezes rivais históricas em um mesmo território, o que acirrava as tensões e também gerava conflitos internos. Essa reconfiguração das fronteiras africanas causou uma verdadeira devastação do continente sob todos os aspectos.

Ver também: África, Colonização/Descolonização, Escravidão, Racismo, Reparação Histórica, Resistência Negra.

REFERÊNCIAS

AKPAN, Monday B. Libéria e Etiópia, 1880-1914: a sobrevivência de dois estados africanos. *In*: **História geral da África, VII**: África sob dominação colonial, 1880-1935. Editado por Albert Adu Boahen. 2. ed. Brasília: UNESCO, 2010. 1040 p.

BRAICK, Patrícia Ramos; MOTA, Myriam Becho. **História**: das cavernas ao terceiro milênio. 4. ed. São Paulo: Moderna, 2016. v. 3.

BRUNSCHWIG, Henri. **A partilha da África negra**. Tradução de Joel J. da Silva. 2. ed. São Paulo: Editora Perspectiva, 2006.

WIKIMEDIA COMMONS. **Afrika Konferenz**. 2010. Disponível em: https://commons.wikimedia.org/wiki/File:Afrikakonferenz.jpg. Acesso em: 4 dez. 2022.

MACEDO, José Rivair. **História da África**. 1. ed. São Paulo: Editora Contexto, 2020.

PEQUENA ÁFRICA

Thamires da Costa Silva

A Pequena África é uma região situada na zona portuária do Rio de Janeiro composta por três bairros: Saúde, Gamboa e Santo Cristo. A região ganhou esse nome graças ao compositor, pintor e cantor Heitor dos Prazeres (1898-1966), homem negro e pioneiro na formação das primeiras escolas de samba no Brasil.

A Pequena África é uma região que representa a herança africana no Rio de Janeiro, era um local de convergência da população negra escravizada e liberta. Um espaço de formação de quilombos urbanos, de resistência, de terreiros, de práticas como a capoeira e o samba.

Dois roteiros principais guiam os turistas e pessoas interessadas em saber mais sobre essa memória afro-brasileira, sendo o primeiro o *Circuito histórico arqueológico de celebração da herança africana* instituído pelo Decreto Municipal no 34.803 de 29 de novembro de 2011, criado pela CDURP (Companhia de Desenvolvimento Urbano da Região do Porto do Rio de Janeiro) – órgão oficial de comunicação do projeto do Porto Maravilha[6] –, criado como decorrência das reformas urbanas para o Projeto do Porto Maravilha. Somente seis pontos foram elencados, dentre muitos espaços simbólicos para a região.

O outro roteiro é muito mais abrangente e integra o projeto intitulado *Passado presente: memórias da escravidão no Brasil*. Trata-se de uma iniciativa de um grupo de pesquisa do Laboratório de História Oral e Imagem da Universidade Federal Fluminense e o Núcleo de Memória e Documentação da Universidade Federal do Estado do Rio de Janeiro. Esse roteiro possui dezenove marcos da herança africana.

Existem diversos lugares de memória que fazem parte da Pequena África, como por exemplo a Pedra do Sal, o Cais do Valongo, o Cemitério dos Pretos Novos, os antigos mercados de escravizados e outros. Todos são importantes, mas detalharemos três deles para uma compreensão mais geral da Pequena África (Nora, 1993).

---

[6] O Projeto Porto Maravilha é originado de uma Operação Urbana Consorciada que almejou a renovar a Região Portuária Carioca, criada pela Lei Complementar Municipal n°. 101, de 23 de novembro de 2009.

O Cais do Valongo era a porta de entrada da população negra escravizada que vinha da África para o Brasil. Ao ingressar nesse novo país essa população, que conseguia sobreviver a longa e difícil viagem nos navios negreiros, perdia um pouco da sua identidade e eram considerados os "Pretos Novos", esse era o processo conhecido como diáspora africana.

Em 1843, o Cais do Valongo sofreu sua primeira tentativa de invisibilização, pois foi aterrado e reestruturado para receber a Teresa Cristina Maria de Bourbon, que se casou com D. Pedro II. Ganhando também um novo nome, o Cais da Imperatriz. Segundo Mônica Lima e Souza (2018, p. 102), "O Cais do Valongo, durante um longo tempo, foi submetido a um processo de enterramento material e simbólico". Em 1911, o Cais foi aterrado novamente para suprir as necessidades da Reforma Pereira Passos que tinha como objetivo remodelar e homogeneizar as áreas centrais da cidade do Rio de Janeiro. O então Cais da Imperatriz se tornou Praça Municipal e depois ficou conhecida como Praça do Jornal do Comércio.

Essas tentativas de silenciar a memória da escravidão e da população negra só foram ultrapassadas em 2011, com as obras do projeto Porto Maravilha, pois o Cais do Valongo foi redescoberto. Em 2016, o Cais do Valongo se candidatou a Patrimônio da Humanidade pela UNESCO, conseguindo o título em 2017.

O Cemitério dos Pretos Novos era o local onde era enterrada (muitas vezes queimada ou somente jogada) a população escravizada que não conseguia sobreviver.

> Custa-nos acreditar, mas o fato é que os corpos se amontoavam no centro do terreiro e tal acontecimento levou o alemão a supor que os corpos eram queimados uma vez por semana, para que as cinzas fossem mais bem absorvidas pelo solo farto de corpos. Mas de uma coisa Freireyss tinha certeza: o cheiro era insuportável (Pereira, 2007, p. 81).

O Cemitério funcionou nos anos de 1769 a 1830 e estima-se que tenham sido enterradas aproximadamente de 20 mil a 30 mil pessoas. Em 1831, o Cemitério foi fechado e foram feitas construções em sua área.

No ano de 1996, o Cemitério dos Pretos Novos foi redescoberto pela família Guimarães dos Anjos, ao realizarem uma reforma em sua cozinha. Ao longo dos anos foram feitas diversas pesquisas arqueológicas que possibilitam compreender as violências e maus tratos que a população escravizada foi submetida.

Em 2005, por iniciativa dessa mesma família, sua casa e mais dois terrenos ao lado foram adquiridos e transformados no Instituto dos Pretos Novos, um local de memória e educação, que estimula a reflexão crítica da herança africana.

A Pedra do Sal, o próximo tópico, é considerado o berço do samba e do carnaval carioca. Além de ponto de encontro, a pedra era utilizada para secar o sal vindo da Baía de Guanabara. De acordo com Martha Abreu (2014 p. 46), "na década de 1830, ela sofreu um impressionante corte, quando foi aberta a Rua Nova de São Francisco da Prainha" (depois Rua da Saúde e hoje Rua Sacadura Cabral).

Em 1984, a Pedra do Sal foi reconhecida pelo estado do Rio de Janeiro como patrimônio e tombada pelo Instituto Estadual do Patrimônio Cultural[7] (INEPAC). Desde 2009, toda segunda-feira e às vezes sexta-feira ocorrem rodas de samba que unem moradores e turistas na região.

É importante destacar também o quilombo da Pedra do Sal, que foi reconhecido como tal no ano de 2006, pela Fundação Cultural Palmares, por meio da Portaria n° 02 de 17 de janeiro de 2006. Segundo Chuva (2020, p. 19), "rompia-se, desse modo, a fronteira do passado com o presente. Além da materialidade das pedras esculpidas pelos escravizados no século XIX, havia ali sujeitos conectados com esse passado, entrelaçados com as heranças do território, das práticas e das histórias do lugar".

O silenciamento que sofre a memória afro-brasileira fica indubitável a partir do momento que se conhece a Pequena África e seus lugares de memória. Lutar pela visibilidade dessa região é contribuir para o não esquecimento dos horrores da escravidão e para a memória e identidade da população afro-brasileira.

Ver também: África, Banzo, Colonização/Descolonização, Escravidão, Escravo/Escravizado, Cais do Valongo, Diáspora, Quilombo, Tráfico Atlântico/Tráfico Negreiro.

REFERÊNCIAS

BRASIL. Fundação Cultural Palmares. **Portaria n° 02 de 17 de janeiro de 2006**. Brasília, DF, 2006.

---

[7] O Instituto Estadual do Patrimônio Cultural está subordinado à Secretaria de Estado de Cultura do Rio de Janeiro, e tem como função o desenvolvimento de ações para a preservação do patrimônio cultural e artístico no âmbito do território fluminense.

CHUVA, Márcia. Entre a herança e a presença: o patrimônio cultural de referência negra no Rio de Janeiro. **Anais do Museu Paulista**, São Paulo, v. 28, p. 1-30, 2020.

NORA, P. **Entre memória e história**: a problemática dos lugares. **Projeto História** (Revista do Programa de Estudos Pós-graduados em História/ PUC-SP), São Paulo, v. 10, p. 7-28, 1993.

PEREIRA, José Júlio Medeiros. **A flor da terra**: o cemitério dos pretos novos no Rio de Janeiro. Rio de Janeiro: UFRJ, 2007.

RIO DE JANEIRO. **Decreto Municipal nº 34.803 de 29 de novembro de 2011.** Dispõe sobre a criação do Circuito Histórico e Arqueológico de Celebração da Herança Africana e o Grupo de Trabalho Curatorial do Projeto Urbanístico, Arquitetônico e Museológico do circuito.

SOUZA, Mônica Lima. História, Patrimônio e memória sensível: o Cais do Valongo no Rio de Janeiro. **Outros Tempos**, [S. l.], v. 15, p. 98-111, 2018.

QUILOMBO

Rafaela Matos de Santana Cruz
Manuel Alves de Sousa Junior

Historicamente, o conceito de quilombos esteve ligado a espaços de resistência negra desenvolvidos por todo o país ao longo do período escravista no Brasil. João José Reis afirma que possivelmente não tenha existido um escravizado sequer que não tenha uma fuga em seu período de vida como cativo (Reis, 2016). Os mocambos, como inicialmente eram conhecidos os quilombos, formavam verdadeiras vilas/fortalezas a partir de escravizados fugitivos. Os quilombos receberam nomes diferentes em diversos outros países da América Latina.

Schwarcz (2012) aponta para a existência de dois tipos de quilombos: os de ruptura ou de rompimento em que a tendência dominante era a política do esconderijo e do segredo de guerra; e os quilombos abolicionistas, geralmente localizados perto dos centros urbanos, facilitavam o trânsito entre fugitivos e a sociedade.

Gomes (2018, p. 367) afirma que o primeiro registro de mocambo em solo nacional data de 1575 na Bahia e complementa "ainda em fins do século XVI, as autoridades coloniais garantiam que havia alguns obstáculos à colonização, sendo o primeiro deles os 'negros da Guiné' que viviam em algumas serras e praticavam assaltos às fazendas e engenhos".

Estas comunidades faziam trocas com escravizados e com a população livre. Plantio de mandioca para farinha, legumes, frutas, cana-de-açúcar, artesanato, caça, pesca, cerâmica, criação de animais e produção de lenha eram alguns dos produtos produzidos por quilombos pelo país no Brasil colônia. Alguns quilombos também faziam assaltos a fazendas próximas. Existiam tanto quilombos urbanos quanto rurais.

O principal, maior e mais duradouro quilombo do Brasil foi Palmares na então capitania de Pernambuco, atual Estado de Alagoas. Seu nome deve-se a imensa quantidade de palmeiras nativas da região. A primeira referência data de 1597 e "em meados do século XVII a sua população já alcançava milhares de pessoas distribuídas em vários mocambos ao longo daquelas terras" (Gomes, 2018, p. 369). O rei de Palmares mais conhecido foi Zumbi, assassinado em 20 de novembro de 1695, que havia substituído o rei Ganga-Zumba, também assassinado. Nina Rodrigues (2010, p. 85-86) chegou a afirmar em seu livro *Os africanos no Brasil*, escrito entre 1890 e 1905 e publicado postumamente em 1932, que Palmares foi "a maior das ameaças à civilização do futuro povo brasileiro". Era o pensamento da elite letrada da época.

No Brasil existem atualmente cerca de 5 mil comunidades remanescentes quilombolas. A Constituição Brasileira de 1988 traz no artigo 68 do Ato das Disposições Constitucionais Transitórias (ADCT) a informação que "aos remanescentes das comunidades dos quilombos que estejam ocupando suas terras é reconhecida a propriedade definitiva, devendo o Estado emitir-lhes os títulos respectivos". Porém, inúmeras comunidades quilombolas de todo o país encontram entraves para terem de fato o que lhes é de direito.

Atualmente, o conceito de quilombo tem sido ressignificado como sistemas sociais alternativos, além, de resistência e celebração da vida em comunidade negra! O conceito de Quilombo por muito tempo ficou preso a escravização desumana do corpo negro, como também a lugares de refúgio de negros fugidos do cativeiro (Nascimento, 2021). Assim, ao decorrer sobre o conceito de quilombo, estamos de mãos dadas a Beatriz Nascimento (2021), ao afirmar que quilombos são todos os negros em movimento que fazem e que desenvolvem em seus territórios, sistemas sociais alternativos.

Esse exercício de reafirmação e ressignificação do conceito quilombo atualmente, é oriundo da luta dos movimentos negro e quilombola. O quilombo passou a ser considerado como um lugar alternativo de corpos livres e de democratização. São lugares de movimentação negra, de vida em comunidade e de sistema social alternativo de sobrevivência das populações negras brasileiras.

Beatriz Nascimento (2021) repensou o papel do negro na sociedade brasileira, repensou a raça e racismo além, de abordar como o conceito de quilombo que conhecemos, não passa de uma interpretação estereotipada e eurocêntrica do colonizador que fez de tudo para anular as (re)existências e insurgências enquanto corpos negros em movimentos.

Assim, entendemos as dificuldades interpretativas que o conceito de quilombo tem na atualidade, por acreditar que "ele se forma da necessidade humana de se organizar de um modo específico que não aquele arbitrariamente estabelecido pelo colonizador" (Nascimento, 2021, p. 124). Porém, nas entrelinhas das resistências, as insurgências do corpo negro, chamada por Beatriz Nascimento (2021, p. 133), de paz quilombola, percebe que "o quilombo começa a organizar sua estrutura social interna, autônoma articulada com o mundo externo. Entre um ataque e outro da repressão oficial, ele se mantém retroagindo e se reproduzindo".

Por anos a historiografia brasileira associou os quilombos apenas ao sistema escravocrata (lugar de escravo fujão). Os livros e materiais didáticos fizeram referências aos quilombos com essa associação e remetendo a existência unicamente ao período escravista. Essa foi a forma das colonialidades consagrarem o racismo na sociedade fazendo uso de interpretações eurocêntricas. Por esse motivo temos várias definições de quilombo que o deixam atrelado apenas a atividades desenvolvidas no período colonial do Brasil, praticadas por escravos fugidos. Porém, o quilombo vive, está em cada negro que na movimentação do corpo livre, contempla suas ancestralidades, mais do que as territorialidades podem demarcar, mesmo sendo importante, por ser um direito negado depois da lei de terras de 1850, precisamos sentir o balançar da dança quilombola que todos os negros brasileiros fazem diariamente dentro de um sistema que mata, anula, e deixa as margens. Somos todos insurgentes, somos todos sistemas sociais alternativos, ou seja, somos todos quilombos. Quilombos que somos!

Ver também: Colonização/Descolonização, Consciência Negra, Escravo/Escravizado, Escravidão, Movimento Negro Unificado, Raça, Racismo, Resistência Negra.

REFERÊNCIAS

BRASIL. **Constituição Federal Brasileira de 1988.** Constituição da República Federativa do Brasil. Brasília, DF: Senado Federal/Centro Gráfico, 1988.

GOMES, Flávio dos Santos. Quilombos/Remanescentes de Quilombos. *In*: SCHWARCZ, Lilia Moritz; GOMES, Flávio dos Santos (org.). **Dicionário da escravidão e liberdade**: 50 textos críticos. São Paulo: Companhia das Letras, 2018. p. 367-373.

REIS, João. Nossa História Começa na África. [*S. l.: s. n.*], 2016. 1 vídeo (20min 34s). Publicado pelo canal Nós Transatlânticos. Disponível em: https://www.youtube.com/watch?v=PF6mXS9QWpo. Acesso em: 17 nov. 2022.

NASCIMENTO, Beatriz. **Uma história feita por mãos negras**: relações raciais, quilombo e movimentos. Organização de Alex Ratts. 1. ed. Rio de Janeiro: Zahar, 2021.

RODRIGUES, Nina. **Os africanos no Brasil**. Rio de Janeiro: Centro Edelstein de Pesquisas Sociais, 2010. *E-book*.

SCHWARCZ, Lilia Moritz. **Nem preto nem branco, muito pelo contrário**: cor e raça na sociabilidade brasileira. 1. ed. São Paulo: Claro enigma, 2012.

RAÇA

Miguel Lucio dos Reis
Manuel Alves de Sousa Junior

Atualmente a raça é entendida como um conceito sociológico. Mas nem sempre foi assim. Autores como o antropólogo Munanga (2004) e o filósofo Almeida (2019), apontam para a conceitualização histórica do termo raça a partir dos tradicionais métodos das ciências naturais, seja pela classificação, categorização ou referenciação de plantas, animais e, posteriormente, de seres humanos. Para Munanga (2004), os campos da zoologia e da botânica foram fundamentais para o desenvolvimento do termo raça na modernidade. Destaca ainda as 24 classes criadas para vegetais pelo naturalista sueco Carl Von Linné (1707-1778). Seu *Sistema de Linné* (1735-1753), foi referência na catalogação e registro de plantas a partir de ordem, gênero e espécie.

Os dicionários mais conhecidos da língua portuguesa também indicam essa discussão entre os campos sociológico e biológico. O dicionário *Aurélio*, dentre outras informações, até traz a questão que diversos autores propuseram a classificação da humanidade em 3 grandes raças: branca, negra e amarela, mas também afirma que como conceito antropológico,

> [...] sofreu numerosas e fortes críticas, pois a diversidade genética da humanidade parece apresentar-se num contínuo, e não com uma distribuição em grupos isoláveis, e as explicações que recorrem à noção de raça não respondem satisfatoriamente às questões colocadas pelas variações culturais (Ferreira, 2010, p. 1767).

Já o dicionário *Houaiss* chama de "arbitrária" a divisão de raças humanas e também entra na discussão ao apontar que "etnologicamente, a noção de raça é rejeitada por se considerar a proximidade cultural de maior relevância do que o fator racial" (Houaiss; Villar, 2009, p. 1602) e complementa "coletividade de indivíduos que se diferencia por sua especificidade sociocultural, refletida principalmente na língua, religião e costumes" (Houaiss; Villar, 2009, p. 1602).

Apesar de certas indefinições etimológicas e temporais, a palavra procede do latim *ratio*, quer dizer, sorte, categoria ou espécie. Não por acaso, ao ser empregada na comparação de populações e grupos considerados distintos, forjou mecanismos de hierarquização apoiados em supostas linhagens biológicas, descendências, castas e características físicas ou territoriais. Entre os embates das áreas teológicas e biológicas sobre as possibilidades de diferenciação racial, as discussões sobre a diversidade humana ganham maior importância a partir dos séculos XV e XVI, no contexto das expansões mercantilistas europeias (Todorov, 1993).

Entre os séculos XV e XIX, o maior entrave se concentrou nas correntes de pensamento monogenista e poligenista. Por parte da tradição teológica, os monogenistas acreditavam que grupos específicos descendiam de Adão e formariam uma unicidade ao conceito de humanidade. Para os poligenistas, as diferenças raciais refletiriam a diversidade de linhagens humanas, ou seja, as raças humanas tiveram ancestrais diferentes na evolução humana e, portanto, poderiam ser consideradas como espécies distintas do gênero *Homo*.

Para Quijano (2001), a ideia de raça foi inaugurada com a tomada da América e do desenvolvimento do capitalismo que promoveram e globalizaram a colonialidade de relações de poder. Ou seja, o autor afirma que a colonialidade produziu o surgimento da raça ao criar as categorias de classificação social diferenciando os brancos europeus dos não brancos. Dessa forma, entendemos que o processo civilizatório imposto pelos europeus na América foi realizado a partir do conceito de raça, separando os povos em raças e hierarquizando-as, obviamente tendo a raça branca como a superior e a responsável por levar a civilização e os preceitos cristãos aos demais povos do planeta.

Das grandes viagens e encontros com outras nações, a questão da raça se tornou um aspecto essencial para a construção da cultura renascentista do ocidente e dos modos de ver e medir o outro, ambos pautados em marcadores da diferença e do colonialismo. Na passagem do século XVI para o XVII, além de traçar fundamentos para a universalização dos padrões europeus, os estudos raciais também facilitaram a organização interna de muitos países, apontando os norteadores políticos e os papéis sociais. É nesse mesmo período, em 1684, que o termo raça ganha seu "sentido moderno" (Munanga, 2004, p. 01), por meio dos estudos do antropólogo francês François Bernier (1620-1688).

O resgate intelectual de pensadores clássicos da Grécia, a Revolução Francesa (1789-1799) e o fortalecimento de ideais iluministas, reconduziram as teorizações em torno da raça no século XVIII. Depois de um processo de naturalização das diferenças, esse período potencializou a categorização moral de grupos julgados como impuros, bárbaros ou selvagens, além da ordenação de diferentes raças a partir de características físicas ou fenotípicas, inclusive a cor da pele. Esse processo vai, aos poucos, posicionando os seres humanos, principalmente as populações sistematicamente inferiorizadas, como objetos da ciência, ancoradas principalmente nas pesquisas sobre heranças físicas do naturalista francês Georges Cuvier (1769-1832). Essas práticas culminaram ao longo do século XVIII em teorias e políticas raciais, como a craniologia, antropologia criminal, darwinismo social, eugenia, frenologia dentre outras.

O século XIX foi marcante para o crescimento industrial na Inglaterra, acompanhado de uma explosão demográfica nas cidades, que trouxe os problemas da urbanização consigo com a superlotação de bairros operários, como a proliferação de doenças e epidemias ocasionadas também pela falta de infraestrutura sanitária acentuando a miséria, a insalubridade e tensão social. A elite intelectual preocupava-se tanto com a proliferação das doenças quanto com os ideais insurrecionais que despontavam no cenário social. Desse modo, ciência, progresso, biologia e teorias raciais embrionárias combinavam-se a partir de interesses sociais bem específicos trazendo o prenúncio biológico e hereditário da raça para as desigualdades sociais explícitas. Essas ideologias europeias foram se consolidando por lá e, aos poucos, disseminadas por todo o ocidente. No bojo dessas difusões científicas, a raça era criada e o racismo era cada vez mais consolidado na estrutura da sociedade (Bonfim, 2017; Darmon, 1991).

As discussões sobre raça estavam tão efervescentes, que no início do século XX, em 1911, ocorreu o *Congresso Mundial das Raças* que contou com a presença de personalidades de mais de 50 países da Europa, América, África e Ásia, dentre eles os brasileiros médicos e antropólogos João Batista de Lacerda (1846-1915) e Edgard Roquette-Pinto (1884-1954), ambos ligados ao Museu Nacional. O foco principal do congresso foi a pacificação entre diversas nações em um contexto histórico marcado pela expansão imperialista sobretudo na África e na Ásia. A antropologia com foco racial também foi amplamente discutida e muitos defenderam a existência da preservação de barreiras raciais na Europa. Uma segunda edição do congresso estava prevista para 1915, mas não ocorreu por causa da Primeira Guerra Mundial (1914), na época chamada de Grande Guerra (Bonfim, 2017).

Diversos outros intelectuais brasileiros atuantes nas primeiras décadas do século XX, como por exemplo, Renato Kehl (1889-1974), Monteiro Lobato (1882-1942), Belisário Penna (1868-1939), Arthur Ramos (1903-1949), Edgar Roquette-Pinto (1884-1954) e Oliveira Vianna (1883-1951), trataram de abordar a desejada pureza racial e influenciar a *Intelligentsia* e até mesmo o Estado em prol de uma sociedade branca, higienizada e eugenizada.

Nesse sentido, engenheiros, médicos, juristas e intelectuais disputavam lugares privilegiados em busca da influência e governo dos povos, para isso, faziam parte de ligas, sociedades e associações ou ainda participavam em áreas voltadas para políticas sociais, assistência e a educação, sempre pensando o progresso da nação a partir da raça analisada com modernas teorias sociológicas, educacionais, higienistas e eugênicas que tomavam conta do tecido social (Kuhlmann Júnior, 2010).

Hobsbawn (2000), afirma que a separação e categorização de raças levou à criação das raças consideradas inferiores porque "representavam um estágio anterior a evolução biológica ou da evolução sócio-cultural, ou então de ambas" (p. 370), ou seja, existia toda uma hierarquização da evolução das raças, com o branco europeu no topo dessa cadeia evolutiva. Para a intelectualidade, a inferioridade era comprovada, pois a raça superior era dotada de tecnologia mais avançada, era militarmente mais poderosa, mais rica, e claro, mais bem sucedida nos caminhos da humanidade.

A classificação oficial das características raciais nos censos populacionais no Brasil ocorre desde 1872, portanto ainda no período escravista, e já passou por inúmeras mudanças ao longo desse tempo. Atualmente, o IBGE mantém a autodeclaração nas categorias: branca, preta, parda, amarela e indígena. O agrupamento de pretos e pardos como negros "é um artifício padrão nas análises e tabulações de dados" (Daflon, 2017, p. 63). Com a sanção do *Estatuto da Igualdade Racial* em 2010, a definição do negro como o somatório de pretos e pardos tornou-se oficial. No primeiro artigo, a lei aponta a população negra como sendo "o conjunto de pessoas que se autodeclaram pretas e pardas, conforme o quesito cor ou raça usado pela Fundação Instituto Brasileiro de Geografia e Estatística (IBGE), ou que adotam autodefinição análoga" (Brasil, 2010).

O sociólogo Guimarães cunhou o termo raça social, ele escreve que raça não é um dado biológico, mas "construtos sociais, formas de identidade baseadas numa ideia biológica errônea, mas eficaz socialmente, para construir, manter e reproduzir diferenças e privilégios" (Guimarães, 1999,

p. 153). Os geneticistas da atualidade não reconhecem qualquer caráter científico para o conceito de raça biológica. Tanto a genética clássica quanto o *Projeto Genoma Humano* não reconhecem qualquer especulação sobre a distinção dos seres humanos em categorias biologicamente fundamentadas. Entretanto, a ideia de raça permanece por meio de discussões e formas histórico-sociais de desigualdade e discriminação, permanecendo categorizada como fundamentos de discriminação social, tendo como balizador os aspectos da biologia e saúde humanas (Lima, 2010).

Ver também: Biopolítica, Branqueamento da População, Direitos Humanos, Discriminação Racial/Preconceito, Escravidão, Eugenia, Mito da Democracia Racial, Racismo, Racismo Científico, Relações Étnico-Raciais, Reparação Histórica, Supremacia Racial Branca, Teoria Racial Crítica.

REFERÊNCIAS

ALMEIDA, Sílvio Luiz de. **Racismo estrutural**. São Paulo: Sueli Carneiro: Pólen, 2019.

BONFIM, Paulo Ricardo. **Educar, higienizar e regenerar**: uma história da eugenia no Brasil. Jundiaí: Paco editorial, 2017.

BRASIL. **Lei nº 12.288, de 20 de julho de 2010**. Institui o Estatuto da Igualdade Racial; altera as Leis nos 7.716, de 5 de janeiro de 1989, 9.029, de 13 de abril de 1995, 7.347, de 24 de julho de 1985, e 10.778, de 24 de novembro de 2003. Disponível em: https://www.planalto.gov.br/ccivil_03/_ato2007-2010/2010/lei/l12288.htm. Acesso em: 26 fev. 2023.

DAFLON, Verônica Toste. **Tão longe, tão perto**: identidades, discriminação e estereótipos de pretos e pardos no Brasil. Rio de Janeiro: Mauad X, 2017.

DARMON, Pierre. **Médicos e assassinos na 'Belle Époque'**: a medicalização do crime. Tradução de Regina Grisse de Agostino. Rio de Janeiro: Paz e Terra, 1991.

FERREIRA, Aurélio Buarque de Holanda. **Dicionário Aurélio da língua portuguesa**. Coordenação e edição de Marina Baird Ferreira e Margarete dos Anjos. 5. ed. Curitiba: Positivo, 2010. 2272 p.

GUIMARÃES, Antônio Sérgio Alfredo. **Racismo e anti-racismo no Brasil**. Rio de Janeiro: Ed. 34, 1999.

HOBSBAWN, Eric. **A era do capital** - 1848-1875. 5. ed. Rio de janeiro/RJ: Paz e Terra, 2000.

HOUAISS, Antônio; VILLAR, Mauro de Salles. **Dicionário Houaiss da língua portuguesa**. Rio de Janeiro: Objetiva, 2009. 1986 p.

KUHLMANN JÚNIOR, Moysés. Congressos profissionais no final do século XIX e início do século XX: ciência e política. *In:* HEIZER, Alda; VIDEIRA, Antonio Augusto Passos (org.). **Ciência, civilização e república nos trópicos**. Rio de Janeiro: Mauad X: Faperj, 2010. p. 179-196.

LIMA, Nísia Trindade. Antropologia, raça e questão nacional: notas sobre as contribuições de Edgard Roquette-Pinto e um possível diálogo com Franz Boas. *In:* HEIZER, Alda; VIDEIRA, Antonio Augusto Passos (org.). **Ciência, civilização e república nos trópicos**. Rio de Janeiro: Mauad X: Faperj, 2010. p. 255-276.

MUNANGA, Kabengele. Uma abordagem conceitual das noções de raça, racismo, identidade e etnia. **Programa de educação sobre o negro na sociedade brasileira**. Niterói: EDUFF, 2004.

QUIJANO, Aníbal. Colonialidad del poder y classificácion de social. **Trayectorias**, México, v. 4, n. 1, p. 45-53, 2007.

TODOROV, Tzvetan. **Nós e os outros**: a reflexão francesa sobre a diversidade humana. Rio de Janeiro: Jorge Zahar, 1993.

RACISMO

Cristiane Lourenço

A cor sempre chega primeiro. Essa é a constatação quando se examina as conexões políticas, econômicas e sociais no Brasil. O racismo é onipresente em nossa estrutura social, em nossa teia de convivências. Principal mecanismo de hierarquização social brasileiro, é por meio dele que as relações cotidianas se estruturam e são estruturadas, se manifestando de forma concreta e abstrata, se perfazendo em todos os espaços. O racismo está presente em todas as dimensões da vida social, fato facilmente comprovado quando se investiga os indicadores sociais.

É possível, ao verificar dados referentes a áreas estratégicas de desenvolvimento socioeconômico como escolarização, violência, gênero, território, encarceramento, trabalho, renda, dentre outros, que a população negra indefectivelmente estará, em sua maioria, super-representada quando se refere aos piores índices. Nas palavras de Márcia Campos Eurico (2017, p. 423):

> É o racismo, ao invés da ausência dele, que molda as relações sociais e o processo de trabalho no país e a análise desta ideologia requer o uso de referenciais teóricos capazes de desvelar a base da desigualdade social e as formas de controle da classe dominante sobre a classe trabalhadora.

A exclusão de negras e negros e a consequente desigualdade no acesso aos chamados mínimos sociais é parte de um método altamente discriminatório, que se expressa além das individualidades e atinge ao grupo, uma vez que é por causa da cor da pele e/ou origem étnica que os bens materiais e simbólicos não são acessados. A raça, elemento hierarquizante em nossa sociedade, metamorfoseada em práticas racistas é o que define os limites onde o corpo negro pode chegar.

Ao analisar nossa formação enquanto nação, observando o campo dos direitos, da proteção social, da vida econômica e reprodutiva, o racismo permanece balizando os limites da vida social. Racistas, aponta o professor Kabengele Munanga (2004, p. 24), estabelecem a superioridade racial em um viés sociológico,

> [...] ou seja, a raça no imaginário do racista não é exclusivamente um grupo definido pelos traços físicos. A raça, em sua concepção, é um grupo social com traços culturais, linguísticos, religiosos etc, que ele considera naturalmente inferiores aos do grupo ao qual ele pertence.

Historicamente, a crença da superioridade de um grupo de cor sobre o outro se pauta na ideia de que características físicas e/ou biológicas determinariam os níveis morais, intelectuais e culturais de determinado grupo. Deste modo, indivíduos e grupos que defendem a hierarquização social pautada na cor e/ou etnia tendem a converter o que é passível de mudança, como por exemplo os códigos culturais em algo uniforme e homogêneo, por óbvio legitimado a partir de seus próprios marcadores. Ao mesmo tempo, aquilo que não é possível ser modificado, como os traços fenotípicos, é definido como uma anomalia, uma anormalidade que precisa ser contida. Assim os padrões sociais, culturais, econômicos e estéticos são regulados à maneira do grupo dominante, que conduz as perspectivas civilizatórias por um único viés.

A historiografia nos revela que, no Brasil, o racismo e as iniquidades por ele trazidas, fazem parte de sua concepção enquanto nação. Desde o despejo e corpos negros nos portos, passando pela assinatura do instrumento legal de abolição da escravatura e pelas legislações que atestam que práticas racistas são crime, a raça continua sendo utilizada como o componente que estrutura, organiza e alimenta o tecido social brasileiro. É a cor do corpo que determina o modo como as sociabilidades se dão no Brasil. O padrão racista enquanto dispositivo de hierarquização impõe o que é ou não permitido a determinados grupos.

O racismo atravessa as particularidades de nossa formação sócio-histórica. O racismo à brasileira, fruto do aprisionamento, vilipendiamento e mercantilização de corpos negros, de teorias eugenistas e da fábula de uma democracia racial que nunca existiu, fez e ainda faz com que o reconhecimento de que o Brasil é um país racista e que se utiliza da cor como critério de estratificação social, seja interpretado como um risco à unidade nacional, que comprometeria a harmonia entre os diferentes grupos étnico-raciais existentes no país. É esse ponto de vista, pautado no convívio pacífico e na negação do racismo enquanto prática constante no cotidiano social que leva à naturalização da negação da cidadania às negras e negros, à aceitação de que para certos grupos – por óbvio o grupo negro – alcançar os extratos mais elevados do arcabouço social brasileiro é fora de propósito.

Ainda que se perceba um maior número de denúncias e ocorrências vinculadas a práticas racistas, fruto das lutas dos movimentos que buscam justiça racial, é possível verificar que tais práticas são justificadas por fragilidades na relação social, resultado de conflitos individuais ou resultados das desigualdades sociais e econômicas. Falta à parte da sociedade brasileira compreender que é uma questão de cor. Negar o comportamento racista e o racismo sistêmico que estrutura e é estruturante em toda a dinâmica da vida social, é negar que os efeitos do racismo incidem sobre as desigualdades de acesso à direitos.

Com efeito, as relações raciais no Brasil orbitam entre duas perspectivas que ainda que pareçam contraditórias se retroalimentam: a primeira é a discriminação e a hierarquização a que as populações negras são submetidas desde que foram sequestradas em sua terra natal e despejadas no Brasil. A segunda é a ideia de que aqui as relações são fraternais e mesmo com negras/os estando em situação de inferioridade, há uma vivência pacífica entre os diferentes grupos de cor. Resulta dessa contradição a noção de que atos de racismos ocorrem sem intencionalidade, com uma ou outra situação sendo entendida como ato isolado. Assim, denunciar ou reivindicar punição seria algo desnecessário, que provocaria um abalo nas nossas relações de cordialidade. Do mesmo modo, provocar qualquer debate sobre racismo seria estimular uma segregação que não existiria na nação.

As perversidades impostas ao povo negro influenciaram nossa formação. A miscigenação brasileira é produto de reiteradas violências sexuais e violações de direitos. Nosso processo civilizatório é forjado na base da chibata, do epistemicídio e de sangue derramado. As consequências desses atos reverberam ainda hoje na pirâmide social brasileira. O lugar outorgado às populações negras está diretamente relacionado ao processo histórico-colonial e necessita ser urgentemente revisto para que não sejam mais admissíveis práticas arcaicas baseadas na cor da pele.

Ver também: Biopolítica, Branqueamento da População, Branquitude, Colonização/Descolonização, Consciência Negra, Direitos Humanos, Discriminação Estrutural, Discriminação Racial/Preconceito, Escravidão, Movimento Negro Unificado, Necropolítica, Raça, Racismo Ambiental, Racismo Científico, Racismo de Estado, Racismo Estrutural, Racismo Institucional, Racismo Linguístico, Racismo Reverso, Relações Étnico-Raciais, Reparação Histórica, Resistência Negra, Supremacia Racial Branca, Teoria Racial Crítica.

REFERÊNCIAS

EURICO, Márcia Campos. Da escravidão ao trabalho livre: contribuições para o trabalho do assistente social. **Ser Social**, Brasília, v. 19, n. 41, p. 414-427, jul./dez. 2017. Disponível em: https://doi.org/10.26512/ser_social.v19i41.14947. Acesso em: 8 mar. 2023.

MUNANGA, Kabengele. Uma abordagem conceitual das noções de raça, racismo, identidade e etnia. *In*: BRANDÃO, André Augusto Pereira (org.). **Cadernos PENESB**, Rio de Janeiro: EdUFF, n. 5, p. 16-34, 2004.

RACISMO AMBIENTAL

Tauã Lima Verdan Rangel

O racismo ambiental é um tema que tem surgido no campo do debate e do estudo sobre justiça ambiental e o clamor inicial do movimento negro americano, e que se tornou uma agenda do governo federal dos EUA por meio da *Environmental Protection Agency* (EPA), sua agência ambiental federal. O conceito trata das injustiças sociais e ambientais que afetam desproporcionalmente os grupos étnicos vulneráveis, não é constituído apenas por atividades que se destinam a intenções racistas, mas também por meio de ações que tenham uma influência racista e não apesar da intenção que os deu à luz. Injustiça ambiental é definida pela Rede Brasileira de Justiça Ambiental, como "O mecanismo pelo qual sociedades desiguais, do ponto de vista econômico e social, destinam a maior carga dos danos ambientais do desenvolvimento às populações de baixa renda" (Herculano, 2017).

Desta forma, o racismo faz aceitar a pobreza e a vulnerabilidade de grande parte da população brasileira, sua pouca educação e quase nenhum amparo estatal simplesmente porque naturalizamos essas diferenças atribuindo uma racialização. O movimento por justiça ambiental surgiu nos Estados Unidos quando as comunidades negras começaram a protestar contra a contaminação com poluição industrial a que estavam constantemente submetidas. É claro, desde suas origens, que a luta pela justiça ambiental conduz e principalmente leva em consideração as diretrizes ambientais e de equidade, que são constantemente atacadas por movimentos contra o racismo ambiental (Almeida; Pires; Totti, 2021).

Esse movimento por justiça ambiental começou entre os negros americanos nos anos início dos anos 1980, com o desenvolvimento das lutas pelos direitos civis que floresceram na década de 1960. A população negra de Warren County, condado da Carolina do Norte iniciou um movimento contra a instalação de aterros sanitários de resíduos tóxicos de PCB (bifenil policlorado) nas proximidades. A EPA fez um trabalho para remover o solo contaminado, os chamados *clean-ups*. Assim, neste bairro o contaminado não vai "embora" simplesmente, você precisa depositá-lo em algum lugar e a EPA escolheu como um desses lugares, a cidade negra de Warren County. Gradualmente, o protesto cresceu até que uma grande manifestação levou a centenas de prisões e expandiu o debate sobre este assunto. (Herculano, 2017).

A justiça social e o fim da institucionalização do racismo eram os objetivos do movimento de direitos civis. Historicamente, locais de alocação de resíduos tóxicos, aterros sanitários e muito mais sedimentos de material poluente ou indesejável seriam impostos às populações com menor chance de contrariar os interesses dos operadores econômicos poluidores. Desse modo, comunidades negras e pobres seriam desproporcionalmente confrontadas com tais problemas em comparação com outras comunidades de minorias não étnicas. A EPA foi aberta e atenta a esse ocorrido em Warren County, montou uma comissão para investigar o caso, mas com outro nome, visto que a denominação "racismo ambiental" foi considerada muito forte, podendo ser gatilho para semear discórdia, ou seja, dividir quando chegar à hora de somar, dentre outros fatores (Herculano, 2017).

Foi apenas em 1991 que realmente nasceria a justiça ambiental, a partir da 1ª Conferência nacional de lideranças ecológicas de pessoas de cor (*First National People of Color Environmental Leadership Summitit*), realizada em Washington, com a participação de mais de mil participantes da América do Norte e com convidados de 15 países presentes. A Conferência iria, a partir de então, ampliar o conceito de justiça ambiental para incluir questões de saúde, adicionando condições sanitárias, loteamentos, segurança do trabalho, transporte, habitação e, finalmente, a participação da comunidade nas decisões de políticas públicas. Também foi estendido aos latinos (mexicanos, porto-riquenhos e toda a gama de povos de cor da América Latina) (Herculano, 2017).

No Brasil, a determinação de políticas públicas e medidas de órgãos de regulamentação na institucionalização e manutenção de práticas discriminatórias, observam o racismo ambiental como uma atividade que não deve ser medida subjetivamente, mas objetivamente. Isso é, não há intenção ou culpa em relação a um ato de racismo ambiental, basta verificar que isso ocasionou um resultado racista do ponto de vista ambiental (Almeida; Pires; Totti, 2021).

Um sistema regulatório que favorece o racismo ambiental utiliza a institucionalização da discriminação a fim de manter a maior oferta possível de bens e serviços em locais específicos. A questão ambiental preocupa a maioria da população envolvida no movimento ambientalista tradicional, com alguma prioridade em diferentes segmentos de questões relacionadas à justiça social e a forma como os impactos ambientais são distribuídos e têm sido negligenciados ao longo dos anos (Almeida; Pires; Totti, 2021). O modelo de desenvolvimento liberal baseado no individualismo econômico e de mercado, consistindo na confluência de articulação entre propriedade privada, iniciativa econômica privada e o mercado, começou ainda na década de 1960, a dar os primeiros sinais do problema social e ambiental.

Na virada das décadas de 1960 e 1980, houve um discurso sobre questões ambientais que explicou as preocupações do esgotamento dos recursos naturais mais populares, especialmente no campo da extração de petróleo. Nesse primeiro contato, verificou-se que a questão ambiental estava relacionada à preocupação com a sobrevivência da espécie humana em um aspecto puramente econômico (Guedes; Silva; Rangel, 2019).

A proteção ambiental deve, portanto, ser vista como parte de processo econômico como ele realmente é, pois não há desenvolvimento sem uso de elementos naturais. Consequentemente, existe uma intercalação em todos os setores, tanto privado quanto público, que devem ter experiência em uma meta de desenvolvimento sustentável que implica mais do que apenas crescimento econômico, mas também o exercício de direitos como o acesso à justiça e oportunidades para todos (Schwenck, 2021). A história mostra, com registros de esforços de desenvolvimento desenfreados, que determinados grupos foram abandonados por causa da desertificação, da escassez, da miséria e da fome.

O processo predatório do meio ambiente é intensificado pelo cenário urbano caótico, verificado principalmente em grandes centros, com o surgimento de comunidades carentes e favelas, que atuam como uma fortaleza de populações marginalizadas que são verdadeiras zonas de pobreza. Na análise do desenvolvimento econômico do país acontece um dos pilares da economia brasileira e da divisão social do trabalho que seria a discriminação racial, pois certas funções seriam reservadas aos negros, especialmente descendentes de escravizados, em atividade não considerada decisiva para tal discriminação, mas encarada como um elemento racial (Almeida; Pires; Totti, 2021).

Ver também: Biopolítica, Colonização/Descolonização, Direitos Humanos, Discriminação Estrutural, Racismo, Reparação Histórica, Resistência Negra.

REFERÊNCIAS

ALMEIDA, Daniela dos Santos; PIRES, Thula; TOTTI, Virgínia. **Racismo ambiental e a distribuição racialmente desigual dos danos ambientais no Brasil.** 2015. 16f. Relatório (Projeto de Iniciação Científica) – Pontifícia Universidade Católica do Rio de Janeiro, Rio de Janeiro, 2015.

GUEDES, Douglas Souza; SILVA, Daniela Juliano; RANGEL, Tauã Lima Verdan. Vulnerabilidade hídrica em tempos de crise: uma análise do fenômeno da injustiça hídrica à luz da fundamentalidade do direito à água potável. **Derecho y Cambio Social**, Lima, n. 56, p. 93-112, 2019. Disponível em: https://lnx.derechoycambiosocial.com/ojs-3.1.1-4/index.php/derechoycambiosocial/article/download/58/67. Acesso em: 26 fev. 2023.

HERCULANO, Selene. **Racismo ambiental, o que é isso?** 2017. Disponível em: https://www.professores.uff.br/seleneherculano/wp-content/uploads/sites/149/2017/09/Racismo_3_ambiental.pdf. Acesso em: 26 fev. 2023.

SCHWENCK, Terezinha. **Direitos Humanos Ambientais.** 2021. Disponível em: http://www.fadipa.br/pdf/schwenck.pdf. Acesso em: 26 fev. 2023.

RACISMO CIENTÍFICO

Anselma Garcia de Sales
Airton Pereira Junior

O conceito de racismo científico baseia-se no debate iluminista, travado ao longo do século XVIII e início do século XIX, que versava sobre o caráter da natureza humana. Se por um lado, havia uma corrente denominada monogenista que considerava a humanidade universal, estendendo a todos, portanto, os princípios de igualdade, fraternidade e liberdade oriundos da Revolução Francesa (1789), por outro, fundada na questão da diferença racial, desenvolveu-se uma corrente poligenista que viu na mistura entre as raças uma justificativa para a degeneração da espécie humana. O principal expoente da corrente poligenista, o conde de Gobineau (1816-1882), afirmou em sua obra *Ensaio sobre a desigualdade das raças humanas*, que a razão da existência de disparidades raciais era decorrente da miscigenação (Schwarcz, 1993).

Uma outra formulação sobre esse debate surgiu a partir da publicação, em 1859, da obra *A origem das espécies* de Charles Darwin (1809-1882). O autor apresenta nessa obra uma tese que ficou conhecida como evolucionismo, segundo a qual a competição levava ao triunfo do mais forte. A transmissão genética e a evolução abrangiam, para além dos fatores biológicos ligados à raça, o campo político e o cultural. Desse modo, sob a ótica do Darwinismo Social, os aspectos políticos e culturais foram hierarquizados tendo-se como parâmetro os valores ocidentais. Assim, por meio de um processo de "seleção natural" o Ocidente superior poderia justificar a subjugação política e cultural dos "inferiores" por eles dominados e, além disso, legitimar sua "missão civilizatória" de trazer aos submetidos um sistema cultural e político de caráter elevado (Hobsbawn, 2012).

Essas correntes tiveram grande impacto no Brasil, cuja aceitação por parte dos intelectuais brasileiros levou à defesa de que existia um caráter imutável nas raças; assim, qualquer mistura entre elas estaria fadada ao fracasso, não apenas como degeneração racial, mas também social. Tendo em vista essa justificativa, de base evolucionista e darwinista, autores como Sílvio Romero (1851-1914), Nina Rodrigues (1862-1906) e Oliveira Vianna (1883-1851) forjaram um ideário de nação sustentado pela homogeneidade étnica da brancura (Schwarcz, 1993).

Assim, o racismo científico assume sua face no pensamento brasileiro sob o mote eugenista[8] da regeneração racial e social, ou seja, os efeitos já constatados da miscigenação necessitavam de uma reparação no intuito de se alcançar uma sociedade ideal branca, aprimorada, que tivesse superado o estigma da mistura de raças.

A partir desse intuito, o historiador Silvio Romero vislumbrava um projeto de futuro em que a mestiçagem teria como resultado um modelo ideal de povo que ao longo do tempo estaria livre do sangue negro e indígena, resultando numa raça branca purificada, ou seja, assimilada: "Ainda existem os três povos distintos [...] brancos, índios e negros puros. Só nos séculos que se nos hão de seguir a assimilação se completará" (Romero, 1954, p. 42).

O médico Raimundo Nina Rodrigues, por sua vez, ao pesquisar a cultura negra no Brasil, voltou seu olhar para a antropologia criminal, por meio da qual defendia que os negros e indígenas possuíam disposições naturais para a criminalidade, logo essas "raças inferiores", dada sua genuína selvageria, deveriam ter essa particularidade levada em consideração ao estarem diante de um júri (Rodrigues, 1957, p. 79).

Ainda considerando a miscigenação como saída para a melhora racial e social do Brasil, o sociólogo e jurista Oliveira Vianna via na implantação de políticas públicas eugenistas a solução para a formação futura de uma raça ariana que se estabeleceria como a triunfante entre as "raças menores", uma vez que, dada a alta taxa de mortalidade dos negros e o incentivo político à imigração europeia, os poucos sobreviventes da população negra se fundiriam à "raça superior" vinda do hemisfério norte e em pouco tempo o resultado seria a concretização do projeto arianista no país (Vianna, 1973, p. 110).

O racismo científico passa a perder força a partir dos anos 1950, em que críticos como Nelson Werneck Sodré (1911-1999) e Sérgio Buarque de Holanda (1902-1982) publicaram obras com duras críticas à elaboração racista, utilizada por autores como Vianna, para explicar a sociedade brasileira da época. De acordo com Schwarcz (1993), as teorias cientificistas europeias e americanas que pregavam a hierarquia racial foram incorporadas pelos adeptos brasileiros com o intuito de tentar fomentar teoricamente o racismo à brasileira, desse modo, a reprodução dessas formulações, que de

---

[8] O termo eugenia, emprestado do grego *eugenés*, por Francis J. Galton, para denominar o movimento de melhoria da raça, pode ser analisado de acordo com os seguintes aspectos: primeiramente, pela "origem" da palavra que significa bem-nascido. Como "movimento social", a eugenia representou a busca constante da sociedade pela melhoria da sua constituição, do encorajamento da reprodução dos indivíduos mais aptos e, como "ciência", ofereceu um novo entendimento das leis da hereditariedade humana (Kobayashi; Faria; Costa, 2009).

maneira alguma se ajustavam à realidade brasileira, relegaram esses autores ao ostracismo acadêmico, seja pelo equívoco, contradição e, principalmente, pela demonstração do racismo. No entanto, a despeito do já constatado equívoco desses autores, suas ideias nunca foram totalmente superadas no pensamento social brasileiro e são constantemente retomadas por indivíduos e instituições, sobretudo, em momentos de ascensão de ideologias de extrema direita na sociedade brasileira.

Ver também: Biopolítica, Branqueamento da população, Branquitude, Colonização/Descolonização, Eugenia, Direitos Humanos, Discriminação Estrutural, Discriminação Racial, Raça, Racismo, Relações Étnico-raciais, Reparação Histórica, Resistência Negra, Supremacia Racial Branca, Teoria Racial Crítica.

REFERÊNCIAS

KOBAYASHI, Elisabete; FARIA, Lina; COSTA, Maria da Conceição da. Eugenia e Fundação Rockefeller no Brasil: a saúde como proposta de regeneração nacional. **Sociologias**, Porto Alegre, ano 11, n. 22, p. 314-351, jul./dez. 2009.

HOBSBAWM, Eric, J. **A era do capital**: 1848-1875. Rio de Janeiro: Paz e Terra, 2012.

RODRIGUES, Raimundo Nina **As raças humanas e a responsabilidade penal no Brasil**. Salvador: Livraria Progresso, 1957.

ROMERO, Sílvio. **Cantos populares do Brasil**. Rio de Janeiro: Livraria José Olympio Editora, 1954.

SCHWARCZ, Lilia Moritz. **O espetáculo das raças**: cientistas, instituições e questão racial no Brasil 1870-1930. São Paulo: Companhia das Letras, 1993.

VIANNA, F. J. Oliveira. **Populações meridionais do Brasil**. Rio de Janeiro: Paz e Terra, 1973.

RACISMO DE ESTADO

Manuel Alves de Sousa Junior

Este é um conceito do filósofo francês Michel Foucault analisado e problematizado no campo da biopolítica. O racismo de Estado opera por meio de estratégias políticas em prol da purificação da população de determinado local a partir da eliminação de alguns grupos distinguindo-se do tradicional racismo conhecido pelo ódio ou ofensas a pessoas negras ou indígenas, por exemplo. Ele é investigado e analisado em suas obras como uma prática política e um instrumento de dominação que o teórico por vezes chama de Guerra das Raças.

A relação do racismo com o biopoder trouxe à tona preconceitos para o tecido social, de modo que alguns corpos não fossem dignos de viver em determinadas sociedades. Era o prenúncio do **racismo de Estado**. O racismo aparece como fruto de uma guerra das raças, na qual a sociedade é atravessada de um extremo ao outro e ocorre uma apropriação do biológico pelo poder do Estado. A partir do biopoder, o poder soberano do direito de morte atua para ativação do racismo que se enraíza pelo corpo social estando completamente atravessado pela temática racial no início do século XX.

Para Adverse (2021), trata-se de uma "Estatização do biológico", ou seja, ocorreu a captura da vida pelo poder político, de modo que o racismo foi sendo reativado com uma finalidade conservadora para se tornar o racismo de Estado. Essa estatização do biológico pode ser lida na tentativa dos eugenistas de regularem o biológico para obterem uma raça ariana pura para o progresso nacional. É exatamente esse termo que Foucault (2010, p. 201, grifo nosso) aborda "uma tomada de poder sobre o homem enquanto ser vivo, uma espécie de estatização do biológico ou, pelo menos, uma certa inclinação que conduz ao que se poderia chamar de **estatização do biológico**."

Nesse sentido, surgem os discursos biológico-racistas sobre degenerescência e as teorias, políticas, projetos raciais e seus desdobramentos que vão operar no corpo social "como princípio de eliminação, de segregação e, finalmente, de normalização da sociedade" (Foucault, 2010, p. 52). O discurso, que inclusive deu nome ao curso ministrado por Foucault em 1976, muda, "Não será: 'Temos que nos defender contra a sociedade', mas, 'Temos de defender a sociedade contra todos os perigos biológicos dessa outra raça, dessa sub-raça, dessa contrarraça que estamos, sem querer, constituindo'" (Foucault, 2010, p. 52). O racismo de Estado é visto como um racismo que a sociedade atua em si própria, sobre sua população e seus produtos. A purificação passa a ser almejada permanentemente como princípio normalizador.

Para Foucault foi o biopoder que inseriu o racismo nos mecanismos de Estado. Este racismo atua como uma linha tênue entre quem deve viver e quem deve morrer, ele vai funcionar com a máxima "se você quer viver, é preciso que o outro morra" (Foucault, 2010, p. 215).

O racismo vai se desenvolver junto com a colonização, ou seja, com o genocídio colonizador. A partir dos temas do evolucionismo e teorias raciais do século XIX é que se resolve se é preciso matar pessoas, matar populações, matar civilizações por meio do biopoder. Somente a partir do racismo de Estado que o biopoder consegue funcionar e ao mesmo tempo exercer os direitos de guerra, os direitos de assassínio e da função de morte.

Na ótica do racismo de Estado de Michel Foucault, o extermínio e os massacres são justificados seguindo a lógica do biopoder na conjuntura política neoliberal e biopolítica do poder. Para Sousa (2012) as tecnologias do biopoder e os seus saberes desdobrados produzem a normalidade. Um exemplo da materialidade do racismo de Estado é o tratamento destinado aos anormais no movimento eugenista que eram considerados degenerados, impuros e inaptos à existência da raça pura. Era necessário construir formas para a eliminação dos anormais, eles eram considerados um fardo para a sociedade.

Foucault (2010, p. 216) complementa ao afirmar que

> É claro, por tirar a vida não entendo simplesmente o assassínio direto, mas também tudo o que pode ser assassínio indireto: o fato de expor à morte, de multiplicar para alguns o risco de morte ou, pura e simplesmente, a morte política, a expulsão, a rejeição, etc.

Sendo assim, quanto mais os elementos impuros forem eliminados ou impedidos de se reproduzirem, maior a chance dos superiores, considerados como puros ou melhores, sobreviverem.

Os efeitos desse tipo de racismo de Estado extrapolam a categoria étnica e permitem genocídios de múltiplas categorias sistematizando o que é legítimo e ético, "ou seja, o problema do genocídio no terreno das disputas étnicas, mas também religiosas, ideológicas e econômicas" (Soler et al., 2022, p. 195-196).

O racismo de Estado opera de modo que o biopoder

> [...] não suprime a guerra, na verdade, ele dá continuidade a essa guerra por outros meios, amparado por mecanismos que concedem às suas ações um caráter de defesa e segurança contra os supostos perigos que existem no corpo social (Santos, 2020, p. 21).

O racismo vai provocar uma guerra não bélica, uma guerra não militar, mas sim uma guerra no campo biológico

> [...] quanto mais as espécies inferiores tenderem a desaparecer, quanto mais os indivíduos anormais forem eliminados, menos degenerados haverá em relação à espécie, mais eu - não enquanto indivíduo mas enquanto espécie - viverei, mais forte serei, mais vigoroso serei, mais poderei proliferar (Foucault, 2010, p. 215).

O nazismo foi a expressão máxima da materialização do racismo de Estado que utilizou uma política ideológica mítica e quase medieval para fazer funcionar o discurso de luta das raças, sendo o controle dos processos biológicos, um dos principais objetivos do regime. Foucault (2010, p. 69) aponta que no nazismo ocorreu "um racismo de Estado encarregado de proteger biologicamente a raça".

As reflexões encaminhadas pelo racismo de Estado podem ser utilizadas para pensar sobre os desdobramentos do teorias e políticas raciais, que foram fruto do colonialismo e seus reflexos nas temáticas raciais debatidas pelas intelectualidades dos Estados-nação no início do século XX. Trazendo a discussão para o Brasil, a falta de reconhecimento do racismo pelo Estado e pelos indivíduos ajudou na construção do mito da democracia racial, que por sua vez, contribui também para a invisibilidade do racismo institucional e do racismo de Estado (Silva, 2020).

Ver também: Biopolítica, Branquitude, Eugenia, Necropolítica, Raça, Racismo, Racismo Científico, Supremacia Racial Branca, Teoria Racial Crítica.

REFERÊNCIAS

ADVERSE, Helton. Foucault, o totalitarismo e o racismo de estado. **O que nos faz pensar**, [S. l.], v. 29, n. 48, p. 232-255, 30 jun. 2021. Disponível em: http://dx.doi.org/10.32334/oqnfp.2021n48a746. Acesso em: 20 dez. 2022.

FOUCAULT, Michel. **Em defesa da sociedade**: curso no Collège de France (1975-1976). Tradução de Maria Ermantina de Almeida Prado Galvão. 2. ed. São Paulo: WMF Martins Fontes, 2010. 269 p.

SANTOS, Barbara Helena de Oliveira. O biopoder como garantia do racismo de Estado. **Contextura**, Belo Horizonte, n. 16, p. 14-22, 2020.

SILVA, Mozart Linhares da. Necropolítica e violência racial no Brasil. *In*: BRAGA, Amanda; SÁ, Israel de (org.). **Por uma microfísica das resistências**: Michel Foucault e as lutas antiautoritárias da contemporaneidade. 1. ed. Campinas: Pontes Editores, 2020. v. 1, p. 275-305.

SOLER, Rodrigo Diaz de Vivar y; POLLNOW, Camila Gabriela; BASTOS, Ruan Lucas; FISCHER, Eduardo Matheus Campos. O racismo de estado e a guerra como paradigmas da biopolítica. **Revista Profanações**, [S. l.], v. 9, p. 185-199, 2022.

RACISMO ESTRUTURAL

Anselma Garcia de Sales
Airton Pereira Junior

O racismo estrutural corresponde a um fenômeno de conformação, inerente ao funcionamento político e econômico da sociedade de forma inquestionável. Desse modo, não se configura como uma anomalia ou "doença social", o racismo "simplesmente" se apresenta em todas as formas de relações sociais contemporâneas que estabelecem hierarquias de acordo com a raça.

Desse modo, o racismo resulta do próprio funcionamento social, a partir do qual se constituem as interações políticas, econômicas, jurídicas e até familiares, induzindo, nesse sentido, comportamentos individuais e institucionais que materializam o racismo enquanto regra, não como exceção: "Nesse caso, além de medidas que coíbam o racismo individual e institucionalmente, torna-se imperativo refletir sobre mudanças profundas nas relações sociais, políticas e econômicas" (Almeida, 2019, p. 50).

Por essa razão, considerando que o racismo se materializa nas estruturas econômicas e políticas da sociedade, determinando assim seu funcionamento, é possível, portanto, afirmar que o racismo estrutural se apresenta como um processo político e um processo histórico.

Como processo político pressupõe-se que o racismo depende do sistema político para o exercício do poder que irá subjugar determinado grupo racializado. Assim, a formação desse sistema político encontra suas bases na constituição primordial da sociedade brasileira, cuja estrutura colonial, a fim de garantir sua manutenção e funcionamento, lançou mão de instrumentos repressivos por meio da força e da elaboração simbólica de ideais de inferiorização. Desse modo, a violência física contra indígenas e negros foi sistematicamente reforçada por uma ideologia que estabelecia que a diferença entre colonizador e colonizado correspondia às determinantes de superioridade e inferioridade (Munanga, 1988).

Nesse sentido, seria impraticável o "racismo reverso", uma vez que grupos submetidos à dominação daqueles que detêm o poder não possuem condições objetivas de controlar os sistemas políticos e econômicos que estruturam o racismo: "Há um grande equívoco nessa ideia porque membros de grupos raciais minoritários [...] não podem impor desvantagens sociais a membros de outros grupos majoritários" (Almeida, 2019, p. 52-53).

Já a apresentação do racismo como processo histórico extrapola a dimensão econômica e política, uma vez que é resultante de uma elaboração social historicamente determinada. Assim, a formação histórica condiciona a forma como os sistemas econômicos e políticos serão estruturados segundo as hierarquias raciais vigentes; sendo estas determinantes para "orientar" de que maneira as instituições da sociedade, sejam elas públicas ou privadas, adorarão atitudes diferenciadas para distintas realidades sociais. Este é o caso das diferentes classificações raciais existentes nos Estados Unidos e no Brasil, cujos critérios distintos determinam o funcionamento dessas sociedades em termos de estratificações enviesadas pela raça: "São formas distintas de racialização, de exercício do poder e de reprodução da cultura, mas que demonstram à exaustão a importância das relações raciais para o estudo da sociedade" (Almeida, 2019, p. 56-57).

Portanto, de acordo com Almeida (2019), a abordagem da questão racial torna-se imprescindível para a compreensão da estrutura e do funcionamento da sociedade, sobretudo no que se refere aos discursos produzidos pela ideologia que, ao naturalizar a raça e o próprio racismo, fomentam as práticas discriminatórias vigentes nas relações sociais.

Ver também: Biopolítica, Colonização/Descolonização, Direitos Humanos, Discriminação Estrutural, Discriminação Racial, Raça, Racismo, Racismo Reverso, Supremacia Racial Branca.

REFERÊNCIAS

ALMEIDA, Sílvio Luiz de. **Racismo estrutural**. São Paulo: Sueli Carneiro: Pólen, 2019.

MUNANGA, Kabengele. **Negritude**: usos e sentidos. São Paulo: Ática, 1988.

RACISMO INSTITUCIONAL

Malsete Arestides Santana

O racismo institucional é uma forma de discriminação racial que se manifesta por meio de políticas, práticas e normas de instituições, tais como empresas, escolas, igrejas, organizações governamentais e outras organizações sociais. Ele se caracteriza pela maneira como as estruturas e práticas dessas instituições favorecem alguns grupos em detrimento de outros, perpetuando desigualdades raciais na sociedade. Pode ser visto, por exemplo, na maneira como a polícia age em relação a pessoas de diferentes raças, na forma como empresas contratam e promovem funcionários, na falta de diversidade em certas profissões e na distribuição desigual de recursos e oportunidades em áreas como a saúde e a educação.

É importante destacar que o racismo institucional não é apenas resultado de atitudes individuais, mas também é influenciado por fatores estruturais, como as desigualdades econômicas e a falta de acesso a oportunidades para grupos historicamente marginalizados. Essa forma de racismo ocorre dentro das instituições, tais como escolas, empresas, organizações governamentais e judiciais, e outras entidades que compõem a estrutura da sociedade. É caracterizado pela discriminação racial sistemática que é incorporada às políticas, práticas e cultura das instituições, e pode ser intencional ou não intencional.

Esse tipo de racismo pode ter efeitos devastadores na vida dos indivíduos e comunidades afetadas, contribuindo para a marginalização, exclusão social, pobreza e desigualdade. É importante destacar que o racismo institucional muitas vezes não é reconhecido ou mesmo negado pelas próprias instituições, tornando-se um obstáculo significativo para a realização da justiça social e igualdade racial.

Outra referência importante que discute o racismo institucional como parte de um sistema mais amplo de discriminação e exclusão social é Angela Davis. Em seu livro *Mulheres, Raça e Classe*, ela descreve como o racismo, o sexismo e a exploração de classe são interligados e se manifestam em diferentes níveis da sociedade, incluindo as instituições públicas (Davis, 2016). É importante mencionar a Convenção Internacional sobre a Eliminação de Todas as Formas de Discriminação Racial, adotada pela Organização das Nações Unidas (ONU) em 1965. Essa convenção reconhece o racismo institucional como uma forma de discriminação racial, e estabelece uma série de obrigações para os Estados membros com o objetivo de combater e eliminar todas as formas de discriminação racial.

Racismo institucional refere-se a práticas, comportamentos e políticas em instituições e organizações que resultam em tratamento discriminatório de indivíduos ou grupos com base em sua raça ou etnia, pode ser intencional e produz desigualdades raciais desnecessárias e injustas. É definido como a maneira pela qual as práticas, políticas e valores de uma instituição, ou da sociedade como um todo, contribuem para a discriminação sistêmica e a desigualdade racial. Esse tipo de racismo pode ser difícil de ser detectado, mas tem um impacto profundo na vida das pessoas pertencentes a grupos minoritários ou minoritarizados. Algumas das formas em que o racismo institucional se manifesta incluem a disparidade de oportunidades educacionais e de emprego para pessoas de diferentes raças, o perfil racialmente discriminatório das práticas policiais, a falta de representatividade racial nas instituições governamentais e a marginalização de pessoas de cor em diversas áreas da sociedade.

Muitos grupos ativistas e organizações têm se dedicado a combater o racismo institucional, pressionando as instituições a implementarem políticas e práticas mais justas e igualitárias. No entanto, ainda há muito trabalho a ser feito para erradicar o racismo institucional e construir uma sociedade verdadeiramente inclusiva e justa para todos. Alguns dos autores que têm contribuído para o entendimento do racismo institucional e suas consequências, entre eles a Angela Davis uma ativista renomada que tem defendido a luta contra o racismo e outras formas de opressão social. O sociólogo Bonilla-Silva (2003) é conhecido por seu trabalho na análise do racismo e do "racismo implícito" nas instituições sociais, como a educação e a justiça criminal. Outra autora é a Socióloga Patrícia Hill Collins que tem se concentrado na interseccionalidade, a interação entre diferentes formas de opressão social, incluindo o racismo institucional.

Embora seja difícil de ser detectado o racismo institucional, seus efeitos são devastadores e contribuem para a exclusão social, pobreza e desigualdade. Para combater esse racismo, é importante pressionar as instituições a implementarem políticas e práticas mais justas e igualitárias. Autores e ativistas renomados têm contribuído para o entendimento do racismo institucional e suas consequências, abrindo caminho para o desenvolvimento de estratégias eficazes para enfrentar essa forma de discriminação. A luta contra esse racismo é um passo importante na construção de uma sociedade verdadeiramente inclusiva e justa para todos.

Ver também: Biopolítica, Branquitude, Discriminação Estrutural, Discriminação Racial/Preconceito, Raça, Racismo, Racismo de Estado, Racismo Estrutural.

REFERÊNCIAS

BONILLA-SILVA, Eduardo. **Racismo sem racistas**: perspectivas da neutralidade racial. São Paulo: Editora Vozes, 2003.

DAVIS, Angela. **Mulheres, raça e classe**. São Paulo: Boitempo, 2016

RACISMO LINGUÍSTICO

Larissa Scotta

O racismo linguístico pode ser concebido como o entrelaçamento do preconceito racial com o social e o linguístico. É considerado uma das principais formas de racismo, pois é na língua que ele se reproduz de maneira mais rápida e, muitas vezes, disfarçável.

Esse termo foi proposto pelo linguista Dante Lucchesi, no artigo *Racismo linguístico ou ensino pluralista e cidadão?* (Lucchesi, 2011), e tem sido objeto de investigação por parte de diversos pesquisadores aqui no Brasil. O linguista Marcos Bagno salienta que "a história dos debates em torno da língua no Brasil é a história de um impregnado racismo, o mesmo racismo sistêmico que estrutura a sociedade brasileira desde sempre e sem o qual ela não poderia ser o que é" (Bagno, 2020, p. 9). Desde a colonização, a língua tem sido um dos elementos fundamentais para se estabelecer relações de poder, seja a partir da supremacia da língua do colonizador português em relação às línguas dos povos originários e dos povos africanos que aqui chegaram escravizados, seja a partir do uso da língua para oprimir e discriminar pessoas negras.

O também linguista Gabriel Nascimento afirma que, se admitirmos que o racismo está na estrutura das coisas, precisamos aceitar que a língua é uma posição nessa estrutura. O racismo "é produzido nas condições históricas, econômicas, culturais e políticas, e nelas se firma, mas é a partir da língua que ele materializa suas formas de dominação" (Nascimento, 2019, p. 19). A partir dessa perspectiva, o autor define 'racismo linguístico' como toda forma de racialização que ocorre em três dimensões: NA língua, PELA língua e ATRAVÉS DA língua (Nascimento, 2021).

A primeira forma de racismo linguístico, o racismo NA língua, diz respeito ao uso de palavras ou expressões que associam o *'negro'*, o *'preto'*, a algo *'negativo'*, *'ruim'*, *'errado'*. Exemplos: *'mercado negro = mercado clandestino', 'lista negra = lista proibida', 'ovelha negra = pessoa rebelde', 'a coisa tá preta = situação ruim'* etc.

Quando, por exemplo, dizemos que *'a coisa tá preta'*, com o intuito de afirmarmos que "algo não está bem", que "estamos em uma situação desagradável", o termo *'preta'* está sendo associado a algo negativo, ruim. Expressões como essa, por serem ditas por muitas pessoas, passaram a ser "naturalizadas"; ou seja, devido a seu uso corriqueiro, o caráter preconceituoso que elas carregam foi, de certo modo, apagado. No entanto, mesmo que ao utilizarmos tais expressões não tenhamos conhecimento dos sentidos racistas que elas mobilizam, estamos contribuindo para produzir uma ideia negativa, pejorativa sobre as pessoas negras.

A segunda forma de racismo linguístico, o racismo PELA língua, ocorre quando as pessoas usam a língua para serem racistas, isto é, quando palavras ou expressões que tem o intuito de agredir, de ofender uma pessoa negra, são proferidas em metáforas ou com o uso da própria palavra 'negro'. Exemplos: a) Utilização de expressões como *'serviço de preto'*, *'só podia ser preto'*, de forma a relacionar algo mal-feito às pessoas negras; b) Chamar uma pessoa negra de *'macaco'*, de modo a identificá-la como tal; c) Proferir o termo 'negro' como forma de insulto a alguém. Ex.: *'saia daqui, negro'*, *'não serei atendida por essa negra'* etc.

Para entender como essa forma de racismo funciona, é preciso partir da compreensão de que o sentido de uma palavra ou expressão não é dado de antemão. Não há uma relação direta entre um termo e seu significado, isto é, deve-se considerar as condições de produção que possibilitaram a uma determinada pessoa dizer algo. Quando uma forma linguística considerada racista é mobilizada, como, por exemplo, *'serviço de preto'*, o modo negativo com que tal expressão é significada aponta para um histórico de estigmatização das pessoas negras, que pode ser observado no momento da fala/escrita.

Convencionou-se dizer que uma tarefa mal executada era um *'serviço de preto'*, pois, historicamente, em razão da herança escravocrata e patriarcal brasileira, tais sujeitos foram significados como "preguiçosos" e "não afeitos ao trabalho". Assim, cada vez que a expressão *'serviço de preto'* é dita, reafirma-se o histórico desse insulto. Ao fazermos uso dessas palavras ou expressões, estamos contribuindo para se criar um conceito (negativo/discriminatório/pejorativo) sobre as pessoas negras.

A terceira forma de racismo linguístico, o racismo ATRAVÉS da língua, acontece quando as marcas da fala popular, utilizada por mais de dois terços da população brasileira baixa renda (faixa em que se concentram, majoritariamente, indígenas e negros), são estigmatizadas. Essa forma de racismo é resultado de políticas linguísticas que selecionam os falares dos povos brancos como mais adequados e dignos de serem falados e ensinados na escola.

O preconceito contra as variedades populares do português falado no Brasil tem um caráter social, excludente e discriminatório e, mais que isso, um caráter racista, pois estigmatiza as marcas linguísticas mais expressivas do caráter pluriétnico da sociedade brasileira (Lucchesi, 2009). Ou seja, o preconceito se impõe mais fortemente em relação às marcas das línguas africanas que aparecem na variedade popular do português brasileiro.

Fenômenos como a ampla variação na aplicação das regras de concordância nominal e verbal, o emprego de pronomes sem flexão de caso (como em "eu vi tu na feira ontem") e o reduzido uso do pronome reflexivo ("eu machuquei no trabalho ontem"), por exemplo, resultado da influência das línguas africanas, por desviarem da norma culta, são considerados errados e *'frutos da ignorância'*.

A língua falada no Brasil após a chegada dos portugueses é constituída a partir das relações de poder entre colonizados e colonizadores, assim como pela censura de certos falares. A unidade linguística criada em torno do Português aqui falado é "imaginária", e foi construída e imposta no curso de nossa história a partir de políticas linguísticas, entendidas como políticas sobre a língua e sobre a produção do conhecimento das línguas (Orlandi, 2002).

A tradição gramatical exige que se escreva, ou até mesmo que se fale, com a sintaxe portuguesa, o que é impraticável, pois o português falado no Brasil recebeu influências marcantes de matrizes linguísticas não somente europeias, mas também ameríndias e africanas.

A etnolinguista Yeda Pessoa de Castro é enfática ao afirmar que, se as vozes dos indivíduos transladados para o Brasil ao longo de quatro séculos consecutivos não tivessem sido caladas, a consequência mais direta daquele tráfico seria a alteração da norma que rege a Língua Portuguesa no Brasil (Castro, 2014).

A despeito desse "apagamento", as contribuições das línguas africanas que resistiram nos falares populares são traços estruturantes importantes da língua falada no Brasil e fazem-se sentir "em todos os setores, léxico, semântico, prosódico, sintático [...] o que deu ao Português do Brasil um caráter próprio, diferenciado do Português de Portugal" (Castro, 2014, p. 2).

A cada momento histórico, novas demandas surgem na sociedade. A emergência das discussões envolvendo o uso de palavras ou expressões que ferem e/ou excluem pessoas negras e a problematização em torno da estigmatização dos falares populares que carregam as marcas das línguas africanas no Português do Brasil apontam para perspectivas de enfrentamento do racismo que estrutura a nossa sociedade.

As línguas são processos em edição pelos falantes e, ainda que se suponha que as pessoas é que se submetem à língua, as comunidades linguísticas provam que elas fazem disputas importantes das línguas, sempre de forma política (Nascimento, 2022). Pensar sobre a língua que falamos e sobre como as coisas ditas/escritas podem ou não contribuir para a perpetuação do racismo é também uma forma de se colocar ao lado das lutas antirracistas contra todos os sistemas de violência a que as pessoas negras são submetidas.

Ver também: Colonização/Descolonização, Direitos Humanos, Discriminação Estrutural, Raça, Racismo, Racismo Estrutural, Resistência Negra.

REFERÊNCIAS

BAGNO, Marcos. Critérios e valores para uma norma brasileira de referência. **Verbum,** São Paulo, v. 9, n. 3, p. 8-23, dez. 2020. Disponível em: https://revistas.pucsp.br/index.php/verbum/article/view/51954. Acesso em: 10 fev. 2023.

CASTRO, Yeda Pessoa de. Marcas de africania nas Américas: o exemplo do Brasil. **Africanias.com**, [S. l.], v. 6, p. 1-14, 2014. Disponível em: https://docplayer.com.br/61888296-Marcas-de-africania-nas-americas-o-exemplo-do-brasil.html. Acesso em: 20 fev. 2023.

LUCCHESI, Dante. Introdução. *In*: LUCCHESI, Dante; BAXTER, Alan; RIBEIRO, Ilza (org.). **O português afro-brasileiro**. Salvador: EDUFBA, 2009. Disponível em: https://repositorio.ufba.br/bitstream/ufba/209/4/O%20Portugues%20Afro-Brasileiro.pdf. Acesso em: 22 fev. 2023.

LUCCHESI, Dante. Racismo linguístico ou ensino pluralista e cidadão? **Linguasagem**, [S. l.], v. 17, n. 1, p. 1-21, 2011. Disponível em: https://www.linguasagem.ufscar.br/index.php/linguasagem/article/view/1137/663. Acesso em: 27 fev. 2023.

NASCIMENTO, Gabriel. O racismo linguístico e a visão de língua que ele impõe. **Revista E**, [S. l.], ano 29, n. 2, p. 60-61, ago. 2022. Disponível em: https://www.sescsp.org.br/wp-content/uploads/2022/07/RevistaE_agosto2022_29julho-1.pdf. Acesso em: 1 mar. 2023.

NASCIMENTO, Gabriel. **Racismo linguístico**: os subterrâneos da linguagem e do racismo. Belo Horizonte: Letramento, 2019.

NASCIMENTO, Gabriel. Racismo linguístico é sobre palavras? Um prefácio. **Lingu@ Nostr@**, Vitória da Conquista, v. 8, n. 1, p. 3-15, jan./jul. 2021. Disponível em: https://linguanostra.net/index.php/Linguanostra/article/view/253. Acesso em: 20 fev. 2023.

ORLANDI, Eni Puccinelli. **Língua e conhecimento linguístico**: para uma história das ideias no Brasil. São Paulo: Cortez, 2002.

RACISMO REVERSO

Anselma Garcia de Sales
Airton Pereira Junior
Manuel Alves de Sousa Junior

RACISMO REVERSO NÃO EXISTE! Repita a frase anterior diversas vezes até conseguir internalizar e ser capaz de reproduzir e servir como agente multiplicador sobre esse disparate.

O racismo reverso é uma expressão inventada pela branquitude para que os brancos possam continuar exercendo a supremacia. Então, quando se sentem acuados, diante de alguma situação, alguns brancos recorrem ao racismo reverso, que como já dissemos, não existe. A utilização do termo, pode ser utilizada por desinformação, desconhecimento histórico-social ou desonestidade política e intelectual.

O racismo, como prática de preconceito e discriminação, é fruto de uma construção histórica que já passou por diversos contextos sociais de negação, invisibilização, segregação, perseguição cultural e desconstrução da racialidade negra enquanto sujeitos íntegros, capazes e protagonistas. A ideia de raça foi construída para embasar uma supremacia branca e justificar o domínio dos brancos sobre outras populações por meio da violência e do processo colonizador.

A população negra sente até os dias atuais. Os negros, apesar de maioria no país (IBGE, 2023), estão como grande maioria entre os mais pobres, desempregados, falta de saneamento, vítimas de homicídios, intolerância religiosa e mortos pela violência estatal, sobretudo de policiais. Já para cargos de liderança em empresas, salários mais altos, aprovados em concursos públicos e universidade são minoria (Cândido, 2020). Todo esse contexto é causado pelo racismo, em todos os seus vieses (ambiental, institucional, recreativo etc.), e que foi legitimado cientificamente com o racismo científico no final do século XIX se estruturando no tecido social.

A partir do conceito de discriminação racial, podemos notar o absurdo da existência de formulações como "racismo reverso", por exemplo, que seria a discriminação racial de negro contra branco. Essa formulação equivocada, para se configurar como uma verdade ou algo possível na dinâmica de poder das relações sociais, só teria razão de existir caso as negras e negros detivessem a direção de todas as estruturas simbólicas e institucionais controladas pelos brancos.

Assim, para haver "racismo reverso" o negro coletivo deveria impor nos sistemas de elaboração simbólica, como a mídia, por exemplo, padrões de beleza e de superioridade cultural contra aqueles associados aos brancos. Nas instituições, negras e negros, diante da lógica desse "racismo reverso", deveriam exercer sobre os brancos as mais diversas formas de exclusão ou de inclusão precária, dificultando ou impedindo que a raça branca acessasse dignamente os sistemas de educação, cultura, saúde, lazer, representatividade política, autonomia financeira e, principalmente, segurança pública. Apenas dessa maneira, o "racismo reverso" promoveria a discriminação racial contra os brancos.

Ou seja, para existir qualquer tipo de racismo contra os brancos seria preciso que a população branca fosse subjugada e oprimida nos dias atuais, que tivesse passado por todas as mazelas, violências e genocídios que a população preta e indígena passou durante muitos séculos de colonização, que a população branca fosse morta pelo simples fato de serem brancos, que a população branca fosse suspeita de furto apenas por olhar produtos em um supermercado ou que tivesse que ensinar seus filhos a não correr diante de uma abordagem policial ou mesmo de seguranças de um shopping. Coisas que a população branca nunca sequer imaginou.

Ver também: Branquitude, Discriminação Racial/Preconceito, Raça, Racismo, Racismo Científico, Racismo Estrutural, Relações étnico-raciais, Resistência Negra, Supremacia Racial Branca.

REFERÊNCIAS

CÂNDIDO, Marcos. Racismo reverso existe? Entenda por que a pergunta é absurda. **ECOA UOL**, São Paulo, 6 out. 2020. Disponível em: https://www.uol.com.br/ecoa/ultimas-noticias/2020/10/06/racismo-reverso-existe-entenda-por-que-a-pergunta-e-absurda.htm. Acesso em: 10 abr. 2023.

IBGE – Instituto Brasileiro de Geografia e Estatística. Conheça o Brasil – População: COR OU RAÇA. **Educa IBGE**, Brasília, 2023. Disponível em: https://educa.ibge.gov.br/jovens/conheca-o-brasil/populacao/18319-cor-ou-raca.html. Acesso em: 17 nov. 2023.

RELAÇÕES ÉTNICO-RACIAIS

Roberto Carlos Oliveira dos Santos

Para entendermos sobre as relações étnico-raciais se faz necessário compreender a gênese da formação social do povo brasileiro. Desde o momento em que os portugueses desembarcaram em nossas terras para implementar o seu processo de colonização.

Esse cenário inicial de exploração impactou de forma trágica os povos indígenas que aqui moravam entre os séculos XVI e XVII, foram mortos por guerras, escravização e doenças. Com os povos africanos o destino não seria diferente. Sequestrados de seus lares para alimentar o sistema de *plantation* (trabalho compulsório, monocultura e mercado externo), adoçando a boca dos europeus com o "ouro branco" do açúcar, tingido pelo sangue de milhões de vidas para a acumulação primitiva do capitalismo europeu. As imigrações europeia e asiática, sobretudo no século XX, também contribuíram para a formação do povo brasileiro.

Povos, matrizes e destinos entrelaçados de uma síntese que contribuíram para a constituição do povo brasileiro. Relações raciais decorrentes de condutas assimétricas de poder forjadas pelo homem branco ao impor sua forma de viver e de interpretar o mundo a partir de seu estágio civilizatório, religioso e cultural totalmente em descompasso com a forma de ser, sentir e interpretar a realidade vivida pelo outro.

Decerto, foram esses os ingredientes utilizados do complexo caldeirão social de nossa formação. Compreender no curso do tempo esses processos identitários e de diferenças faz parte de um jogo dinâmico, onde mesmo já tendo decorridos tantos séculos do início dessa partida, preconceitos raciais ainda persistem e se reinventam em nossa sociedade, frequentemente apontados para os povos historicamente subalternizados e mais explorados do nosso território – os indígenas remanescentes e os afros-descendentes.

Dentro dos lares, nos muros da escola, no mundo do trabalho e em diversos setores da sociedade, ainda predomina um debate insuficiente sobre a temática racial, embora a ação militante e a resistência do Movimento Negro tenham conseguido algum sucesso ao longo das últimas décadas com uma posição ofensiva diante das práticas racistas no Brasil.

Essa postura de conscientização e enfrentamento do movimento social e acadêmico, colocou em xeque o discurso da "democracia racial" e abalou os alicerces de um suposto consenso social sobre o caráter democrático das relações étnico-raciais no país e sobre a inexistência do racismo nas instituições e na sociedade.

Diante das mobilizações e do amplo leque de alianças de outros setores progressistas, o Estado foi levado a elaborar políticas públicas específicas de combate às desigualdades sociais no campo educacional, como a lei n°. 10.639/2003.

Em 17 de junho de 2004, após discussão com diversos setores da sociedade ligados à educação, ao Movimento Negro e aos Conselhos Estaduais de Educação, foram aprovadas pelo Conselho Nacional de Educação as Diretrizes Curriculares Nacionais para a Educação das Relações Étnico-raciais e para o Ensino de História e Cultura Afro-brasileira e Africana. Nas questões introdutórias a diretriz da lei define na área da educação, a demanda da população negra, no sentido de políticas de ações afirmativas, isto é, de políticas de reparações, de reconhecimento e valorização de sua história, cultura e identidade.

As políticas de Ações Afirmativas para o fomento, a cidadania e o exercício dos direitos civis nos últimos anos, a exemplo da reserva de vagas na educação pública das Universidades e Institutos Federais, embora sejam políticas públicas provisórias, seguem o seu curso como estratégias complementares de reparação do Estado na tentativa de alcançar resultados inclusivos dos segmentos menos favorecidos social e economicamente.

São janelas de oportunidades abertas para que brasileiras e brasileiros possam disputar em melhores condições os espaços de empregabilidade, equipamentos de serviços, lazer e cultura, na perspectiva de reconstituir, em parte, a dignidade subtraída da grande maioria da população atingida pelo preconceito e pela discriminação.

Diante desse pressuposto, é possível fazer a seguinte pergunta: será que a partir dos marcos legais das leis n°. 10.639/2003 e n°. 11.645/2008 e da implementação das ações afirmativas, a temática do preconceito e das desigualdades na escola teve o seu estado alterado de modo significativo?

É possível que não, pois não basta a lei para que essa realidade se altere. Essas contradições são amplamente evidenciadas nas relações sociais do cotidiano e, principalmente, nas práticas educativas antirracistas, e é exatamente nelas que o jogo de tensões entre o sujeito que discrimina e o que é discriminado pode ser alterado. Penso que seja na sociedade que o preconceito racial se legitima ou não.

Nesse sentido, o objetivo da educação para as relações étnico-raciais aponta para o reconhecimento e a valorização das diversas dimensões e visões históricas, geográficas e culturais dos diferentes povos para a formação da cultura brasileira como princípios de igualdade de condições e liberdade de divulgar o pensamento e o pluralismo de ideias.

Se por um lado produzimos a sociedade com nossas ações, por outro, somos reproduzidos por ela, portanto, o momento atual da sociedade brasileira é um tempo privilegiado para a ampliação dos debates sobre as questões étnico-raciais em vários campos, a exemplo das ações afirmativas de diversas universidades e muitas políticas públicas promovidas pelo Estado voltadas para esses segmentos.

O momento atual no Brasil de reafirmação da democracia como um valor intrínseco e inegociável. É oportuno medir o termômetro das relações étnico-raciais, assim como, incluir uma pauta multi-institucional capaz de dialogar com os diferentes setores da sociedade apontando o papel da educação antirracista, sobretudo, quando é crescente no país o eco das vozes ao dizer: "RACISMO, NÃO!".

Ver também: Ações Afirmativas, Colonização/Descolonização, Consciência Negra, Cotas Raciais, Direitos Humanos, Mito da Democracia Racial, Leis n°. 10.639/2003 e n°. 11.645/2008, Movimento Negro Unificado, Raça, Racismo, Resistência Negra.

REFERÊNCIAS

BRASIL. **Lei n°. 10.639, de 09 de janeiro de 2003**. Altera a Lei no 9.394, de 20 de dezembro de 1996, que estabelece as diretrizes e bases da educação nacional, para incluir no currículo oficial da Rede de Ensino a obrigatoriedade da temática "História e Cultura AfroBrasileira", e dá outras providências. Brasília, DF: Presidência da República, 09 jan. 2003.

BRASIL. **Lei n°. 11.645, de 10 de março de 2008**. Altera a Lei no 9.394, de 20 de dezembro de 1996, modificada pela Lei no 10.639, de 9 de janeiro de 2003, que estabelece as diretrizes e bases da educação nacional, para incluir no currículo oficial da rede de ensino a obrigatoriedade da história e cultura afro-brasileira e indígena. Brasília, DF: Presidência da República, 10 mar. 2008.

BRASIL. **Resolução CNE/CP n° 1 de 17 de junho de 2004**. Institui Diretrizes Curriculares Nacionais para a Educação das Relações Étnico-Raciais e para o Ensino de História e Cultura Afro-Brasileira e Africana. Brasília, DF: Conselho Nacional de Educação, 17 jun. 2004.

REPARAÇÃO HISTÓRICA

Francisca Márcia Costa de Souza

De acordo com o Dicionário Aurélio, "Reparação" tem origem no latim tardio *reparationis*. É um substantivo feminino, cujo significado está consubstanciado à ação de restaurar ou consertar algo, reparo, satisfação dada a alguém por uma falha, uma ofensa; retratação; compensação. Em síntese, dicionariamente, a palavra "Reparação" tem como sinônimo: conserto, desagravo, indenização, refazimento, reforma, remonta, reparo, restauração, retratação (Ferreira, 2010).

Reparação Histórica pressupõe uma ação do passado que causou um "dano" e/ou uma "dívida". Refere-se às ações para amenizar ou atenuar injustiças cometidas no passado contra determinados grupos sociais ou grupos étnicos. É o mesmo que acertar as contas com o passado, fazer justiça histórica, reparar injustiças, buscar compensações, reagir a discursos que suavizam opressões ou negam o genocídio colonial, confrontar pedidos públicos e oficiais de desculpas de nações que saquearam e lucraram enormemente com a usurpação do território, da riqueza, da cultura, da arte e da vida.

É admitir e apontar erros do passado/presente, diz respeito ao movimento de reflexão e contestação intercontinental sobre a memória-monumento colonial a partir da conscientização sobre o racismo e da destruição/ressignificação de símbolos públicos do passado destinado à perpetuação da identidade de sujeitos causadores de opressão, violência e silenciamento de uma determinada minoria marginalizada historicamente. Enquanto acerto de contas com o passado, é preciso equilibrar a conta e pagar dívida histórica, a partir de julgamento dos responsáveis por colonizações, genocídios e ditaduras, partindo de indenizações e devoluções de territórios.

No contexto da sociedade estruturada no racismo e no sistema da branquitude, é preciso compreender os processos de reparação históricos em curso. Primeiramente, pensar que "branquitude" não é o mesmo que "pessoa branca em si", mas diz respeito ao sistema de opressão que relutantemente recusa a humanidade de pessoas pretas e aperfeiçoa a cada geração mecanismos novos e refinados de subjugação baseados na raça. Em segundo, é preciso superar os privilégios alicerçados nas estruturas racistas onde pessoas negras não usufruem da riqueza, do prestígio e da própria vida. O caminho da reparação histórica é também reconhecer essas estruturas de privilégio e trabalhar pelo bem comum, apontando necessariamente para os impactos duradouros da escravidão sobre pessoas negras, como elas são impactadas no mundo do trabalho, na vida intelectual e acadêmica, na vida familiar, na relação com o estado e na política, portanto, uma reparação histórica que atravesse as diversas esferas e espaços sociais.

Em se tratando disso, não é pedir esmola ou simples retratação sem impacto profundo e duradouro, como afirmou o historiador Hilary Beckles, presidente do Comitê de Reparações da Caricom:

> Não estamos pedindo cheques, como se fôssemos mendigos. A questão do dinheiro é secundária, mas, nesse caso, o cumprimento moral do dever exige que, em uma economia de mercado, a empresa contribua para o desenvolvimento (Sayuri; Larissa, 2020).

Por outro lado, a noção de pagamento como reparação histórica não é uma novidade. Na época da abolição da escravidão, abolicionistas defenderam o pagamento de reparações aos escravos libertados. Neste aspecto, o Senado Federal brasileiro derrubou proposta de "pagamentos individuais" para descendentes de pessoas escravizadas em 2013 (Duarte, 2015).

A Reparação Histórica tem sua própria história e nuances diversas. Não é uma única coisa. É um movimento local e de feições globais de luta, organizado contra o descompasso histórico que alicerça e mantém estruturas de poder e de opressão no presente. A exemplo disso, temos a criação da Comissão de Reparações Caricom, em 2013, como movimento de autoafirmação e consciência negra. Iniciativa de chefes de estados de países caribenhos, tais com Jamaica, Haiti, Guiana, Suriname, Belize, Bahamas, Barbados, Trinidad e Tobago, Santa Lúcia, Dominica, Granada, São Cristóvão e Névis, São Vicente e Granadinas, cujo objetivo principal é demandar justiça reparativa para os povos indígenas e afrodescendentes, especialmente em relação a Portugal, Espanha, França, Holanda e Reino Unido pela escravatura.

> Reparação histórica é um pequeno ato de uma dívida que nunca será paga, e esta é sobre a maior barbárie que já aconteceu. Foram seres humanos que tiveram seus corpos marginalizados e deslegitimados por um processo colonizador, pessoas que tiveram seu direito de viver negado e, mesmo

> assim, produziram durante 388 anos uma evolução de trabalhos e tecnologias por quem teve que viver nas sombras (Spineler; Pedro, 2022).

Neste contexto, reparação diz respeito a correção da injustiça da escravidão em benefícios de povos vitimizados pelo genocídio colonial no Brasil, nos Estados Unidos, na Namíbia, na Tanzânia, no Burundi e no Congo, para citar apenas alguns casos recentes acerca de pedidos de indenização, devolução de peças de arte ao país de origem, à aprovação de leis para desenvolver propostas de reparação e colocar na agenda pública a necessidade de construir medidas de reparação, de preparação de ação judicial contra governos pela escravidão em tempos coloniais, constituição de espaços de memória, pedido oficiais de desculpas e consolidação de ação afirmativa, bem como a criação estratégica de contraponto ao escravismo a partir de símbolos da resistência da população negra.

Entre outros aspectos, observamos que a Reparação Histórica está diretamente relacionada à retratação de discursos injustos ou ofensivos. Neste caso, é preciso problematizar como ela se manifesta. Vistas como "velhas" e outras vezes como "inofensivas". Elas estão enraizadas em nosso cotidiano, carregam em seu contexto de formulação histórica, termos pejorativos e discriminação, são responsáveis pelas formas de violências autorizadas e pela domesticação e reificação dos "outros".

No Brasil, são recorrentes as situações em que falas racistas são ditas por pessoas públicas, provocando grande repercussão. Os casos estão relacionados com ações sistêmicas, práticas e padrões sociais de natureza racista, resultantes de preconceitos ou estereótipos oriundos do racismo estrutural, que efetivamente discrimina e desumaniza pessoas em função da sua raça, cor, cultura, religião e etnia. Neste sentido, o pensamento de Rosa Cabecinhas e Miguel de Barros (2022) é oportuno e interessante, pois avança na concepção de Reparação Histórica sob a perspectiva da "construção do futuro" sob o viés da preservação da diversidade cultural e biológica:

> A reparação histórica implica pensar como construir o futuro juntos e preservar a diversidade biológica e cultural. Implica refletir como o passado histórico interfere na nossa vida do dia a dia em todas as suas dimensões e construir novo conhecimento em diálogo (Cabecinhas; Barros, 2022, p. 257).

Sendo assim, as marcas e os símbolos do passado colonial, genocida e ditatorial continuam vivos entre nós e inspirando os movimentos conservadores e de extrema direita pelo mundo. Por isso, a Reparação Histórica possui a dimensão educativa que é uma oportunidade de provocar uma contra-história. Deste ponto de vista, ela apresenta o componente de desmantelamento de uma rede de símbolos, por meio do rebatizamento de datas e espaços, retirada de monumentos, realização de intervenções artísticas, em um trabalho incessante de ressignificação do passado e de elaboração das experiências históricas, de repensar e reescrever a história em diálogo com saberes diversos.

Ver também: Branquitude, Direitos Humanos, Educação Antirracista, Escravidão, Raça, Racismo, Resistência Negra.

REFERÊNCIAS

CABECINHAS, Rosa; BARROS, Miguel de. Produção de conhecimento, reparação histórica e construção de futuros alternativos. Entrevista com Miguel de Barros. **Comunicação e Sociedade**, [S. l.], v. 41, 2022, p. 243-258.

DUARTE, Fernando. O polêmico debate sobre reparações pela escravidão no Brasil. **BBC Brasil**, Londres, 20 nov. 2015. Disponível em: https://www.bbc.com/portuguese/noticias/2015/11/151120_brasil_escravidao_reparacoes_fd. Acesso em: 28 fev. 2023.

FERREIRA, Aurélio Buarque de Holanda. **Dicionário Aurélio da língua portuguesa**. Coordenação e edição de Marina Baird Ferreira e Margarete dos Anjos. 5. ed. Curitiba: Positivo, 2010. 2272 p.

SPINELER, Mauroa; PEDRO, João. Cota não é esmola, é reparação histórica! **Fashion Revolution**, [S. l.], 2022. Disponível em: https://www.fashionrevolution.org/cota-nao-e-um-favor-e-reparacao/. Acesso em: 20 fev. 2023.

SAYURI, Juliana; LINDER, Larissa. Desejo e reparação. **TAB UOL**, [S. l.], 2020. Disponível em: https://tab.uol.com.br/edicao/reparacao-historica/#page1. Acesso em: 20 fev. 2023.

RESISTÊNCIA NEGRA

Malsete Arestides Santana

A resistência negra é um movimento histórico que luta contra a opressão e a discriminação racial enfrentada pela população negra em diversos países ao redor do mundo. Esse movimento pode ser observado em diferentes formas, da resistência passiva até a ativa, em diferentes contextos históricos e geográficos. Os africanos foram trazidos para as Américas na condição de escravos desde o início da colonização. Eles foram forçados a trabalhar em plantações, minas e em outras atividades econômicas que sustentavam o império colonial. Mas a escravidão também gerou resistência, e desde o início houve muitos movimentos e lutas. Segundo Skidmore (1990), a resistência negra no Brasil foi expressa de várias formas, desde as revoltas e insurreições de escravos até as manifestações culturais. O autor destaca que essas formas de resistência foram importantes para a preservação da identidade e da cultura afro-brasileira e também contribuíram para a luta contra a opressão racial no país.

No Brasil, por exemplo, o movimento se manifestou de diversas maneiras ao longo da história. Desde a época da escravidão, quando os negros lutavam contra as condições desumanas de trabalho e a violência física e psicológica a que eram submetidos pelos seus senhores. "Desde a escravidão, os negros resistiam à sua condição por meio de formas diversas de rebelião, desde a sabotagem do trabalho até a fuga e a organização de quilombos" (Mattos; Souza, 2010, p. 67).

Os primeiros atos de resistência dos africanos escravizados foram principalmente individuais e ocorreram em todas as partes da América. Essas ações incluíam fugas, sabotagens, trabalhos mal feitos e até mesmo assassinatos de seus senhores. Envenenamentos, uso de ervas para provocar mal-estar e diarreias e até mesmo suicídio individual ou coletivo eram atos de resistência. A resistência também tomou a forma de rebeliões em massa, como a revolta liderada pelo escravo Tacky na Jamaica em 1760 e a *Revolta de Stono* na Carolina do Sul em 1739.

Um dos exemplos mais conhecidos de resistência no Brasil foi o quilombo de Palmares, que existiu entre o final do século XVI e meados do século XVII. Palmares era uma comunidade de africanos e seus descendentes que se estabeleceram em uma área remota do nordeste brasileiro. Eles resistiram por décadas aos ataques dos colonos portugueses e seus aliados indígenas e se tornaram um símbolo de resistência e liberdade para os africanos escravizados.

Entre as formas de resistência negra no Brasil, destacam-se o quilombismo, o candomblé, o samba e outras expressões culturais e religiosas que foram construídas e mantidas pelos negros mesmo diante de uma sociedade que os discriminava e marginalizava. Além disso, houve também movimentos de resistência mais explícitos, como a *Revolta dos Malês* em 1835, a Revolta da *Chibata* em 1910, o *Movimento Negro Unificado* (MNU) criado em 1978 e outros.

Nos Estados Unidos, o movimento de resistência teve um papel fundamental na luta pelos direitos civis e pela igualdade racial. Desde a época da escravidão até a luta pelos direitos civis na década de 1960, os negros enfrentaram diversas formas de opressão e discriminação, que culminaram em grandes manifestações e mobilizações populares. Entre os líderes desse movimento, destacam-se nomes como Martin Luther King, Malcolm X e Rosa Parks.

O movimento liderado por Martin Luther King visava alcançar direitos civis e políticos iguais para os afro-americanos por meio de táticas como boicotes e manifestações pacíficas. O *Pan-Africanismo* era um movimento que buscava unir as populações negras em todo o mundo para resistir ao racismo e ao colonialismo, promovendo a solidariedade entre elas. Já o *Black Power*, surgido nos Estados Unidos na década de 1960, buscava empoderar a comunidade negra e desafiar as estruturas de poder branco. O *Movimento Abolicionista* nos Estados Unidos foi liderado por figuras notáveis como Frederick Douglass, Harriet Tubman e William Wilberforce, e tinha como objetivo o fim da escravidão em todo o mundo. Por fim, o Movimento Negro Unificado surgiu nos Estados Unidos na década de 1970, com o propósito de unir todas as organizações negras na luta coletiva contra o racismo e a opressão.

Atualmente, a resistência negra é uma realidade visível, manifestando-se em várias esferas e formas sociais. O Movimento Negro tem ganhado crescente força e destaque, mobilizando indivíduos de diferentes partes do mundo na busca pela equidade racial e na erradicação do racismo sistêmico ainda presente em muitas sociedades. As vozes dos grupos historicamente marginalizados, como os negros, devem ser valorizadas e consideradas como as mais importantes na luta contra o racismo.

Hoje algumas das principais formas de resistência negra incluem movimentos sociais como o movimento *Black Lives Matter* (Vidas Negras Importam) que é um exemplo emblemático de resistência negra. Surgido nos Estados Unidos em 2013, após a morte do jovem negro Trayvon Martin, o movimento se expandiu e se tornou uma voz poderosa contra a violência policial e o racismo sistêmico. Além dele, existe uma série de outras organizações e movimentos sociais que lutam pelos direitos e pela visibilidade da população negra, como o Coletivo Pretas Candangas e o Movimento Negro Unificado (MNU) no Brasil.

A produção cultural negra é uma forma importante de resistência e afirmação da identidade negra. Na literatura, por exemplo, escritoras como Conceição Evaristo, Chimamanda Ngozi Adichie e Toni Morrison são alguns exemplos de intelectuais que têm se destacado por suas obras que abordam temas como racismo, identidade e memória. Na música, artistas como Beyoncé, Kendrick Lamar e Janelle Monáe têm usado sua arte para denunciar a opressão e celebrar a cultura negra.

A educação é uma ferramenta fundamental na luta contra o racismo e na promoção da igualdade racial. Por isso, há diversas iniciativas voltadas para a formação e a capacitação de pessoas negras, como o Projeto *Afrolíderes*, que oferece cursos de liderança e empreendedorismo para jovens negros, e o *Instituto Black Bom*, que promove a formação de professores e a produção de material didático voltado para a história e a cultura afro-brasileira. A representatividade política é outra forma importante de resistência negra. Em diversos países, há políticos e ativistas negros que têm lutado por uma maior participação da população negra nos processos de tomada de decisão. No Brasil, a vereadora Marielle Franco, assassinada em 2018, se destacou por seu trabalho em defesa dos direitos humanos e das minorias, e se tornou um símbolo da luta e resistência contra a violência e o racismo.

Essas são algumas das muitas formas de resistência negra que se fazem presentes na atualidade. "A resistência é a única maneira de se proteger contra a degradação da alma e a destruição do corpo - contra a opressão que é inevitável sem ela" (Davis, 2016 p. 17). A luta pela igualdade racial é uma pauta urgente e necessária, e é preciso que cada vez mais pessoas se engajem nessa luta, seja por meio de ações individuais ou coletivas.

Por fim a resistência negra é um movimento histórico de luta contra a opressão, o preconceito e a discriminação racial enfrentada pela população negra em diferentes países ao redor do mundo. Desde a época da escravidão até os dias atuais, os negros têm se organizado e resistido de diversas formas. A partir da produção cultural, educação, representatividade política e movimentos sociais, a população negra tem lutado pela igualdade racial e pelo fim do racismo que ainda permeia a sociedade.

Ver também: África, Black Lives Matter, Candomblé, Colonização/Descolonização, Educação Antirracista, Escravidão, Escravo/Escravizado, Movimento Negro Unificado, Pan-Africanismo, Quilombo, Reparação Histórica.

REFERÊNCIAS

DAVIS, Angela. **Mulheres, raça e classe.** São Paulo: Boitempo, 2016.

MATTOS, Hebe; SOUZA, Flavio Gomes de Oliveira (org.). **História do negro no Brasil.** 2. ed. São Paulo: Contexto, 2010.

SKIDMORE, Thomas. E. **Preto no branco**: raça e nacionalidade no pensamento brasileiro. São Paulo: Paz e Terra, 1990.

SUPREMACIA RACIAL BRANCA

Luan Kemieski da Rocha

Supremacia racial branca é uma crença de que as populações brancas são superiores a outras raças e, portanto, devem dominá-las em uma ordem social atravessada por assimetrias sociais. Os supremacistas brancos não necessariamente defendem, mas apreciam a ideia de expurgar outras raças de uma sociedade. O que eles salvaguardam é o pensamento de que uma nação supremacista racial branca deve organizar as instituições de forma a promover os interesses dos brancos, subordinando outros grupos racializados.

É o que o historiador Lourenço Cardoso (2010) define como branquitude acrítica, aquela que argumenta que a identidade branca individual ou coletiva é superior a outros grupos racializados.

A supremacia racial branca pode envolver um sistema político, econômico e cultural na qual os brancos detêm esmagadoramente o controle de poder político e de recursos materiais, na qual consciente ou inconscientemente, ideias de superioridade racial branca são difundidas e relações de dominância branca e subordinação de outros grupos raciais não brancos são diariamente reencenados por meio de uma rede de instituições e contextos sociais (Ansley, 1993).

O desenvolvimento das relações de supremacia racial branca está ligado aos processos constituintes do sistema escravista moderno, que não somente racializou os africanos e seus descendentes, como também criou uma hierarquia racial em que a descendência europeia se transformou em capital político e simbólico, racializando-se no branco (Francisco, 2020).

Dentro desse desenvolvimento, Cheryl Harris (1993) identifica como a racialização foi se tornando um regime de propriedade. Isto é, a escravidão atlântica produziu uma opressão com a população africana que passava a ser vista como negros e como propriedades. Em contrapartida, também se desdobra uma outra forma de propriedade relacionada a população considerada branca, a propriedade da branquitude. Entretanto, chama-se a atenção para o fato de que a branquitude não é vista apenas como um processo constituído legalmente, mas também um elemento de ligação com a identidade nas relações sociais de uma sociedade e interpessoais de um indivíduo. A partir dessas duas dimensões, legal e identitária, a branquitude garante ocupações, contribuições, benefícios e assistências (Francisco, 2020). É o que, por exemplo, o filósofo Charles W. Mills chamou de "contrato racial".

Esse sistema de supremacia racial branca, garante ao branco um "salário psicológico", isto é, uma recompensa psicológica, social e econômica para a massa branca que se encontrava em condições de precariedade (Du Bois, 1998).

Uma das organizações mais conhecidas por esse processo de defesa da supremacia racial branca é a Ku Klux Klan, que foi fundada em 1865 no Tennessee/EUA. Esta, é uma organização racista de extrema direita que nasceu nos Estados Unidos durante o período da Guerra Civil e que defendia ideais racistas, sulistas, protestantismo e o sistema de supremacia racial branca.

A Ku Klux Klan surgiu quando a supremacia branca passava a gerar contornos de fenômenos sociais que se generalizavam para a população branca, operando em projetos políticos de "elites" e em massas de operários brancos durante os séculos XIX e XX. "Se consolidava a ideia de que as instituições da democracia estadunidense deveriam se sujeitar aos interesses das populações brancas" (Francisco, 2020, p. 13), delegando outros grupos racializados minoritários a espaços marginais por meio de leis segregacionistas e outras práticas que se desmantelaram apenas na década de 1960.

Isso tudo se apresentou nas violências racistas materializadas em linchamentos, assassinatos, racismo, dentre outras, se apresentando também na cultura popular do país e aflorando em lideranças políticas que teriam papel central na administração da nação. É o momento em que surge uma produção cultural como o filme *Nascimento de uma Nação* (1915) de David Griffith que apresenta uma história de glorificação a Ku Klux Klan, sendo exibido na Casa Branca no mesmo ano de seu lançamento. Tal filme ajudou a propagar relações na supremacia branca que ainda não existiam como a utilização do capuz branco e da cruz queimada por supremacistas e no desenvolvimento de ideias de nação branca, influenciando também o expansionismo estadunidense ao longo do globo (Singh, 2017).

A supremacia racial branca não é exclusiva dos Estados Unidos, ela pode ser vista em outros lugares como na África do Sul e o seu regime de *Apartheid* (1948-1994). Este regime foi instaurado de maneira oficial com a vitória eleitoral de Daniel François Malan, porém, mesmo antes de 1948 já existiam leis segregacionistas que favoreciam uma minoria branca na região. A partir de Malan, começa-se a estruturar de maneira mais ampla as camadas da sociedade sul-africana tendo como base a segregação racial. Na década de 1950 foram promulgadas leis como: a *Group Areas Act* (lei sobre as zonas de residência), que impunha a segregação dos sul-africanos, em função de sua raça; a *Native Labour (Settlement of Disputes) Act* (lei sobre a mão de obra indígena com mediação de conflitos), que proibia o direito a sindicalização de trabalhadores e negociações coletivas; a *Criminal Law Amendment Act* (emenda ao código penal), que colocava o fato de criticar uma lei ou apoiar uma campanha dirigida contra essa lei a tornava uma infração; *Mines and Works Act* (lei sobre as minas e as usinas) que barrava os africanos de frequentarem postos qualificados de trabalho nas minas, dentre outras. Ademais, a violência policial se fez de maneira cotidiana o que levou a massacres como o de Shaperville em 21 de março de 1960. Era uma sociedade baseada na privação dos africanos da utilização de suas terras e de seus recursos minerais, na criação de uma mão de obra africana precarizada, sem organização política forte e com eliminação da concorrência inter-racial (Chanaiwa, 2010).

Complexificando, grupos supremacistas raciais brancos podem não se ver como racistas na medida em que, segundo sua concepção, a superioridade racial branca é vista como algo inquestionável (Cardoso, 2010), ou seja, trazem a ideia de que racismo não existe já que a população branca é essencialmente "superior" a outros grupos racializados. Essa visão pode produzir uma identidade racial homicida, apoiada em argumentos de diferenciação biológica ou de identidade nacional. Atos homicidas e racistas são justificados pela alegação de que estão protegendo uma "originalidade" ou os "verdadeiros" habitantes de um determinado Estado Nacional.

Ver também: Biopolítica, Black Lives Matter, Branquitude, Direitos Humanos, Discriminação Racial/Preconceito, Escravidão, Leis Jim Crow, Necropolítica, Raça, Racismo.

REFERÊNCIAS

ANSLEY, Frances Lee. Stirring the ashes: race class and the future of Civil Rights Scholarship. **Cornell Law Review**, Cornell, v. 74, n. 9, 1993.

CARDOSO, Lourenço. Branquitude acrítica e crítica: a supremacia racial e o branco anti-racista. **Revista Latinoamericana de Ciencias Sociales, Niñez y Juventud, Manizales**, [S. l.], v. 8, n. 1, p. 607-630, 2010.

CHANAIWA, David. A África Austral. *In:* UNESCO. **História geral da África, VIII**: África desde 1935. Editado por Ali A. Mazrui. Brasília: UNESCO, 2010.

DU BOIS, W.E.B. **Black reconstruction in America 1860-1880**. New York: The free press, 1998.

FRANCISCO, Flávio Thales Ribeiro. O velho cadillac: raça, nação e supremacia branca na era Trump. **Sanfoka**: Revista de História da África e de Estudos da Diáspora Africana, São Paulo, v. 13, n. 24, p. 8-34, 2020.

HARRIS, Cheryl I. Whiteness as property. **Harvard Law Review**, [S. l.], v. 106, n. 8, p. 1709-1791, jun. 1993.

SINGH, Nikhil Pal. **Race and America's long war**. Oakland: University of California Press, 2017.

TEORIA CAMITA

Manuel Alves de Sousa Junior

A Teoria Camita é aquela que afirma que Cam, filho de Noé, foi amaldiçoado após ver o pai bêbado e nu após a comemoração do sucesso da arca de Noé no dilúvio. Na mitologia bíblica, Noé teve 3 filhos, cada um deles sendo responsável por povoar um continente. Jafet, o primogênito, povoou a Europa, Sem e seus descendentes povoaram a Ásia e Cam, que era o filho com tom de pele mais escuro, gerou descendentes para povoar a África. Na época dessa mitologia, o continente americano ainda não fazia parte dos cálculos terrestres do planeta, o que causou um conflito entre os católicos do fim do século XV e início do XVI para tentar justificar essa história, já que não existia outro filho de Noé que teria povoado a América.

Na idade média, a imagem dos africanos na Europa foi completamente deturpada no imaginário do povo europeu pelo desconhecimento. A teoria camita e a cartografia de Ptolomeu relegaram à África e aos africanos as piores regiões da Terra (Oliva, 2003).

Nos mapas da antiguidade e idade média, a Europa, cuja população descendia de Jafet, ficava à esquerda de Jerusalém e a Ásia, local dos filhos de Sem à direita, sob o olhar do observador. Ao Sul aparecia "o continente negro e monstruoso, a África. Suas gentes descendentes de Cam, o mais moreno dos filhos de Noé" e que foi amaldiçoado em uma ocasião específica (Noronha, 2000, p. 681).

Nos textos bíblicos, Cam foi punido por flagrar o pai, Noé, nu e embriagado. Desse modo, seus descendentes, os africanos, deveriam ser punidos e se tornar escravos dos descendentes dos seus irmãos (Oliva, 2003). Michelangelo, no início do século XVI representou no teto da Capela Sistina a criação do mundo, entre outros quadros pintados nos afrescos está *A Embriaguez de Noé*, representando o momento da maldição de Cam diante do ocorrido.

Com as chamadas grandes navegações a partir do século XIV e contatos mais intensos com a África Subsaariana, os estranhamentos e olhares preconceituosos dos europeus com os africanos aumentaram e se consolidaram no imaginário popular. No século XV as duas encíclicas papais, *Dum Diversas* e a *Romanus Pontifex* "deram direito aos Reis de Portugal de despojar e escravizar eternamente os Maometanos, pagãos e povos pretos em geral", reforçando o preconceito à África, usando a política e a teoria camita como justificativas, desse modo, a Igreja legitimou a escravidão negra por meio de diversos documentos oficiais (Oliva, 2003, p. 435).

Monstros, terras inóspitas, seres humanos deformados, imoralidades, regiões e hábitos demoníacos eram elementos constantes presentes nas descrições de viajantes, aventureiros e missionários que se aventuravam ao Sul da Europa pela costa Africana, na direção do Equador (Oliva, 2003). A cor negra passou a ser associada à escuridão e ao mal remetendo no imaginário europeu ao inferno e às criaturas das sombras, seguindo os preceitos do catolicismo. O diabo, nos tratados de demonologia era, "coincidentemente", quase sempre negro, por exemplo (Del Priore; Venâncio, 2004).

A passagem da *Embriaguez de Noé*, em especial, reflete também a legitimidade que a Igreja buscava para a superioridade branca e eurocêntrica. Certamente os preconceitos raciais existentes no ocidente e, sobretudo no Brasil, são reflexos dessa ideologia da superioridade branca e inferioridade negra criados ao longo da história e enraizada na sociedade como um racismo estrutural que faz vítimas todos os dias na nossa sociedade.

O pintor espanhol Modesto Brocos, pintou no Brasil o quadro intitulado *A redenção de Cam* em 1895. A obra aborda uma suposta rendição de Cam, sendo a raça negra eliminada do país ao longo de algumas gerações a partir de teorias raciais e políticas como o branqueamento da população, a eugenia e o darwinismo social (Figura 1).

Figura 1 – A Redenção de Cam de Modesto Brocos

Fonte: Brocos (1895)

Ver também: África, Colonização/Descolonização, Discriminação Racial/Preconceito, Escravidão, Eugenia, Raça, Racismo, Racismo Científico, Racismo Estrutural.

REFERÊNCIAS

BROCOS, Modesto. **[A Redenção de Cam]**. Rio de Janeiro: Museu Nacional de Belas Artes, 1895. Pintura, óleo sobre tela, 199 x 166 cm.

DEL PRIORE, Mary; VENÂNCIO, Renato. **Ancestrais**: uma introdução à história da África Atlântica. Rio de Janeiro: Editora Campus, 2004.

NORONHA, Isabel. A coreografia medieval e a cartografia renascentista: testemunhos iconográficos de duas visões de mundo. **História, Ciências, Saúde – Manguinhos**, Rio de Janeiro, v. 6, n. 3, p. 681-687, 2000.

OLIVA, Anderson Ribeiro. A história da África nos bancos escolares: representações e imprecisões na literatura didática. **Estudos Afro-Asiáticos** (UCAM - Impresso), Rio de Janeiro, ano 25, n. 3, p. 421-461, 2003.

TEORIA RACIAL CRÍTICA

Marisa Fernanda da Silva Bueno

A Teoria Racial Crítica (*Critical Race Theory* – CRT) surgiu nos Estados Unidos como um movimento ativista e intelectual, com o propósito de promover a reflexão e a crítica das consequências da luta pelos direitos civis[9], cujo grande expoente, foi Martin Luther King Jr (1929-1968). Algumas dessas questões problematizam se, de fato, houve um processo de inclusão e de benefício para negras e negros nos Estados Unidos após o fim da segregação racial institucionalizada.

Os estudiosos do direito – advogados, ativistas e estudantes –, em meados dos anos 1970, uniram-se para estudar e atuar nas necessárias mudanças sociais, com a intenção de mudar a realidade de sofrimento racial da sociedade norte-americana. Segundo eles, os avanços que resultaram das conquistas de 1960 tinham estagnado e, em alguns casos, tinham retroagido (Delgado; Stefancic, 2001). Além disso, militavam pelo fim do *apartheid* (regime segregacionista institucionalizado na África do Sul, de 1948 a 1994) e questionavam o papel que os Estados Unidos desempenhavam na manutenção deste regime.

Os intelectuais da CRT se movimentam a partir de alguns pressupostos. O mais importante deles é que o conceito de "raça" e o fenômeno do racismo são dispositivos estratégicos para a manutenção do capitalismo e, por isso, precisam ser teorizados e debatidos. A partir desta perspectiva, as teorias raciais (que deram suporte ao racismo) foram concebidas para justificar a escravidão a demarcar diferenças, retirando do "outro" o direito à existência digna.

É, pois, nesse sentido, que a crítica às instituições de poder, que estruturam a sociedade ocidental, somente estarão esgotadas quando o racismo for evidentemente enfrentado. Para os pesquisadores da CRT, o fato destes conceitos não serem estudados nas faculdades de direito e educação, por exemplo, é intencional: eles questionam como questões relacionadas ao racismo, que estruturam a sociedade, não atravessam os programas e currículos das universidades. O direito é uma ciência extre-

---

[9] O Movimento de luta pelos direitos civis nos Estados Unidos exigia o direito de representação da população negra nos espaços de poder, como o direito ao voto, por exemplo, e o fim da segregação racial institucionalizada. O *Jim Crow Laws* (1876-1965) era um conjunto de leis que prescrevia a obrigatoriedade da segregação racial no sul dos Estados Unidos, um regime perverso e extremamente demarcador de diferenças raciais.

mamente conservadora, ou seja, os instrumentos dogmáticos, princípios e ferramentas jurídicas, estão a serviço das instituições de poder, cuja intenção é manter a população negra afastada dos espaços de ascensão social e econômica.

A partir dessa lógica, os operadores do direito e as decisões judiciais são, na sua estrutura, racistas e, portanto, não conseguem, segundo os estudiosos da CRT, proporcionar as mudanças necessárias para o avanço da sociedade. Angela Harris, professora de direito, menciona, no prefácio da obra *Critical Race Theory: an introduction* (um dos livros clássicos da CRT), que existia somente um direito, que era aplicado para todos, desconsiderando as individualidades relacionadas à raça, cor, gênero ou religião (Harris, 2001, p. XVIII).

É no campo teórico da CRT que nasce o conceito de "branquitude" (*whitness*), percebida como uma característica que representa uma positividade em termos de poder e privilégios. Os pesquisadores da branquitude estudam como a supremacia branca foi construída e mantida na sociedade, com a finalidade de aprisionar negros em situação de pobreza e exclusão.

Em meados da década de 1990, ocorreu um deslocamento nos estudos sobre a branquitude para a área da educação, no sentido de analisar o conceito de raça e as suas implicações na falta de acesso de negras e negros à educação, tendo em vista uma série de privilégios da população branca. No ano de 1989 aconteceu a primeira conferência com os principais intelectuais da CRT, em Madison, Wisconsin nos Estados Unidos. Os estudos da CRT ganharam força e se espalharam pelo mundo. Países como a Austrália, Canadá, Inglaterra e Índia incorporaram às suas teorias e passaram a ter grandes centros de pesquisa, expandindo as áreas de atuação para a educação, os estudos culturais, a sociologia, a literatura comparada, a ciência política, a história e a antropologia.

No Brasil, a partir dos anos 2000, surgiram estudos sobre a temática da branquitude e amadureceram, no campo teórico, as pesquisas nessa área (Bueno, 2020). As pesquisas sobre as relações raciais no Brasil foram analisadas com novas lentes, considerando o pressuposto de que a sociedade brasileira é uma sociedade racista e que se estruturou a partir dos postulados da supremacia branca. Entender essa dinâmica permite o questionamento, na atualidade, de como a identidade branca se estruturou a partir de um lugar privilegiado e de condição política, social e econômica superior. Essa dinâmica social possibilita a manutenção de um *status* que é interessante para a população branca.

É em função destas constatações e análises críticas que as políticas públicas destinadas à população negra podem ser estrategicamente desenvolvidas, para que seja possível equilibrar a balança social e promover igualdade de acesso aos bens materiais. A pesquisadora Viviane Weschenfelder (2018, p. 4) chama a atenção para o fato de a educação ser mais do que um direito, ela é uma propriedade, por muito tempo, negada aos afrodescendentes e, portanto, constitui-se como uma ferramenta que permite aos indivíduos tornarem-se sujeitos questionadores, capazes de lutar pela sua inclusão nas políticas públicas e no debate racial, enfrentando o racismo, questionando a sua constituição e, principalmente, questionando como o racismo se tornou a base para a organização social no ocidente.

O direito à educação sempre foi uma reivindicação da população africana e afro-brasileira, desde o seu sequestro do continente africano. A educação é fundamental para as lutas políticas, para os movimentos de insurgência e para a busca pela liberdade, em um processo aniquilador da existência negra. Pensar pela via das categorias epistemológicas, propostas pela Teoria Racial Crítica, promove novos olhares e, quiçá, novas possibilidades para o futuro.

A educação crítica é uma ferramenta que permite aos indivíduos tornarem-se sujeitos questionadores, capazes de lutar pela sua inclusão nas políticas públicas e no debate racial, enfrentando o racismo, questionando a sua constituição e, principalmente, questionando como o racismo se tornou a base para a organização social no Ocidente.

Ver também: Branquitude, Direitos Humanos, Educação Antirracista, Leis Jim Crown, Raça, Racismo, Supremacia Racial Branca.

REFERÊNCIAS

BUENO, Marisa Fernanda da Silva. **A emergência do discurso da branquitude na legislação brasileira**: racismo e educação. Tese (Doutorado em Educação) – Universidade de Santa Cruz do Sul, Santa Cruz do Sul, 2020.

DELGADO, Richard; STEFANCIC, Jean. **Critical race theory**: an introduction. New York: New York University Press, 2001.

HARRIS, Angela. Foreword. *In:* DELGADO, Richard; STEFANCIC, Jean. **Critical Race Theory**: an introduction. New York: New York University Press, 2001.

WESCHENFELDER, Viviane Inês. Contribuições da teoria racial crítica para pensar a educação das relações étnico-raciais. *In*: ANPED SUL, 12., 2018, Porto Alegre. **Anais** [...]. Porto Alegre: UFRGS, 2018.

TRÁFICO ATLÂNTICO

Natália Garcia Pinto

A América recebeu milhões de indivíduos escravizados pelo tráfico atlântico, durante os séculos XVI e XIX, no qual homens e mulheres escravizados por esse infame comércio cruzaram o oceano Atlântico e desembarcaram em diferentes portos brasileiros desde o período colonial até o período imperial. Estima-se que neste período cerca de 40% dos cerca de 12 milhões de africanos importados pelo tráfico atlântico tinham o destino das cidades portuárias brasileiras. Segundo Nei Lopes na *Enciclopédia brasileira da Diáspora africana,* o tráfico transatlântico ou tráfico negreiro é o "nome genérico com que se designa o comércio internacional de escravos africanos incrementado a partir do descobrimento, pelos europeus, da América" (Lopes, 2011, p. 680).

Com o advento do tráfico atlântico, homens e mulheres tiveram suas vidas comercializadas por traficantes negreiros e brutalmente modificadas, pois além de tornarem-se propriedade de outrem tiveram seus afetos e laços familiares rompidos, nomes trocados à força, violências física e mental durante o trajeto da viagem, a imposição de uma religião e língua diferentes das suas habituais (Pinto, 2012). De várias partes do continente africano desembarcaram homens e mulheres escravizados oriundos da África Ocidental, da África Oriental e da África Centro-Atlântica nos portos da América (Thornton, 2004).

O tráfico atlântico era um negócio extremamente lucrativo com uma lógica de organicidade de estruturação para o funcionamento dele por vários séculos. Conforme assevera Florentino (1997) as cifras numéricas desse comércio atlântico revelam um elo entre o Brasil e a África, pois fomos uma das áreas escravistas que mais recebeu homens, mulheres e crianças escravizadas, em que "a reiteração temporal da reprodução física da escravaria por meio do mercado poderia ter levado à adoção de uma mentalidade radicalmente retificadora por parte da classe senhorial" (Florentino, 1997, p. 23).

Para Thornton (2004) o tráfico atlântico não foi aceito pelos governos africanos de maneira passiva, houve resistência africana ao colonialismo europeu. O tráfico atlântico também trouxe consequências devastadoras como empobrecimento, desestruturação social e acirramento de guerras civis (Lopes, 2011). Já na América, do outro lado do Atlântico, provocou horrores aos que sobreviveram à travessia forçada (muitos homens e mulheres mortos durante as viagens), a separação de famílias e de amizades, a violência física dos corpos e etc.

É possível destacar que o tráfico atlântico constituía "uma empresa afro-americana" em que participavam diferentes agentes históricos nas várias escalas do abastecimento desde a captura na África até o desembarque nas distintas regiões americanas. No Rio de Janeiro, pontua-se uma rede de traficantes negreiros desde a alta classe senhorial até os escravistas de pequenas posses que participavam ativamente desse comércio de seres humanos (Florentino, 1997).

Além disso, é crível pontuar a presença do traficante negreiro que interferia de maneira sistemática sobre os negócios do tráfico atlântico, articulando forças e estratégias para que esse negócio rentável não sofresse repressão ou a possibilidade de fechamento do tráfico Atlântico internacional que abastecia as senzalas senhoriais, como no caso do Império brasileiro. Estudos apontam que a articulação entre os "senhores de escravos enfronharam-se na política institucional; criaram ainda uma rede de recepção de africanos em terra, envolvendo a população local nos interesses do tráfico" (Rodrigues, 2000, p. 212).

Embora seja muito mencionado na historiografia sobre o tráfico atlântico sobre o alto lucro que a empresa do comércio de africanos proporcionou aos traficantes e aos grandes senhores escravistas no Brasil, novas pesquisam apontam que a população livre e pobre, os escravizados e africanos livres também participaram no processo de extinção do tráfico atlântico para o Brasil a partir de denúncias de seus senhores como responsáveis pelo negócio ou auxiliando os africanos recém desembarcados a reivindicar a liberdade que seus companheiros tinham direito (Florentino, 1997; Rodrigues, 2000; Mamigonian, 2017). É notório destacar a participação também da população livre ou escravizada nos embarques clandestinos de africanos nas praias das diferentes províncias brasileiras, devido à clandestinidade do tráfico atlântico após repressão imposta pelos ingleses ao Império brasileiro (Oliveira, 2006; Chalhoub, 2012).

Certamente o tráfico atlântico enriqueceu muitos traficantes negreiros assim como as classes senhoriais em diversos países da América. Contudo, homens e mulheres africanos forçados na diáspora pelo Atlântico também souberam refazer suas vidas (apesar de toda a violência). Lutaram por construir suas famílias, afetos e amizades. Projetaram conquistas de liberdade para si e seus familiares, assim como auxiliariam seus parceiros de infortúnios que chegavam pelos desembarques clandestinos a denunciarem e incriminarem os proprietários e quiçá conseguissem provar ao Estado brasileiro que por direito eram livres, isto é, africanos livres por direito (Mamigonian, 2017).

Ver também: África, Banzo, Biopolítica, Colonização/Descolonização, Consciência Negra, Diáspora, Direitos Humanos, Escravidão, Escravo/Escravizado, Malungo, Migrações, Necropolítica, Quilombo, Raça, Racismo, Resistência Negra.

REFERÊNCIAS

CHALHOUB, Sidney. **A força da escravidão**: ilegalidade e costume no Brasil Oitocentista. São Paulo: Companhia das Letras, 2012.

FLORENTINO, Manolo. **Em costas negras**: uma história do tráfico de escravos entre a África e o Rio de Janeiro. São Paulo: Companhia das Letras, 1997.

LOPES, Nei. **Enciclopédia Brasileira da Diáspora africana**. 4. ed. rev. e ampliada. São Paulo: Selo Negro, 2011.

MAMIGONIAN, Beatriz. **Africanos livres**: a abolição do tráfico de escravos no Brasil. São Paulo: Companhia das Letras, 2017.

OLIVEIRA, Vinícius. **De Manoel Congo a Manoel de Paula**: a trajetória de um africano ladino em terras meridionais (meados do século XIX). Porto Alegre: EST Edições, 2006.

PINTO, Natália Garcia. **A benção Compadre**: experiências de parentesco, escravidão e liberdade em Pelotas, 1830/1850. Dissertação (Mestrado em História) – UNISINOS, São Leopoldo, 2012. 250 p.

RODRIGUES, Jaime. **O infame comércio**: propostas e experiências no final do tráfico de africanos para o Brasil (1800-1850). Campinas: Editora da UNICAMP, 2000.

THORNTON, John. **A África e os africanos na formação do mundo atlântico, 1400- 1800**. Rio de Janeiro: Elsevier, 2004.

UMBANDA

Almerinda dos Santos Costa (Mãe Almerinda)
Jársia de Melo Santos

A palavra umbanda significa *arte de curar*, originária do vocábulo *Kimbundu*, de Angola, língua falada no noroeste do país, incluindo a província de Luanda. A umbanda é uma religião afro-brasileira de influência africana, criada na cidade do Rio de Janeiro em 1908 por Zélio Fernandino de Moraes (1891-1975), na época com 17 anos. Nascido em família tradicional católica e que por meio da entidade denominada *Caboclo das Sete Encruzilhadas*, iniciou as atividades na Tenda Espírita Nossa Senhora da Piedade.

Centrada na figura de um Deus único denominado de *Olorum*, ser supremo criador da humanidade e dos orixás, a umbanda estabelece ainda relações entre a ciência, a existência e o universo. Sua crença integra elementos do candomblé, espiritismo kardecista e catolicismo. É, portanto, uma religião monoteísta e afro-brasileira com três conceitos fundamentais: luz, caridade e amor.

Para o seu criador, Zélio Fernandino de Moraes, a Umbanda deve ser vista sempre como a manifestação do espírito para a prática da caridade. Para ele, a humildade é a forma mais sublime da prática do Evangelho do Cristo e a prática do amor ao próximo.

O local onde ocorrem as cerimônias da Umbanda chama-se casa, terreiro ou barracão, podendo também ocorrer em lugares livres, junto à natureza, rios, cachoeiras ou nas praias. A palavra terreiro significa "relativo à terra, solo", que representa uma área de terra batida e plana.

Os sacerdotes e chefes espirituais dos terreiros são os *Iyalorixá* ou *ialaorixá* (do iorubá iya, 'mãe', + olo, 'possuidor', + orixa, 'orixá'), representação feminina, também conhecida como *mãe de santo* e *Babalorixá* ou *babalaô* (pai dos segredos do Orixá; Baba = pai; Olo = segredo; Orisà = Orixá), representação masculina, também conhecido como "pai de santo".

Os sacerdotes espirituais são os responsáveis por presidir as cerimônias, dirigir os ritos, comandar o terreiro e ensinar a doutrina e os rituais da religião para seus filhos de santo. Realizam também consultas espirituais por meio dos jogos de búzios, maneira pela qual os pais e mães de santo conseguem se comunicar com os orixás obtendo assim as respostas para as perguntas dos consulentes (aquele que consulta, que pede conselhos a outrem sobre algo).

Apesar das pessoas associarem o jogo de búzios a África, o jogo tem sua origem da Turquia, porém os africanos acabaram dominando a técnica. No Brasil, apenas as pessoas feitas no santo por uma *Iyalorixá* ou *Babalorixá* podem jogar os búzios, nos quais a posição em que as conchas caem sobre a mesa definem a interpretação do jogo.

A feitura de santo na Umbanda significa a iniciação ao culto dos Orixás, representando o nascimento do iniciado para o mundo espiritual. O rito corresponde a um processo individual de desenvolvimento interior e comunicação com a espiritualidade, com os orixás e contato com as energias da natureza. E diversos podem ser os motivos para iniciação.

Os Orixás, são divindades que representam a natureza. São também vistos como Deuses. Possuem pontos (cantigas) para louvar, chamar e se despedir do orixá e as linhas de entidades. Os pontos são acompanhados por instrumentos de percussão como os atabaques tocados pelos *Ogãs* (filhos de fé responsáveis pelo canto e pelo toque).

Os orixás cultuados na umbanda são: Oxalá, Xangô, Iemanjá, Ogum, Oxóssi, Oxum, Iansã, Omulú e Nanã. A energia de cada um está representada nas Guias, tipo de colar de proteção cujas combinações das cores estabelece um escudo energético para os trabalhadores do terreiro. Muito além de simples colares, as guias são objetos sagrados, carregados de axé e constituem um elo de ligação entre os filhos de fé e os Orixás.

As guias são usadas para as mais diversas atuações. Existem, por exemplo, as guias de trabalho, utilizadas pelo filho de fé no momento dos trabalhos espirituais. Essas guias são confeccionadas após a iniciação e têm a função de auxiliar na conexão entre os filhos de fé e as entidades, além de proteger durante os trabalhos. Já a guia de proteção é uma guia para uso diário, pode ser adquirida nos terreiros e deve ser confeccionada seguindo os preceitos ritualísticos para lhes conferir força espiritual.

Ver também: Candomblé, Consciência Negra, Direitos Humanos, Intolerância Religiosa, Resistência Negra.

VIOLÊNCIA OBSTÉTRICA

Simone Andrea Schwinn

Violência obstétrica é um nome novo para identificar uma prática antiga: a forma violenta e desrespeitosa com que as mulheres são tratadas durante a gravidez, antes, durante e após o parto. Uma pesquisa intitulada *Nascer no Brasil*, coordenada pela Fundação Oswaldo Cruz (FIOCRUZ) entre 2011 e 2012, mostrou que no Brasil 98% dos partos são hospitalares, com muitas intervenções tanto na atenção ao parto quanto no nascimento. Essa pesquisa ouviu centenas de mulheres, que puderam relatar suas vivências da gestação ao puerpério (no momento de elaboração deste livro está em andamento o projeto *Nascer no Brasil 2* com estudos sobre os anos de 2020 a 2022 com mais de 20 mil mulheres).

Entre as violências às quais as mulheres são submetidas, a pesquisa constatou que a lei que garante um acompanhante durante o parto não é respeitada (Lei Federal n°. 11.108/2005), sendo que apenas 19% das mulheres tiveram acompanhante durante todo o período de hospitalização. Apesar da recomendação da Organização Mundial da Saúde (OMS) de que a posição da mulher deve ser verticalizada para o nascimento do bebê, 90% das mulheres têm seus filhos deitadas, que é a pior forma para o nascimento e 36% das mulheres sofreram a manobra de *Kristeller* (pressão no fundo do útero para expulsar o bebê). No geral, quando as mulheres chegam ao hospital, recebem o soro com ocitocina para aumentar as contrações, o que é extremamente doloroso e a episiotomia também é uma prática comum.

Além disso, lhes é dito que não podem gritar, que são manhosas, e todo tipo de violência gratuita. Então o modelo de parto predominante no Brasil é aquele que nega direitos, que não adota boas práticas obstétricas, que propicia a violência obstétrica. A violência contra as mulheres, em suas diferentes formas, é recorrente ao longo da história e, de acordo com a OMS essa violência que impõe um grau significativo de dor e sofrimento é evitável. Nesse sentido, a violência obstétrica é um tipo específico de violência contra a mulher.

O termo violência obstétrica surgiu pela primeira vez na Venezuela em 2007 e até 2017 vários países latino americanos haviam aprovado legislações caracterizando e criminalizando esse tipo de violência. No Brasil não existe ainda uma lei específica que trate do tema, mas existem dispositivos legais que contemplam esse tipo de violência, como a Constituição Federal que estabelece que é o Estado que deve garantir o direito à saúde, à integridade física e mental e à não discriminação. Já a Convenção de Belém do Pará, reconhece o direito de todas as mulheres de viver livre de violência.

O Ministério da Saúde caracteriza violência obstétrica como "aquela que acontece no momento da gestação, parto, nascimento e/ou pós-parto, inclusive no atendimento ao abortamento" (FIOCRUZ, 2019). Essa violência pode tanto ser física quanto psicológica, verbal e sexual. Juntam-se a essas a negligência, discriminação e as condutas excessivas, desnecessárias ou desaconselhadas, que podem inclusive ser prejudiciais e não possuem evidências científicas. "Essas práticas submetem mulheres a normas e rotinas rígidas e muitas vezes desnecessárias, que não respeitam os seus corpos e os seus ritmos naturais e as impedem de exercer seu protagonismo" (FIOCRUZ, 2019).

Outro dado importante trazido pela pesquisa *Nascer no Brasil*, é o de que todos os indicadores de qualidade da atenção ao parto são piores quando avaliados por mulheres negras e com baixa escolaridade. Tempo de espera, respeito, privacidade, clareza nas explicações, possibilidade de fazer perguntas e participação nas decisões, por exemplo, são frequentemente apontadas por mulheres negras como negligenciados, tendo em vista que os relatos sobre violência obstétrica são frequentes, e o racismo nesses casos é fator importante. É possível afirmar que existe uma lacuna na formação dos médicos, o que faz com que reproduzam práticas alicerçadas no racismo estrutural e institucional.

Se levarmos em conta que 70% da população negra é usuária do Sistema Único de Saúde; que 53,6% das mortes maternas são de mulheres negras e 65,9% das vítimas de violência obstétrica são mulheres negras, temos um cenário em que "O racismo institucional e a desigualdade de gênero produzem a falta de acesso ou o acesso de menor qualidade aos serviços e direitos pela população negra, sobretudo pelas mulheres" (Agência Patrícia Galvão, 2013).

Uma pesquisa da Universidade de Toronto mostrou que é comum que mulheres enfrentem obstáculos no acesso à saúde reprodutiva e serviços de informação, especialmente em relação ao planejamento familiar. A natureza e intensidade desses obstáculos variam conforme a idade, raça, religião, orientação sexual e localização geográfica das mulheres, sendo intensificados por estereótipos de gênero (como os que afirmam que todas as mulheres nascem para serem mães, ou que algumas mulheres resistem melhor a dor do que outras) e se estendem às políticas, legislação e condutas de profissionais.

Tais estereótipos recaem sobre as mulheres negras dentro das maternidades brasileiras, onde costumam ser alvo de "falsas percepções" como "mulheres pretas têm quadris mais largos e, por isso, são parideiras por excelência", "negras são fortes e mais resistentes à dor" o que, de acordo com pesquisadores da Fiocruz, resulta em um pior atendimento a essas mulheres (Agência Pública, 2020).

A violência obstétrica é, portanto, uma das faces da violência de gênero que, entrelaçada com a questão racial, faz com que o Estado siga "um modelo estruturado pelo racismo e sexismo institucional" (Goes, 2016). Assim, a discriminação de gênero assume diferentes dimensões, dependendo da origem étnica, racial, nacional, da orientação sexual ou classe social à qual pertencem as mulheres e a interseccionalidade é que vai ampliar a visão das situações discriminatórias a que estão submetidas essas mulheres.

A violência obstétrica faz parte da violência institucional, exercida pelos serviços de saúde, e se caracteriza por negligência e maus-tratos dos profissionais com os usuários, incluindo a violação dos direitos reprodutivos, a peregrinação por diversos serviços até receber atendimento e aceleração do parto para liberar leitos, o que vai ao encontro da percepção de O'Brien e Rich (2022) de que essa violência pode ser tanto interpessoal quanto estrutural, decorrente das ações dos profissionais de saúde e também de arranjos políticos e econômicos mais amplos que prejudicam desproporcionalmente as populações marginalizadas.

Nos Estados Unidos, a expansão da obstetrícia foi marcada por práticas discriminatórias na avaliação e tratamento das dores do parto. Médicos do século XIX em várias regiões afirmaram que as mulheres das classes média e alta brancas sentiam mais dor no parto e concentraram seus esforços de alívio da dor neste subconjunto de pacientes. Ainda hoje as disparidades raciais persistem na obstetrícia tratamento da dor, com profissionais nos EUA fornecendo tratamento mais doloroso para pacientes obstétricas negras e latinas do que para pacientes brancas (O'Brien; Rich, 2022).

Mesmo tendo a percepção dos maus tratos, dificilmente essas mulheres reagem, muito em função da percepção de que o parto, tanto quanto qualquer outra necessidade de saúde, entra na esfera da medicalização e que todas as decisões são dos profissionais de saúde.

A intervenção sobre os corpos das mulheres negras pode ser um instrumento de poder e de controle porque os discursos dos profissionais, pretensamente científicos, exerce domínio e controle sobre as pessoas, sendo que elas passam a ser culpabilizadas e responsabilizadas por sua situação de saúde, ou no caso das gestantes negras, sobre os estereótipos raciais.

Ver também: Biopolítica, Branquitude, Direitos Humanos, Discriminação Racial, Empoderamento, Estereótipos de Gênero, Necropolítica, Racismo, Racismo Institucional.

REFERÊNCIAS

AGÊNCIA PATRÍCIA GALVÃO. Aviso de pauta: racismo institucional e desigualdade de gênero. **Agência Patrícia Galvão**, [S. l.], 6 maio 2013. Disponível em: https://agenciapatriciagalvao.org.br/violencia/aviso-de-pauta-racismo-institucional-e-desigualdade-de-genero/. Acesso em: 20 fev. 2023.

AGÊNCIA PÚBLICA. Racismo na saúde: nas maternidades do Brasil, a dor também tem cor. **Revista Carta Capital**, [S. l.], 3 mar. 2020. Disponível em: https://www.cartacapital.com.br/sociedade/racismo-na-saude-nas-maternidades-do-brasil-a-dor-tambem-tem-cor/. Acesso em: 20 fev. 2023.

FIOCRUZ. Você sabe o que é violência obstétrica? **História Ciências Saúde Manguinhos**, [S. l.], 2019. Disponível em: https://www.revistahcsm.coc.fiocruz.br/voce-sabe-o-que-e-violencia-obstetrica/. Acesso em: 20 fev. 2023.

GOES, Emanuelle. Violência obstétrica e o viés racial. **Portal Geledés**, [S. l.], 2016. Disponível em: https://www.geledes.org.br/violencia-obstetrica-e-o-vies-racial/. Acesso em: 20 fev. 2023.

O'BRIEN, Elizabeth; RICH, Miriam. Obstetric violence in historical perspective. **The Lancet**, [S. l.], 2022. Disponível em: https://www.thelancet.com/journals/lancet/article/PIIS0140-6736(22)01022-4/fulltext. Acesso em: 20 fev. 2023.

SOBRE OS AUTORES

Airton Pereira Junior: Mestre em Educação na área de educação e psicologia, da Faculdade de Educação da Universidade Estadual de Campinas (FE/Unicamp). Orcid: 0000-0003-0612-8366

Almerinda dos Santos Costa: Pedagoga e licenciada em Letras Vernáculas, especialista em Educação de Jovens e Adultos – EJA. Yalorixá, dirigente e presidente da Fraternidade Umbandista Cavaleiros de Aruanda em Salvador/BA, coroação em 2004. Orcid: 0009-0001-5878-646X.

Anselma Garcia de Sales: Doutora em Letras pelo Programa de Estudos Árabes, da Faculdade de Filosofia Letras e Ciências Humanas da Universidade de São Paulo (FFLCH/USP). Orcid: 0000-0003-0916-9390.

Carine Josiéle Wendland: Doutoranda em Educação, mestre e pedagoga pela Universidade de Santa Cruz do Sul (Unisc); artista plástico-visual e pesquisadora; participante dos grupos de pesquisa "Peabiru: Educação Ameríndia e Interculturalidade" e "Estudos Poéticos: Educação e Linguagem". Bolsista Prosuc/Capes modalidade 1. Orcid: 0000-0001-8059-9962.

Caroline da Rosa Couto: Psicóloga. Mestra em Educação. Doutoranda em Educação (Unisc). Bolsista Prosuc/Capes. Orcid: 0000-0001-7102-0568.

Cristiane Lourenço: Doutora em política social pela Universidade Federal Fluminense (UFF). Assistente social do Ministério dos Direitos Humanos e da Cidadania. Docente substituta do Departamento de Métodos e Técnicas do Serviço Social da Universidade Federal do Rio de Janeiro (UFRJ). Orcid: 0000-0002-6026-5452.

Ewerton Batista-Duarte: Doutorando em Literatura e crítica literária da PUC/SP e Ghent University com bolsa CAPES. Mestre em Linguística Aplicada pela Unitau. Já atuou como professor de Inglês na educação básica e avaliador de obras didáticas de língua inglesa inseridas no Programa Nacional do Livro e do Material Didático (PNLD) do Ministério da Educação. Orcid: 0000-0001-6355-6493.

Francisca Márcia Costa de Souza: Historiadora, mestre em História do Brasil, especialista em história sociocultural, em história e cultura afro-brasileira, em docência do ensino superior e em práticas assertivas em didática da educação profissional integrada à educação de jovens e adultos. Professora do IFMA campus Coelho Neto. Membro do grupo de pesquisa "CLIO & MNEMÓSINE, Centro de Estudos e Pesquisa em História Oral e Memória" (IFMA/CNPq) e Membro do grupo de pesquisa "Grupo de Estudos e Pesquisas em Laboratório de Educação Matemática" GEPLEMAT (UFMA/CNPq). Orcid: 0000-0002-3856-1589

Herli de Sousa Carvalho: Professora no curso de Pedagogia e no mestrado do Programa de Pós-Graduação em Formação Docente em Práticas Educativas (PPGFOPRED) pela Universidade Federal do Maranhão (UFMA) campus Imperatriz. Orcid: 0000-0003-1503-4468.

Jársia de Melo Santos: Mestre em Educação de Jovens e Adultos – EJA (UNEB). Graduanda em Psicologia. Professora, pesquisadora, bióloga e umbandista. Orcid: 0009-0005-5153-1623.

Jobson Jorge da Silva: Doutorando em ensino pela Universidade Federal Rural de Pernambuco (Renoen/UFRPE). Mestre em Educação. Especialista em ensino de Língua Portuguesa e Literatura, em ensino de Língua Portuguesa e Matemática em uma perspectiva Transdisciplinar, em metodologia do ensino de Língua Portuguesa e Língua Inglesa, em educação inclusiva e neuropsicopedagogia institucional e clínica e em docência e gestão na educação a distância. Licenciado em Letras/Língua Portuguesa e Língua Inglesa e em Pedagogia. Professor concursado da rede estadual de Pernambuco na área de Língua Portuguesa. Orcid: 0000-0002-2018-4252.

Larissa Scotta: Doutoranda em Educação pela Unisc. Licenciada em Letras pela UFSM. Mestre em Letras – estudos linguísticos pela mesma instituição. Servidora do IFFAR, membro do Grupo de Pesquisa "Identidade e Diferença na Educação" e do Observatório de Educação e Biopolítica – Oebio. Orcid: 0000-0002-2680-9209.

Laryssa da Silva Machado: Doutoranda em História pela UFES. Historiadora, professora de história da rede municipal de Marataízes/ES, especialista em psicopedagogia clínica e institucional e em educação profissional e do trabalho pelo IFES e mestre em história pela UFES. Bolsista da Fapes. Membro do Laboratório "História, Poder e Linguagens" e do Instituto Histórico e Geográfico de Itapemirim e Marataízes/ES. Orcid: 0000-0001-7479-7743.

Luan Kemieski da Rocha: Doutorando em História pela UFPR. Historiador, pesquisador e professor da rede pública estadual do Paraná. Orcid: 0000-0003-2814-3524.

Malsete Arestides Santana: Mestre em Educação pela UFMT, pedagoga, especialista em relações étnico-raciais na educação. Professora do Centro de Formação da Secretaria Municipal de Educação de Cuiabá/MT. Orcid: 0009-0003-1337-0246.

Manuel Alves de Sousa Junior: Doutorando em educação pela Unisc, historiador, biólogo, especialista em confluências africanas e afro-brasileiras e as relações étnico-raciais na educação, MBA em história da arte. Professor do IFBA campus Lauro de Freitas, membro do grupo de pesquisa "Identidade e diferença na educação" e do Observatório de Educação e Biopolítica – Oebio. Bolsista Capes/Prosuc modalidade 2. Orcid: 0000-0001-8059-9962.

Maria dos Reis Dias Rodrigues: Pedagoga. Professora na educação básica. Mestranda do Programa de Pós-Graduação em Formação Docente em Práticas Educativas (PPGFOPRED) pela Universidade Federal do Maranhão (UFMA) campus Imperatriz. Orcid: 0000-0003-2502-0190.

Marisa Fernanda da Silva Bueno: Advogada. Doutora e mestre em educação pelo Programa de Pós-Graduação em Educação da Universidade de Santa Cruz do Sul (Unisc), com bolsa Prosuc/Capes. Tese de doutorado com menção honrosa da Capes. Orcid: 0000-0003-2588-2890.

Miguel Lucio dos Reis: Mestre em História Social pela Universidade Federal de Uberlândia. Licenciado em História pela Universidade do Estado de Minas Gerais. Orcid: 0000-0001-7620-1093.

Natália Barreto da Costa (Natália Goitacá): Graduada em filosofia pela Universidade do Estado do Rio de Janeiro (UERJ), pós-graduada em Orientação educacional e Pedagógica pela Universidade Candido Mendes (UCAM). Integrante do povo Goitacá. Professora do primeiro segmento na prefeitura municipal de Duque de Caxias e atua também ministrando palestras em escolas, universidades e outras instituições abordando a temática indígena, as culturas e as cosmovisões indígenas de modo geral. Orcid: 0009-0001-8156-8575.

Natália Garcia Pinto: Doutora em História (UFRGS). Professora Substituta de História no Instituto Federal de Educação, Ciência e Tecnologia Sul-rio-grandense (IFSUL) campus Sapiranga. Professora Formadora do Curso de Licenciatura em História EAD (UFPEL/UAB). Orcid: 0000-0001-5404-3960.

Nilvaci Leite de Magalhães Moreira: Doutora em Educação pela UFMT, historiadora, bacharel em Direito, especialista em Educação e Relações Étnico-Raciais na sociedade brasileira. Professora da Unemat campus universitário de Cáceres/MT. Membro do Conselho Estadual dos Direitos da Mulher/MT. Membro da Rede/MT UBUNTU polo Cuiabá/MT. Membro do Conselho Municipal de Promoção da Igualdade Racial de Várzea Grande/MT. Orcid: 0000-0003-0532-4461.

Rafaela Matos de Santana Cruz: Mestra em Educação, licenciada em História, pós-graduada em Educação Quilombola e graduanda em Pedagogia. Orcid: 0000-0002-8741-1050.

Rafaela Rech: Mestra e doutora em Educação pela Unisc. Licenciada em História, especialista em ensino de história e geografia. Já atuou como professora da rede pública e privada do Rio Grande do Sul. Foi Secretária Municipal de Educação de Passa Sete/RS. Diretora da Escola de Ensino Médio no SESI/RS. Orcid: 0000-0003-4128-4399.

Roberto Carlos Oliveira dos Santos: Doutorando do Programa de Pós-Graduação em Difusão do Conhecimento – PPGDC (IFBA – Senai/Cimatec – LNCC – UNEB – UEFS). Docente do Instituto Federal de Educação, Ciência e Tecnologia Baiano (IF Baiano). Orcid: 0000-0003-3040-0972.

Rodrigo da Silva Vernes-Pinto: Advogado, doutorando em Direito Público pela Universidade do Vale do Rio dos Sinos (Unisinos), mestre em Direitos Humanos, pós-graduado em Direito Empresarial e graduado em Direito. Orcid: 0000-0003-1552-0693.

Sandra Verónica Barzallo Mora: Engenheira em Ciências Empresariais pela Universidad de Especialidades Espíritu Santo (UEES/Equador). Mestra em Educação (Unisc). Migrante. Orcid: 0000-0002-3599-1735.

Simone Andrea Schwinn: Doutora e mestra em Direito. Pós-doutora em Educação. Pós-doutoranda em Desenvolvimento Regional (PPGDR/UNISC), projeto Solidariedade Acadêmica CAPES Brasil. Pesquisadora no grupo de pesquisa "Direito, Cidadania e Políticas Públicas" (PPGD/Unisc) e do grupo de pesquisa "Identidade e Diferença na Educação" (PPGEdu/Unisc). Integrante do Núcleo de Pesquisas em Migrações da Região Sul (Mipesul) e do Grupo de Trabalho em Apoio a Refugiados e Imigrantes (GTARI/Unisc). Professora da Escola Superior de Relações Internacionais (ESRI). Orcid: 0000-0002-6277-1025.

Tauã Lima Verdan Rangel: Estudos pós-doutorais em Sociologia Política pela Universidade Estadual do Norte Fluminense "Darcy Ribeiro" (UENF). Doutor e mestre em Ciências Jurídicas e Sociais. Bacharel em Direito. Licenciado em Pedagogia. Professor universitário, pesquisador e coordenador do Grupo de Pesquisa "Faces e Interfaces do Direito: Sociedade, Cultura e Interdisciplinaridade no Direito", vinculado ao Centro Universitário Redentor (UniRedentor/Afya). Orcid: 0000-0002-9205-6487.

Thamires da Costa Silva: Mestre em Estudos Culturais, Memória e Patrimônio pela Universidade Estadual de Goiás (UEG), arquiteta e urbanista (UFRJ), arte educadora (UFRJ) e especialista em cidades, políticas urbanas e movimentos sociais (IPPUR/UFRJ). Arquiteta e urbanista do Instituto do Patrimônio Histórico e Artístico Nacional (IPHAN). Orcid: 0009-0004-8408-7947.